PRIVATE EQUITY FUND
LEGAL PRACTICES

私募股权投资基金
法律实务

主　编　徐　沫
副主编　杨文龙
参　编　何梦瑶　卢　苑

中国人民大学出版社
·北京·

序言一

　　庚子年岁末，中伦律师事务所年轻的资深合伙人徐沫给我发来他的一部新书稿《私募股权投资基金法律实务》，邀请我为这本新书作序。虽然在旁人眼中这是一本充满大量严肃、专业，甚至有点晦涩的词汇的实务操作书稿，我却兴奋地一口气把它读完了，按捺不住内心的喜悦，为这本新书写序。

　　最近20多年来，中国的私募股权投资基金取得了跨越式的进步和发展。这一历史趋势一定有它的必然性，我认为可以归纳为"三个需要"和"一个规范"：

　　一是融资结构转变的需要。资本市场是中国金融体系的"短板"。目前我国仍然是以间接融资为主，而不是以直接融资为主，首先要解决的就是融资结构问题。按照国际上通行的说法，间接融资指的是银行贷款，直接融资则指的是市场主导性的融资，即股权融资加债券融资。党的十六届三中全会以来，中央多次强调，我们要从以间接融资为主转向以直接融资为主。毫无疑问，私募股权投资基金的发展正好顺应了这种融资结构转变的需要。大家都知道，私募股权投资基金是舶来品，最早始于20世纪50年代的美国。20多年以前，中国几乎很少有人知道什么叫风险投资（VC）和私募股权（PE）。记得那段时间我在香港一家红筹公司——上实控股——担任总裁，1998年我从硅谷考察创投行业回来，于第二年组建了上实盛基创投基金，上实控股是唯一的投资人［即有限合伙人（LP）］。我想和刚刚成立的上海创业投资有限公司合作组建一家基金管理人，但当时的政策不允许。1998年，成思危先生在全国人大提出风险投资1号提案时，全国私募股权投资基金规模也就数百亿元，即使到了2006年，私募股权投资基金规模也就1 000多亿元，基金管理人仅79家。随着新经济的崛起和国家政策的积极引导，私募股权投资基金行业迅猛发展，从2014年起，行业发展势头更是强劲。根据中国证券投资基金业协会的数据，截至2021年12月底，我国共有存续私募基金管理人24 610家，管理基金数量124 117只，管理基金规模19.76万亿元，其中私募证券投资基金管理人9 069家，私募股权、创业投资基金管理人15 012家；私募证券投资基金规模6.12万亿元，私募股权、创业投资基金规模12.78万亿元，达到了历史新高。基金总规模仅次于美国，这样的快速成长在世界各个国家和地区中都是罕见的。

二是经济驱动模式转变的需要。我国在短短的几十年中崛起成为世界第二大经济体，其成就世人有目共睹，但是结构性的矛盾、发展不平衡不充分的矛盾也开始突出，于是有了党的十九大提出的主要矛盾的转变。从企业层面来看，由于面临激烈的市场竞争，特别是当今新技术革命和数字化转型升级的挑战，一部分公司生生不息，一部分公司无声无息，还有一部分公司奄奄一息。那些无声无息、奄奄一息的公司绝大部分处于产能过剩的所谓传统经济领域，而生生不息的公司中那一批新经济公司的代表，正在逐步抢占科技的制高点，成为经济转型升级中新动力的引擎。国家提出的实施创新驱动发展战略，并非权宜之计。过去我们说"落后就要挨打"，所谓的"落后"，过去是指一个国家的经济发展水平落后，而今天则是指一个国家的科学技术水平落后。在当今的社会，科学技术革命正以"光速"打破旧生产力的桎梏，释放新生产力的无限空间，成为新经济发展的主要引领和驱动力。在科学技术领域，我们这一代人可能会遇上历史性的重大突破的拐点，如利用生物科学解析生命密码，人工智能、机器人等类人脑神经系统的开发，在后互联网时代以数字化引领的云计算、大数据、智联网等的广泛应用，必将更多地对经济和社会乃至人类的进步产生无可估量的影响。在科学技术引领驱动的发展过程中，并不是每一个国家和地区都有实力、能力和意识去顺应这个大趋势，而现今的中国不仅具备了这样一种实力和能力，而且自上而下已经就把创新作为经济驱动力达成共识。曾经有人这么说：比较各经济体，有的人多，有的钱多；有钱的没有那么多人，有人的没有那么多钱；又有钱又有人的，又很难达成共识。而当今中国就同时具备了人多、钱多、达成共识这些条件。虽然中国是世界第二大经济体，但是由于庞大的人口基数，中国目前的发展不充分，结构不平衡，这意味着未来潜在的市场发展空间巨大，部分地区的不成熟、不发达正是我们发展的巨大潜力所在。

三是资本市场服务实体经济的需要。众所周知，资本市场往往是一国经济的晴雨表。如果站在更高的层面来看，资本市场更应是引领一国经济未来趋势和体现创新驱动的样板。

中国股票市场从1990年建立至今已发展了30多年，在此期间摸着石头过河，边建设，边运行，边改革，才形成了目前的结构和体制。与发达国家如美国相比，我们的历史短，但是发展快。中华人民共和国的第一家证券交易所诞生于1990年12月的上海。在此之前的4年里，是在冠名中国工商银行上海信托投资公司静安证券业务部的地方进行柜台交易。当年我还在上海市体制改革委员会工作，因工作需要，我曾几次考察该地，其条件不比纽约证券交易所诞生时几个经纪人签署《梧桐树协议》时的条件好多少。我查了1992年的资料，发现上海证券交易所成立一年后，公开发行股票的公司也只有7家，股金总额为2.48亿元，公开上市的股票总市值为

8 000 多万元，个人股东仅有 5 万多名。30 多年以后，我们有了上海和深圳两家证券交易所，如今又有了北京证券交易所；我们不仅有了主板（包括中小板）、创业板，还有了新三版、科创板。在新三板的改革中，北京证券交易所的设立专注于服务创新型中小企业，特别是"专、精、特、新"的小巨人企业。然而就中国经济的体量而言，目前资本市场的发展还有很大的进步空间。其中一个衡量指标就是证券化率。所谓证券化率，指的是一个国家的股票和债券的市值占该国 GDP 的比例。尽管 30 多年间，我国证券化率从不足 5％上升到接近 80％，但是与发达国家相比还较低，如美国的证券化率已经达到 220％。提高证券化率的关键在于优化上市公司的结构。在最近的 12 年中，美国的股指持续增长，其前十大市值公司已经示范性地体现了经济结构中的新旧动能转化：12 年前美国前十大市值公司中，新经济公司仅有一家，现在已经占到七家。而我国 A 股市场前十大市值公司中，新经济公司至今仅有一家。我国与美国股票市场的差距不仅在于体量，更主要的是在于结构，而弥补差距的关键推动力量是 PE/VC。无论是目前的 A 股市场，还是在境外的中概股、港股，大部分上市公司从孵化到发展都有 PE/VC 的支持，在海外上市的公司可以说 90％以上有 PE/VC 的支持，在 A 股市场上市的公司也有 70％以上是由 PE/VC 从小到大慢慢培养，最后走向股票市场的，所以对这个成绩一定要予以肯定。毫无疑问，私募股权投资基金已经成为中国完善资本市场和优化上市公司结构的关键和垫脚石。

"一个规范"指的是私募股权投资基金发展过程中的法制建设。中国有句话叫"无规矩不成方圆"。私募股权投资基金本质上是"受人之托，代人理财"，必须以诚信为基础，如果没有健全的法制环境保障，这个行业不要说高速发展了，恐怕在发展初期就会陷入困境。但是私募股权投资基金的法制环境建设只能是一个渐进的过程：可以向发达国家学习，却无法照搬照抄；可以在实践中边做边总结，却无法完全避免风险事件的发生。在我国，法律、法规乃至很多规章边做边建仍是很正常的事。例如，第一部证券类规章《证券交易所管理暂行办法》是在上海和深圳两家证券交易所已经运行两年多后才组织起草的，由于经验和资料的缺乏，在当时的国务院证券委员会的组织下，起草组在深圳频繁与地理位置临近的香港证券交易所、证监会交流，以吸收有益意见，我当时就参加了这个起草组。徐沫律师的这本书就花了相当的笔墨叙述了私募股权投资基金行业相关的法律、法规、规章的制定过程。在这些法律、法规和规章的制定过程中，本人也曾受邀参加座谈，并提出过不少修改意见。2013 年 6 月实施的《中华人民共和国证券投资基金法》（2012 年修订）对投资基金行业来说应该是一个历史性的大事件，但是由于种种原因，这部基金业的根本大法还没来得及对私募股权投资基金进行全面而明确的规定，导致了私募股权投资基金上位法一定程度的缺失。在实践中，中央各部门发布了各类规章对私募股权投资基金的"募、投、管、退"行为加以规范，如中国证监会 2014 年发布的《私募投资基金监督管理暂行办法》和 2020 年发布的《关于加强私募投资基金监管的若干规定》，中国证券投资基金业协会还发布了各类自律性管理规章和制度。应该充分肯定的是，正是由于这一系列法律、法规、规章乃至制度的建设，私募股权投资基金这个行业才有了今天的健康发展，避免了整个行业的系统性风险。

我国私募股权投资基金行业现在的从业人数已有 18 万人之多，而且每年参加基金从业资格考试的人也越来越多，因此有一部包罗万象、严肃认真的实务操作手册真乃幸事也！应该谢谢徐沫律师愿意把他的研究和实践成果与大家分享！相信对各位基金从业人员来说一定是

"开卷有益"。作为这一行业的"老兵",我也想借此机会向 20 多年来努力推动私募股权投资基金行业发展的领导、学者、专家、律师和行业领袖们表示敬意!

上海市国际股权投资基金协会理事长

源星资本董事长兼管理合伙人

卓福民

序言二

　　徐沫律师是我以前的同事，他把自己在多年工作中积累的关于 PE 基金设立、PE 投资交易和法律尽职调查方面的心得总结成册，并将不日付梓。徐律师在国内几家顶级律师事务所执业多年，我们对他卓越的业务能力和骄人的工作成绩有目共睹；更值得称道的是，他在繁忙的工作之余还挤出时间分析、总结自己的经验并和同行及客户分享，他对法律事业的热情令人钦佩。承徐沫小友嘱，提笔和读者分享我对徐律师新书主题的一些感想。

　　我本人从事的第一个 PE 投资项目是在 2003 年代表新桥资本收购深圳发展银行（平安银行前身）。此项目从意向书签署到交割庆祝仪式，前后历经了一千零一天。如果有人要写中国版的《门口的野蛮人》，毫无疑问这场交易应该是其中的一章。当时国内从监管到市场，绝大部分人对 PE 都不甚了解，所以从谈判到后来的审批，我们的一个重要工作就是协助客户向各方解释什么是 PE，什么是另类投资，为什么 PE 基金大都按照有限合伙企业形式设立（当时中国的合伙企业法尚未颁布）、普通合伙人在基金中起什么作用等。新桥资本收购深圳发展银行控股权的交易，是国际 PE 机构第一次收购国内银行的控股权，也是国际 PE 机构对于国内上市公司最早的投资之一，因此我国金融监管机构非常谨慎，对于投资者的资质刨根问底，从而在某种意义上将这个投资项目变成了一次 PE 投资在中国的启蒙。在此交易之前，其实摩根士丹利、高盛等国际投行的 PE 部门已经在中国投资了不少项目，但由于被投企业都是非上市公司，这些机构只要解释自己是外国直接投资基金即可，外资审批部门和这些基金的交易对手方往往并不会深究投资者的身份。

十年以后，中国市场逐步形成了 PE 投资的热潮，其盛况无须本文赘述。这种热潮在专业分工相对不成熟的国内律师行业的反映，就是大部分的非诉律师都在服务各类 PE 投资交易。尽职调查对于绝大部分 PE 投资项目来说都是必备环节，然而并非所有律师都真正理解 PE 投资的业务逻辑，很多律师是用公司上市时进行尽职调查的方法来对被投公司进行法律尽调的，其结果未免流于形式。好在国内 PE 行业的历史不长，在整个中国经济处于高速成长期的大背景下，普通合伙人的竞争优势更多地体现在其拿项目的能力上，国内基金在项目执行过程中对尽职调查投入的资源普遍比较有限，对专业顾问的要求和期待也参差不齐，因此客户和律师在这个背景下倒也基本形成了特殊的"供需平衡"。

在企业上市过程中，法律尽职调查的目的在于按照上市公司的法定披露要求识别发行人的风险，确保发行人在发行上市文件中对风险进行充分披露。其特点是：尽调范围有规可依、尽调目的特定明确、被尽调机构及其管理层对于配合尽调存在法定义务（源于发行人及其董事、监事和高级管理人员真实、准确、完整披露风险的法定义务）。然而 PE 投资的法律尽职调查和上市相比存在显著差异，主要体现在以下方面：

（1）尽调范围根据交易类型的不同而存在很大不同。比如，对于杠杆收购的交易，律师须重点关注被投企业现金流的稳定性，因此业务收入合同的可执行性、账期、业务合同对手方延迟付款的权利、对手方的信用等都是必须关注的重点；在 Pre-IPO 投资中，显然被投企业上市是否存在任何障碍是重点。而且在特定的交易竞争态势（Competition Dynamics）下，能够尽调的时间可能很短，因此如何有重点地投入有限的资源，从而形成有意义的尽调成果，是对律师的经验和判断力的一个考验。

（2）PE投资人的风险偏好和风险承受能力普遍高于公开市场投资者，很多机构不是风险规避型的，其投资决策往往是基于对风险和收益的判断综合得出的。因此，在尽调中，仅向投资者揭示风险是不够的，律师还必须充分考虑如何根据尽调结果设计交易结构和准备交易条款，以帮助投资者有效管控和降低风险。

（3）被投公司除了在交易协议的陈述和保证条款以及赔偿条款下的合约义务之外，并无法定义务配合尽职调查。况且被投公司有经验的律师完全可以帮助他们的客户争取有利的条款，以减轻披露的义务。因此，投资人的律师需要有丰富的经验、对于特定行业和特定企业风险的判断能力以及较强的批判性思维（Critical Thinking）能力。

从这些意义上而言，上市的尽调更像体检，而PE投资的尽调更像诊断，需要律师具备"望、闻、问、切"的综合能力。当然，术业有专攻，上市律师和PE投资律师的技能特点不同，并无高低之分。

拿体操比赛来比喻，徐律师的新著所提炼总结的是律师在PE投资法律尽调中"必选动作"的精华，但是高质量的法律尽调和交易实践还需要律师根据项目具体情况，凭借自己的经验和功力来完成"自选动作"。期待更多的律师也能够进一步提高自己在PE投资方面的功力，为投资者创造更多的价值，从而更好地凸显自身的价值。

蚂蚁金服集团

周志峰

序言三

　　我刚认识徐沫的时候，他还是个风华正茂的求学少年，那时我对他的印象就是个性鲜明、阳光、喜欢探索未知。而后，我看着徐沫从法学院毕业后从事律师行业，之后留学美国加州大学伯克利分校，学成归国后又不断历练成长，逐渐成为一个专业、犀利、果敢、执着的著名律师，前年还被权威媒体《亚洲法律杂志》（*Asian Legal Business*）评为"中国十五佳律师新星"。这些年里，我欣喜地见证了徐律师的每一次成长和进步。

　　徐律师大学毕业后，就一直在国内最顶尖的律师事务所执业。从2005年开始，我就经常邀请他参加私募投资界的一些活动和聚会，在这些活动和聚会上我会组织年轻人就一些热门话题进行积极、有益的讨论，讨论的范围不仅覆盖法律、金融、财务，还涉及历史、政治、经济、科学、文化、宗教等诸多方面。在这些讨论中，徐律师颇有见地的观点不断给我眼前一亮的感觉。不仅如此，徐律师还旁征博引各种论据和案例来支撑自己的观点。他对此的驾轻就熟以及其口才和学识，在"80后"中实属凤毛麟角，我想这些也为徐律师之后成为一名成功的律师做了铺垫。

　　在之后与业内多个顶级私募投资团队的合作中，徐律师也迅速从私募股权投资基金法律的业务先锋成长为中流砥柱。在本书中，徐律师将其十多年的执业经验总结、提炼、升华，并结合监管部门最新的监管政策、法规和精神，以及一线基金的内部合规要求等，对中国私募股权投资基金的监管框架、管理人设立与登记、募集与备案等事宜娓娓道来，还结合典型的私募股权投资基金类型进行了深入浅出的介绍，使读者获得对中国私募股权投资基金的法律实务的全局性认识，让我这个 PE "老兵" 拜读以后也有了一些新的收获和启迪。

  徐律师对自己在不同私募股权投资基金项目中获得的经验进行了条分缕析的展开，从尽职调查的要点到投资协议的条款，不吝分享自己多年积累的核心文件，还对近年来境内外投资的热点和途径进行了分析。对私募股权投资基金从业者来说，这既是一本不可多得的实践手册，也是一部干货满满的学习教材。在此，也衷心希望本书的付梓出版，能给更多从事私募投资基金行业的有志青年带来积极的帮助，为行业的发展添砖加瓦。

亚商集团董事长

中国投资协会股权和创业投资专业委员会副会长

上海交通大学安泰经管学院教授

中国创业资本研究中心主任

陈琦伟

前　言

站在"两个一百年"奋斗的历史交汇点，伴随着《中华人民共和国国民经济和社会发展第十四个五年规划和2035年远景目标纲要》的出台，我国将创新驱动作为首要任务，强调将科技自立自强作为国家发展的战略支撑。私募股权投资基金作为直接融资的重要工具、创新资本的主要载体，在深入贯彻新发展理念、加快构建新发展格局中的功能将日益展现；同时，私募股权投资基金在发展过程中也将进一步践行价值投资理念，以实现高质量发展。

尽管疫情肆虐，但是中国的私募股权投资基金行业仍然平稳增长，管理人结构不断优化，行业集中度日益提高，监管自律环境日益完善，行业的发展越来越规范。截至2022年虎年新春的钟声敲响之际，即笔者完成本书撰写时，在中国证券投资基金业协会登记注册的私募基金管理人数量已经达到24 646家，已备案私募基金数量为126 916只，基金规模达20.28万亿元，其中私募股权、创业投资基金管理人有15 023家，私募股权、创业投资基金规模达13.12万亿元，可以说中国私募基金行业已经发展到了一个前所未有的高度。当然，在新的高度必然肩负着更强烈的时代使命感和责任感。随着科创板试点注册制改革工作的推进、创业板改革并试点注册制、创业投资基金减持新规发布等举措的实施，A股全面实行注册制已箭在弦上，私募股权投资基金行业的生存与发展环境也得到了进一步改善。

笔者从事私募股权投资基金法律服务业务超过15年，先后为超过百家私募股权投资基金提供了设立和投资法律服务，尤其是医疗健康、信息科技、新消费和新能源等领域的私募股权投资基金。本书的付梓出版凝结了笔者团队从事上述法律服务过程中的所学、所见、所得，亦有从市场化案例和大数据对比中得到的一些思索和启迪。在飞速发展的知识爆炸时代，祖国的欣欣向荣、法制的日益健全，也给律师提供法律服务、分享经验、汲取新知、拓宽业务带来了新的机遇和挑战。协助客户完成每个项目不仅需要驭之以道、束之以德，更重要的是要律之以法，用我们的专业知识为客户保驾护航，这也是笔者团队撰写本书的初衷。

本书分为上、中、下三篇，共十四章，囊括了从基金管理人设立、基金募集到基金投资的私募投资基金全生命链条。上篇分为两章，分别介绍了私募投资基金及中国私募投资基金监管简史；中篇聚焦私募投资基金的募集与设立，其中第三章"私募投资基金管理人的设立与登记"、第四章"私募投资基金募集与备案"、第五章"私募投资基金的核心文件"，对私募投资基金设立的核心要求与法律条款进行了条分缕析，其后第六章、第七章、第八章、第九章分别介绍了政府投资基金、外资基金、险资基金和并购基金等重要的基金类型及其监管规则；下篇以私募投资基金投资为主线，详细介绍了私募投资基金投资尽职调查的关注要点和交易文件的重点内容及最新的监管政策，包括第十章"私募投资基金投资尽职调查"、第十一章"投资协议的主要条款"、第十二章"人民币私募投资基金的境外投资途径"、第十三章"境外基金的境内投资途径"和第十四章"基金投资项目的退出"。

学无止境，笔者和团队虽始终跟随整个私募投资基金行业的发展不断砥砺前行，在滚滚向前的岁月车轮面前丝毫不敢懈怠，一直撸起袖子剖析、解决每个项目中不同客户的各种问题，并不断完善自己的知识体系架构，但终究水平有限，恭请读者一如既往地对作者提出批评意见和建议，以期再版时能够有所进步。另外笔者要感谢许多师长和朋友，特别是在这些年的执业过程中给予我充分信任的客户，律师业务水平的每一点提高都离不开为客户构思、谋划、谈判的点点滴滴；我还很荣幸一直拥有律师行业最优秀的同事们，尤其是中伦律师事务所对我一如既往的鼓励和支持，当然也包括我曾经工作过的方达律师事务所和君合律师事务所；我的得力助手杨文龙律师，在短短的 7 年间，从一位积极上进、勤奋好学的吉林大学高才生逐步成长为一位业务扎实、思考全面的优秀青年律师。杨文龙和我团队中的何梦瑶、卢苑一起，为我撰写本书提供了大量帮助。在提供私募股权投资基金领域法律服务的 10 多年里，我还得到了行业前辈卓福民老师、周志峰律师和陈琦伟老师事无巨细的指导、无微不至的关心和一如既往的支持，这次也非常荣幸三位恩师都不吝笔墨给本书作序，深表感恩。此外，还要感谢中国人民大学出版社副编审韩兆丹老师为本书付梓出版所做的辛勤工作。

我感到非常荣幸和欣慰，能将我们提供私募股权投资基金设立和投资领域法律服务的研究心得和实务经验整理、总结并分享、奉献给读者，希望以此抛砖引玉，为我国私募股权投资基金的相关从业者提供一定的借鉴和参考。学海无涯，笔耕不辍，与大家共勉。

徐沫

2022 年 6 月

目　录

上篇　私募投资基金及中国私募投资基金监管简史

第一章　私募投资基金 ·· 003

　　1.1　私募投资基金的基本概念 ······························· 003

　　1.2　私募投资基金的类型 ····································· 004

第二章　中国私募投资基金监管简史 ························· 007

　　2.1　中国私募投资基金监管的发展历程 ················· 007

　　2.2　中国私募投资基金主要立法和监管现状 ············ 012

中篇　私募投资基金的募集与设立

第三章　私募投资基金管理人的设立与登记 ············· 021

　　3.1　基金管理人的设立 ······································· 021

　　3.2　基金管理人需向基金业协会申请登记 ·············· 022

　　3.3　确定基金管理人的业务类型 ·························· 023

　　3.4　基金管理人登记需提交法律意见书 ················· 024

　　3.5　基金管理人登记的尽职调查 ·························· 036

　　3.6　律师事务所惩戒措施 ··································· 037

　　3.7　基金管理人登记后注意事项 ·························· 038

　　3.8　基金管理人异常经营情况处理 ······················ 039

第四章　私募投资基金募集与备案 ················· 042

　　4.1　私募投资基金的组织形式对比与选择 ········· 042

　　4.2　私募投资基金的募集对象 ················· 046

　　4.3　私募投资基金的募集方式及流程 ············· 048

　　4.4　私募投资基金备案 ····················· 053

第五章　私募投资基金的核心文件 ················· 065

　　5.1　私募投资基金合同/合伙协议核心条款 ········· 065

　　5.2　其他文件 ························· 086

第六章　政府投资基金 ······················ 091

　　6.1　政府投资基金概述 ···················· 091

　　6.2　政府投资基金的相关法律规定 ·············· 094

第七章　外资基金 ························· 098

　　7.1　外资基金的概念和发展历程 ··············· 098

　　7.2　主要案例 ························· 099

　　7.3　QFLP/ RQFLP ····················· 102

第八章　险资基金 ························· 106

　　8.1　险资基金概述 ······················ 106

　　8.2　险资基金投资的相关法律规定 ·············· 107

第九章　并购基金 ························· 116

　　9.1　并购基金概述 ······················ 116

　　9.2　并购基金投资模式具体分析 ··············· 119

下篇　私募投资基金投资

第十章　私募投资基金投资尽职调查 ··············· 127

　　10.1　私募投资基金投资的主要流程 ············· 127

　　10.2　业务尽职调查与财务尽职调查 ············· 129

10.3　法律尽职调查 ································· 130

第十一章　投资协议的主要条款 ····················· 141

11.1　投资意向书 ································· 141

11.2　增资协议或股权转让协议 ············· 145

11.3　股东协议 ··································· 152

第十二章　人民币私募投资基金的境外投资途径 ········· 163

12.1　境外直接投资 ····························· 163

12.2　QDII/RQDII 制度 ····················· 168

12.3　上海 QDLP 制度 ························ 176

第十三章　境外基金的境内投资途径 ················· 180

13.1　境内直接投资 ····························· 180

13.2　QFII/RQFII 制度 ····················· 185

13.3　QFLP 制度 ······························· 192

第十四章　基金投资项目的退出 ····················· 193

14.1　主要退出途径 ····························· 193

14.2　境内 IPO 相关问题 ····················· 193

14.3　境外 IPO 相关问题 ····················· 198

附件一　私募投资基金法律和规范汇编 ··············· 204

附件二　私募投资基金合伙协议模板 ················· 209

附件三　投资意向书 ······························· 299

私募投资基金及中国私募投资基金监管简史

第一章

私募投资基金

1.1 私募投资基金的基本概念

通过公开募集方式设立的基金被称为"公募基金",与之相对应,通过非公开募集方式设立的基金被称为"私募基金"。参照中国证券投资基金业协会(以下简称"基金业协会")发布的《有关私募投资基金"基金类型"和"产品类型"的说明》,私募基金根据其投资标的的不同,又可以进一步细分为私募股权投资基金及私募股权类 FOF、私募证券投资基金及私募证券类 FOF、私募资产配置基金及其他私募基金。私募股权投资基金,简称私募股权基金,也就是俗称的 PE(Private Equity),是指通过非公开募集方式设立的以股权投资为主的基金。私募股权投资基金又可以进一步细分为创业投资基金和一般的私募股权投资基金,创业投资基金是指主要向处于创业各阶段的未上市成长性企业进行股权投资的基金(新三板挂牌企业视为未上市企业)。对于市场所称"成长基金",不涉及沪深交易所上市公司定向增发股票投资的,按照"创业投资基金"备案;涉及沪深交易所上市公司定向增发股票投资的,按照私募股权投资基金中的"上市公司定增基金"备案。而一般的私募股权投资基金是指投资于未上市企业与上市企业非公开发行和交易的普通股(含上市公司定向增发、大宗交易、协议转让等),以及可转换为普通股的优先股和可转换债等的私募基金。

根据基金业协会公布的数据，截至 2022 年 1 月，基金业协会已登记私募基金管理人 24 646 家；已备案存量私募基金产品 126 916 只；管理存量基金规模达 202 783.02 亿元。其中私募股权、创业投资基金管理人有 15 023 家，私募股权投资基金有 31 070 只，私募股权投资基金规模达 107 291.93 亿元，创业投资基金有 15 057 只，创业投资基金规模达 23 883.56 亿元。[①] 可见，私募股权投资基金的产品和规模占整个私募基金行业的比例均超过一半，为中国私募基金的主要形式。

本书讨论的主题为私募股权投资基金与创业投资基金，在下文中统称为私募投资基金。

1.2 私募投资基金的类型

我国的私募投资基金主要可以分为公司型基金、合伙型基金和契约型基金三类。

1.2.1 公司型基金

公司型基金具体是指投资人通过出资形成一个独立的公司法人实体（以下简称"公司"），由公司自行或者通过委托专门的基金管理人机构进行管理的私募投资基金。公司型基金的投资者既是基金份额持有者又是公司股东，按照公司章程行使相应权利、承担相应义务和责任。公司型基金本身是一个独立的法人实体，公司股东/投资人以其出资额为限承担有限责任，并共同参与公司治理。因此，公司型基金多采用自我管理模式，具体来说就是由公司董事会自聘管理团队进行

---

① 见 2022 年第 1 期私募基金管理人登记及私募基金产品备案月报。

管理。公司型基金也可以委托专业基金管理机构作为受托人具体负责投资运作，采取委托管理的，其管理机构必须先登记为私募基金管理人，再由已登记的私募基金管理人履行公司型基金备案手续。公司型基金自聘管理团队进行管理，按照基金业协会的《私募投资基金管理人登记和基金备案办法（试行）》，该自我管理的公司型基金应作为私募基金管理人履行登记手续，然后再由其履行私募基金备案手续。较为知名的公司型基金有国家集成电路产业投资基金一期和二期，其均采用股份公司形式，分别成立了国家集成电路产业投资基金股份有限公司和国家集成电路产业投资基金二期股份有限公司，均委托华芯投资管理有限责任公司作为基金管理人。

1.2.2　合伙型基金

合伙型基金是指投资者依据《中华人民共和国合伙企业法》（以下简称《合伙企业法》）成立有限合伙企业（以下简称"合伙企业"），由普通合伙人（GP）负责合伙企业事务并对合伙企业债务承担无限连带责任，投资者作为有限合伙人不参与合伙企业事务，仅以其认缴出资为限对合伙企业债务承担有限责任。从基金管理方式上看，GP 可以自任为私募基金管理人，也可以另行委托专业私募基金管理机构作为管理人具体负责投资管理运作。GP 担任基金管理人的，由 GP 来进行私募基金管理人登记，再由已登记的管理人进行合伙型基金备案；另行委托专业基金管理机构作为受托人具体负责投资运作的，该专业基金管理机构应先登记为私募基金管理人，并由其履行私募基金备案手续。

1.2.3　契约型基金

契约型基金是指投资人、管理人、托管人签订相关协议并形成信托法律关系，由基金管理人具体负责投资运作的私募投资基金。契约型基金本身不具备法律实体地位，其与基金管理人的关系为信托关系，因此契约型基金无法采用自我管理，且需由基金管理人代其行使相关民事权利。基金管理人必须先登记为私募基金管理人，再由已登记的私募基金管理人履行契约型基金备案手续。

第二章

中国私募投资基金监管简史

2.1 中国私募投资基金监管的发展历程

随着我国改革开放的逐渐深入，私募投资基金在我国资本市场中开始扮演举足轻重的重要角色。

从 2014 年的 2 万亿元到 2021 年年底的 12 万亿元，私募投资基金规模的增长见证了私募投资基金行业的飞速发展，同时也意味着加强监管及出台相关政策的必要性与日俱增。

2.1.1 萌芽期

在私募投资基金的萌芽期，借着政策的春风，我国陆续成立了一些风险投资公司，开始了对风险投资领域的探索。萌芽期的风险投资的资金主要投入了科技领域。在该时期，我国监管机关颁布了一系列鼓励私募投资基金发展的法规及政策。

1991 年，国务院发布了《国家高新技术产业开发区若干政策的暂行规定》，明确了有关部门可在高新技术产业开发区建立风险投资基金，用于风险较大的高新技术产品开发。条件比较成熟的高新技术产业开发区可创办风险投资公司。

1995 年，中共中央、国务院发布了《关于加速科学技术进步的决定》，明确了金融机构要支持科技事业的发展，发展科技风险投资事业，建立科技风险投资机制，积极吸收海内资金支持科技事业。

1996 年，全国人大常委会发布了《中华人民共和国促进科技成果转化法》，明确了国家鼓励设立科技成果转化基金或者风险基金，其资金来源由国家、地方、企业、事业单位以及其他组织或者个人提供，用于支持高投入、高风险、高产出的科技成果的转化，加速重大科技成果的产业化。

该时期的私募投资基金主要由政府主导，以中国新技术创业投资有限公司、中国科招高技术有限公司等为代表。

2.1.2　初始期

1999 年，中华人民共和国科学技术部等部门联合发布了《关于建立风险投资机制的若干意见》，就规范风险投资活动、推动风险投资事业的健康发展、建立风险投资机制提出了意见。

2003 年，中华人民共和国对外贸易经济合作部等部门联合发布了《外商投资创业投资企业管理规定》，对外商投资创业企业的设立、登记和管理进行了规定。

2005 年，国家发展和改革委员会（以下简称发改委）等部门联合发布了《创业投资企业管理暂行办法》，对创业投资企业的定义、设立与备案、投资运作、监管以及政策扶持进行了规定。

2006 年，修订后的《合伙企业法》发布，并于 2007 年正式实施。该法明确了有限合伙企业的形式：有限合伙企业结合了有限责任公司与普通合伙企业的优势，即设立简便、经营灵活、运作成本低，成为推动我国私募投资基金发展的基础和助力。

2011 年，发改委发布了《关于促进股权投资企业规范发展的通知》，规范了股权投资企业的运作和备案管理，促进了股权投资企业规范发展。

2012 年，全国股权投资企业备案管理工作会议在北京召开，发改委在会上发布了《全国股权投资企业备案管理工作会议纪要》，主要提出了如下明确要求：一是要抓紧组建股权投资企业备案管理工作队伍；二是要尽快研究制定地方性股权投资企业管理规则。

2012 年之前，虽然有限合伙企业已经诞生，但是对私募投资基金的监管仍处于一种混沌状态，《创业投资企业管理暂行办法》及《关于促进股权投资企业规范发展的通知》的出台确定了发改委对于私募投资基金的监督者及管理者身份。发改委在这个时期出台的一系列法规对之后对私募投资基金的监管政策产生了非常重要的影响，夯实了政策基础。

2.1.3　发展期

2012 年 6 月，依据《中华人民共和国证券投资基金法》（以下简称《证券投资基金法》）和《社会团体登记管理条例》，并经国务院批准后，中国证券投资基金业协会（以下简称基金业协会）设立，在国家民政部登记为社会团体法人。基金业协会是证券投资基金行业的自律性组织，接受中国证券监督管理委员会（以下简称"证监会"）和国家民政部的业务指导和监督管理。①

2012 年之后，随着基金业协会的成立，私募投资基金开始从由发改委主导监管逐渐转变为由证监会主导监管，同时，私募投资基金的种类也趋于多元化。

2013 年 6 月，全国人大常委会于 2012 年 12 月修订的《证券投资基金法》正式实施。对于私募投资基金行业而言，修订后的《证券投资基金法》的颁布是一座当之无愧的里程碑。根据《证券投资基金法》的规定，除了通过公开募集方式设立的证券投资基金外，还存在通过

① 参见基金业协会官网（http://www.amac.org.cn/）。

非公开募集方式设立的证券投资基金，该等基金均由基金管理人管理，基金托管人托管，为基金份额持有人的利益进行证券投资活动。《证券投资基金法》正式引入了"非公开募集基金"的概念，相当于明确了私募投资基金在法律上的正式身份；同时，《证券投资基金法》在基金份额的交易、申购与赎回，基金的投资与信息披露，基金合同的变更、终止与基金财产清算，基金份额持有人权利行使等方面都进行了详细的规定。但是，《证券投资基金法》没有对私募投资基金进行明文规定，由此也造成了私募投资基金上位法的缺失。

2013 年 6 月，中央机构编制委员会办公室（以下简称中央编办）发布《关于私募股权基金管理职责分工的通知》，明确了证监会与发改委的职责：证监会负责私募投资基金的监督管理，实行适度监管，保护投资者权益；发改委负责组织拟订促进私募投资基金发展的政策措施，会同有关部门研究制定政府对私募股权基金出资的标准和规范。两部门要建立协调配合机制，实现信息共享。

2014 年 1 月 17 日，基金业协会发布《私募投资基金管理人登记和基金备案办法（试行）》。该办法于 2014 年 2 月 7 日正式实施，确定了由基金业协会办理私募投资基金管理人登记及私募投资基金备案，并对私募投资基金业务活动进行自律管理。

2014 年 2 月，中央编办综合司发布《关于创业投资基金管理职责问题意见的函》，再次强调证监会为创业投资基金的主要监管部门，并将"创业投资企业"的称谓修改为"创业投资基金"。

根据中央编办发布的《关于私募股权基金管理职责分工的通知》和《关于创业投资基金管理职责问题意见的函》及证监会发言人的公开发言①，证监会负责包括创业投资基金在内的私募投资基金的监管

---

① 见证监会新闻发言人邓舸于 2014 年 3 月 7 日的公开发言。

工作。因此，创业投资基金管理人和创业投资基金也应当向基金业协会履行登记备案手续。

2014 年 8 月，证监会发布《私募投资基金监督管理暂行办法》，为私募投资基金登记备案、合格投资者、资金募集和投资运作等方面的监管制定了详细的框架，私募投资基金进入全面发展时期。

2.1.4　规范期

2015 年 3 月，基金业协会发布了《关于实行私募基金管理人分类公示制度的公告》，决定按照管理人填报的管理基金规模、运作合规情况、诚信情况等信息，实行私募基金管理人分类公示制度。

2015 年 3 月，基金业协会在北京、上海、杭州等地举办了 4 期《私募投资基金管理人登记和基金备案办法（试行）》培训班，对全国各私募基金投资机构共 1 340 人进行了培训，以规范私募投资基金业务，保护投资者合法权益，促进私募投资基金行业健康发展。

2015 年 3 月 17 日，基金业协会举行了私募基金管理人颁证仪式，首批 50 家私募基金管理机构获得私募基金管理人登记证书。该批 50 家机构中，私募证券基金管理人有 33 家，私募股权基金（含创业投资基金）管理人有 17 家。

2016 年 2 月，基金业协会发布《私募投资基金信息披露管理办法》和《中国基金业协会关于进一步规范私募基金管理人登记若干事项的公告》，规定私募基金管理人登记必须出具法律意见书。

2016 年 7 月，《私募投资基金募集行为管理办法》正式实施，对私募基金管理人、在证监会注册取得基金销售业务资格并已成为基金业协会会员的机构及其从业人员以非公开方式向投资者募集资金的行为进行了规范。

自 2016 年至今，基金业协会出台了一系列规范、文件，逐步在各个方面对私募投资基金进行管理，同时也加速了私募投资基金行业的洗牌过程。

2.2　中国私募投资基金主要立法和监管现状

2.2.1　私募投资基金的监管机构

我国私募投资基金目前的监管机构组织体系主要为：证监会主导、发改委扶持、多机构之间相互配合。

（1）证监会的职责。

证监会负责对私募投资基金实施统一的监督管理。为了对私募投资基金进行专项及完善的监督管理，2014 年 4 月，证监会成立了私募基金监管部，专门负责私募投资基金监管。根据证监会官方网站的信息，私募基金监管部的主要职责为：拟订监管私募投资基金的规则、实施细则；拟订私募投资基金合格投资者标准、信息披露规则等；负责私募投资基金的信息统计和风险监测工作；组织对私募投资基金开展监督检查；牵头负责私募投资基金风险处置工作；指导协会和会管机构开展备案和服务工作；负责私募投资基金的投资者教育保护、国际交往合作等工作。2020 年 4 月，证监会将私募基金监管部与打击非法证券期货活动局合并为市场监管二部（清理整顿各类交易场所办公室），其主要职责为：场外市场重点领域综合风险研判分析；私募投资基金规则制定和监管；对地方政府开展区域性股权市场监管工作的指导、协调和监督；打击非法证券期货活动；清理整顿各类交易场所。①

---

① 参见证监会官网（http://www.csrc.gov.cn/）。

（2）发改委的职责。

根据《关于私募股权基金管理职责分工的通知》等的规定，发改委负责组织拟订促进私募投资基金发展的政策措施，会同有关部门研究制定政府对私募投资基金出资的标准和规范。由此可见，发改委的角色定位主要为，辅助及扶持证监会及其派出机构对私募投资基金进行管理。根据发改委最新的职能配置与内设机构介绍，财政金融和信用建设司负责组织拟订促进私募投资基金发展的政策措施，推进创业投资基金和产业投资基金发展与制度建设。①

（3）中国证券投资基金业协会的职责。

基金业协会为私募基金行业的自律性组织，负责私募基金管理人登记、备案，实施行业自律管理。根据《证券投资基金法》的规定，中国证券投资基金业协会的主要职责包括教育和组织会员遵守有关法律法规，维护投资者合法权益；依法维护会员的合法权益，反映会员的建议和要求；制定实施行业自律规则，监督、检查会员及其从业人员的执业行为，对违反自律规则和协会章程的给予纪律处分；制定执业标准和业务规范，组织从业考试、资质管理和业务培训；提供会员服务，组织行业交流，推动行业创新，开展行业宣传和投资者教育；对会员间、会员与客户之间发生的业务纠纷进行调解；依法办理私募基金登记、备案；中国证券投资基金业协会章程规定的其他职责。

（4）其他机构的职责。

除了上述机构外，上海证券交易所、深圳证券交易所及中国证券登记结算有限公司、中央国债登记结算有限责任公司等机构，均对私募投资基金的监管及发展起着非常重要的作用。

---

① 参见发改委官网（https://www.ndrc.gov.cn/）。

2.2.2　私募投资基金监管和立法存在的问题及现状

（1）有关私募投资基金的上位法缺位。

20世纪80年代末90年代初，国务院出台的相关文件中即已出现"创业投资""风险投资"的表述。[①] 历经30多年的发展后，私募投资基金行业取得了长足发展和巨大进步，但私募投资基金的监管依据仍主要为国务院的政策性文件、国务院部门规章及行业协会的自律规则，缺少上位法。

早在《证券投资基金法》立法之初，关于是否应将创业投资基金、产业投资基金等私募股权类基金纳入《证券投资基金法》调整范围的问题就成为当时热议的焦点。2012年《证券投资基金法》修订时，该问题再次被搬上台面，有的意见提出，实践中许多非公开募集基金不仅从事证券投资，还从事股权投资，建议将《证券投资基金法》的名称修改为"投资基金法"，对证券投资基金和股权投资基金进行统一的管理与规范[②]；还有的意见提出，证券属于金融资产，股权属于实业资产，证券投资基金和股权投资基金的投资对象不同，两者的投资运作方式、基金治理结构、风险控制机制、业绩激励机制、对管理人员的专业技能要求以及监管方式都不相同，无法适用相同的法律规范。[③]

[①]　国务院于1988年5月3日发布的《国务院关于深化科技体制改革若干问题的决定》中提出："鼓励、支持各级科技主管部门和金融机构，联合创办旨在促进科研成果转化为商品的科技信贷和创业投资机构。"此外，国务院于1991年3月6日发布的《国家高新技术产业开发区若干政策的暂行规定》明确规定："有关部门可在高新技术产业开发区建立风险投资基金，用于风险较大的高新技术产品开发。条件比较成熟的高新技术产业开发区，可创办风险投资公司。"

[②]　见全国人大常委会法制工作委员会于2012年发布的《证券投资基金法修订草案公开征求意见情况综述》。

[③]　见全国人大常委会法制工作委员会于2012年发布的《中央有关部门和行业协会对证券投资基金法修订草案的意见》。

关于私募股权投资基金是否纳入《证券投资基金法》的监管范围之争于 2012 年 12 月 28 日该法修订案正式发布时尘埃落定。《证券投资基金法》第二条规定："在中华人民共和国境内，公开或者非公开募集资金设立证券投资基金（以下简称基金），由基金管理人管理，基金托管人托管，为基金份额持有人的利益，进行证券投资活动，适用本法；本法未规定的，适用《中华人民共和国信托法》、《中华人民共和国证券法》和其他有关法律、行政法规的规定。"依据该条，《证券投资基金法》的适用范围仅为公开或非公开募集的证券投资基金，而不包括私募股权、创业投资基金等非证券投资类基金。因此，《证券投资基金法》并不直接适用于私募股权、创业投资基金。

除缺乏"法律"这一效力位阶的上位法依据之外，截至目前，行政法规层面亦无针对私募股权、创业投资基金的规定，但是，鉴于国务院法制办于 2017 年 8 月 30 日公布了《私募投资基金管理暂行条例（征求意见稿）》，私募股权、创业投资基金监管领域上位法"缺位"的状态可能于不久的将来获得较大程度的改善。

（2）《私募投资基金管理暂行条例》亟待出台。

自 2013 年 6 月中央编办发布《关于私募股权基金管理职责分工的通知》，明确了证监会负责私募股权基金的监督管理后，2014 年 2 月中央编办后续又发布了《关于创业投资基金管理职责问题意见的函》，进一步明确了证监会负责组织拟订监管政策、标准和规范。

早在 2017 年 3 月 20 日，国务院办公厅印发的《国务院 2017 年立法工作计划》就将《私募投资基金管理暂行条例》列为全面深化改革急需的项目之一。2017 年 8 月 30 日，国务院法制办、证监会起草的《私募投资基金管理暂行条例（征求意见稿）》及其说明全文公布，征求社会各界意见。

《私募投资基金管理暂行条例（征求意见稿）》共计 11 章 58 条，

分别从私募投资基金管理人和托管人的职责、资金募集、投资运作、信息提供、行业自律、监督管理、法律责任等方面确立了监管规则。《私募投资基金管理暂行条例（征求意见稿）》在沿用部分既有的监管规则的基础上，就部分事项提出了比现行监管规则更高的要求：

①明确提出私募投资基金管理人所管理的私募投资基金全部清盘后，12个月内未备案私募投资基金的，基金业协会应当及时注销基金管理人登记。

②私募投资基金管理人的主要股东或者合伙人的净资产不能低于实收资本的50％，其或有负债不得达到净资产的50％。

③增加了对董事、监事、高级管理人员、执行事务合伙人及其委派代表的要求。具体而言，符合下列情形的人员不得担任私募投资基金管理人的董事、监事、高级管理人员、执行事务合伙人及其委派代表：个人所负债务数额较大，到期未清偿的；因违法行为被开除的基金管理人、基金托管人、证券交易所、证券公司、证券登记结算机构、期货交易所、期货公司及其他机构的从业人员和国家机关工作人员；因违法行为被吊销执业证书或者被取消资格的律师、注册会计师、资产评估机构和验证机构的从业人员、投资咨询从业人员。

④明确了基金业协会必须一次性告知需要补正的材料。《私募投资基金管理暂行条例（征求意见稿）》第11条规定："私募基金管理人报送的材料不齐全或者不符合规定形式的，基金行业协会应当在5个工作日内一次告知需要补正的全部内容。逾期不告知的，自收到申请材料之日起即为受理。基金行业协会应当自受理登记申请之日起20个工作日内，通过网站公告的方式办结登记手续。"

⑤明确向私募投资基金管理人提供投资咨询服务的适格主体为持牌的金融机构和已登记的私募投资基金管理人。《私募投资基金管理暂行条例（征求意见稿）》第25条规定："私募基金管理人可以委托国

务院金融监督管理机构批准设立的金融机构或者在基金行业协会登记的私募基金管理人提供投资咨询服务。"如果私募投资基金管理人委托不符合条件的机构提供投资咨询服务，则会面临责令停止，没收违法所得，并处 10 万元以上 30 万元以下罚款的处罚；其直接负责的主管人员和其他直接责任人员面临给予警告，并处 3 万元以上 30 万元以下罚款的处罚。

如果《私募投资基金管理暂行条例》得以正式出台，其将在很大程度上改善私募投资基金监管领域上位法"缺位"的状态。

（3）部门规章和行业协会自律规则有待完善。

由于上位法的缺失，目前私募股权、创业投资基金的监管在实践中主要适用的规定为证监会颁布的部门规章（具体的部门规章请见本书附录），其中最主要的部门规章为证监会于 2014 年 8 月 21 日颁布实施的《私募投资基金监督管理暂行办法》。

《私募投资基金监督管理暂行办法》对私募投资基金管理人和私募投资基金的登记备案、合格投资者的认定、资金募集的规范、私募投资基金的投资运作、行业自律和监督管理等方面作出了较为详细的规定，并对创业投资基金的监管做了特别规定。《私募投资基金监督管理暂行办法》的出台对私募股权、创业投资基金从发改委监管时代向证监会监管时代的顺利过渡起到了不可忽视的重要作用，但《私募投资基金监督管理暂行办法》仍具有一定的局限性。《私募投资基金监督管理暂行办法》作为部门规章，效力位阶不高，无法对私募股权、创业投资基金从业活动中存在的各种违法行为设定《证券投资基金法》之外的行政处罚，也无法协调其他金融监督管理部门在私募投资基金管理中形成监管合力。且由于《私募投资基金监督管理暂行办法》出台时间较早，其未能适应最近几年行业的最新发展动态。

根据《证券投资基金法》《私募投资基金监督管理暂行办法》和

证监会的授权，基金业协会自 2013 年逐步走向台前，成为私募股权、创业投资基金监管的有力实施者。为此，基金业协会从私募基金监管的各个角度出台了一系列具体的行业自律规则，具体规则详见本书附录。

私募投资基金的募集与设立

第三章

私募投资基金管理人的设立与登记*

私募投资基金设立的主要流程为私募投资基金管理人设立、私募投资基金管理人登记、私募投资基金募集及私募投资基金备案。其中，私募投资基金管理人（以下简称基金管理人）的设立与登记是私募投资基金募集与备案的前提。

3.1 基金管理人的设立

基金管理人须为法律实体，可分为公司制基金管理人和合伙企业制基金管理人。

根据《私募投资基金监督管理暂行办法》，基金管理人的工商登记和营业执照正副本复印件为基金管理人向基金业协会申请登记的必备报送材料之一。换言之，完成基金管理人法律实体的设立后，基金管理人才可进行基金管理人登记工作。

基金管理人设立与基金管理人登记实际上密不可分，为保证基金管理人的顺利登记，基金管理人在设立时，需对照基金管理人登记的相关标准与要求进行自查，确保作为基金管理人的公司或合伙企业在设立时，不存在违背基金管理人登记标准的事项。基金管理人设立时的核查要点被包括在基金管理人登记的核查要点内，在此不予赘述。

---

* 特别说明：本章关于私募股权投资基金和创业投资基金管理人设立、登记的基本内容一般而言也适用于私募证券基金管理人。

此外，由于受到国家对互联网金融整治行动的波及，设立投资类公司需要经过地方金融办的事先审核或备案后方可到工商部门进行设立登记。

3.2　基金管理人需向基金业协会申请登记

根据《私募投资基金监督管理暂行办法》及《私募投资基金管理人登记和基金备案办法（试行）》，各类基金管理人应当向基金业协会申请登记。为规范私募基金管理人申请登记，基金业协会于 2016 年 2 月 5 日发布了《关于进一步规范私募基金管理人登记若干事项的公告》，正式开启了基金管理人登记时代。后续在登记过程中又发布了一系列问题解答，并汇总为《私募基金管理人登记须知》（以下简称《登记须知》），目前最新的版本为 2018 年 12 月更新版。为便利私募基金管理人办理登记，基金业协会总结 4 年来的登记管理经验，于 2020 年 2 月 28 日发布了《私募基金管理人登记申请材料清单》（以下简称《2020 版登记材料清单》），明确列出了私募基金管理人申请登记时所需要准备的资料，并规定自 2020 年 3 月 1 日起，新提交登记申请的私募基金管理人应对照《2020 版登记材料清单》，全面、真实、准确、规范地准备登记所需申请材料，并通过中国证券投资基金业协会资产管理业务综合报送平台（以下简称 AMBERS 系统）审慎完整提交申请材料。基金业协会总结《2020 版登记材料清单》发布 2 年以来的登记实践，在 2022 年 6 月 2 日发布了《私募证券投资基金管理人登记申请材料清单（2022 版）》和《私募股权、创业投资基金管理人登记申请材料清单（2022 版）》（合称《2022 版登记材料清单》）。

私募基金管理人提交的登记材料符合《2022 版登记材料清单》要求的，基金业协会予以受理；不符合《2022 版登记材料清单》要求的，将予以退回。私募基金管理人第二次提交时仍未按《2022 版登记材料清单》提交所需材料或信息的，基金业协会将参照《登记须知》，对私募基金管理人申请机构适用中止办理程序。

自 2020 年 3 月 1 日起，基金业协会全流程公示申请机构办理登记进度，以及增加私募基金管理人公示信息，加强社会监督，监管愈发公开和透明。

3.3 确定基金管理人的业务类型

根据《私募投资基金管理人内部控制指引》和《私募基金登记备案相关问题解答（十三）》，私募基金管理人应当遵循专业化运营原则，主营业务清晰，只可备案与本机构已登记业务类型相符的私募基金，不可管理与本机构已登记业务类型不符的私募基金；同一私募基金管理人不可兼营多种类型的私募基金管理业务。因此，一个私募基金管理人只能经营一种类型的私募基金管理业务。所以，在设立私募基金管理人时，就要确定未来要从事哪一类型的私募基金管理业务。

根据投资标的的不同，私募基金分为以下几类：

（1）私募证券投资基金，即主要投资于公开发行的证券，如公开发行的股份有限公司（上市公司）的股票、债券、基金份额，以及证监会规定的其他证券及其衍生品种的私募基金；

（2）私募股权投资基金，即主要投资于非上市公司的股权和上市公司非公开发行和交易的普通股（含上市公司定向增发、大宗交易、协议转让等），以及可转换为普通股的优先股和可转换债等的私募基金；

（3）创业投资基金，属私募股权投资基金的特殊类别，即主要投资于处于创业各阶段的未上市成长性企业的私募基金；

（4）其他私募基金，即主要投资于特殊商品，如艺术品、红酒等特定商品的私募基金；

（5）私募资产配置基金，即主要采用基金中基金的投资方式进行证券、股权等跨类别资产配置投资，80％以上的已投基金资产投资于已备案的私募基金、公募基金或者其他依法设立的资产管理产品的私募基金。

实务中，一般私募股权投资基金和创业投资基金可以算为一种类型。

3.4　基金管理人登记需提交法律意见书

根据《中国基金业协会关于进一步规范私募基金管理人登记若干事项的公告》，新申请私募基金管理人登记、已登记的私募基金管理人发生部分重大事项变更，需通过私募基金登记备案系统提交由中国律师事务所出具的法律意见书。

在对申请机构进行尽职调查之后，律师需在法律意见书中对相关事项逐项发表结论性意见。如法律意见书及其他申请资料未经基金业协会审核通过，基金管理人无法登记。

根据《中国基金业协会关于进一步规范私募基金管理人登记若干事项的公告》及其附件《私募基金管理人登记法律意见书指引》以及《登记须知》，基金业协会要求经办执业律师及律师事务所在充分尽职调查的基础上于法律意见书内就如下事项逐项发表明确意见：

3.4.1　申请机构是否依法在中国境内设立并有效存续

如前所述，私募基金管理人应为在中国境内设立并有效存续的公司或合伙企业，不存在破产清算、资不抵债、被列入失信名单等情况。

3.4.2　申请机构的名称和经营范围是否符合规定

根据《关于加强私募投资基金监管的若干规定》，私募基金管理人应当在名称中标明"私募基金""私募基金管理""创业投资"字样，并在经营范围中标明"私募投资基金管理""私募证券投资基金管理""私募股权投资基金管理""创业投资基金管理"等体现受托管理私募基金特点的字样。

为规范私募基金管理人登记，国家市场监督管理总局登记注册局2021年1月15日发布《关于做好私募基金管理人经营范围登记工作的通知》，要求各地登记注册机构做好私募基金管理人经营范围登记工作，明确私募基金管理人经营范围的表述。

3.4.3　申请机构是否符合专业化经营原则

根据《关于加强私募投资基金监管的若干规定》第4条的规定，私募基金管理人不得直接或者间接从事民间借贷、担保、保理、典当、融资租赁、网络借贷信息中介、众筹、场外配资等任何与私募基金管理相冲突或者无关的业务，中国证监会另有规定的除外。然而，根据《登记须知》，冲突业务的内容略有区别，包括民间借贷、民间融资、融资租赁、配资业务、小额理财、小额借贷、P2P/P2B、众筹、保理、担保、房地产开发、交易平台等业务。我们理解应综合适用上述规定，涉及相关业务的均属于冲突业务。

申请人应提前准备明确的展业计划书，其主要内容包括：（1）机构设立背景、业务定位、投资策略；（2）拟发行产品的基本信息、产品架构、与其他方已达成的合作意向及相关证明文件；（3）资金募集计划、募集方式、募集对象等；申请人提交登记申请前已实际展业的，应当说明展业的具体情况，并对此事项可能存在影响今后展业的风险进行特别说明。

申请人提交登记申请前若存在使用自有资金投资的，应确保私募基金财产与私募基金管理人自有财产之间独立运作，分别核算；申请人应结合展业需求合理设置内部部门，应包括投资业务相关部门、合规风控部门、业务辅助部门（财务、行政、人力资源）等。

此外，除了不得从事上述冲突业务外，私募基金管理人还应当主营业务清晰，不得兼营与私募基金管理无关的其他业务。

3.4.4　申请机构的股东及股权结构情况

根据《登记须知》及《关于加强私募投资基金监管的若干规定》的要求，私募基金管理人的股权结构应该简明清晰，不得有代持、循环出资、交叉出资、层级过多、结构复杂等情形，不得隐瞒关联关系或者将关联关系非关联化。根据《2022版登记材料清单》，申请机构股权架构应简明清晰，不得存在为规避监管要求而进行特殊股权架构设计的情况。出资人通过特殊目的载体（SPV）间接持有申请机构股权的，应详细说明设立的合理性、必要性。申请人股东的名称或经营范围中带有"投资""投资管理""资产管理"等相关字样且未登记为私募基金管理人的，应当合理解释该等机构设立的目的、业务定位及未办理登记的原因；申请人的直接或间接股东中存在证券公司、基金管理公司的，应当符合证监会、基金业协会、中国证券业协会的相关监管规定。

私募基金管理人的出资人应当以货币财产出资，应保证资金来源真实合法且不受制于任何第三方，应具备与其认缴资本金额相匹配的出资能力，并提供相应的证明材料。目前出资人的出资能力核查是基金业协会登记核查的重点，根据《2022版登记材料清单》，自然人出资人的出资能力证明包括：固定资产（非首套房屋产权证或其他固定资产价值评估材料）、非固定资产（不限于薪资收入证明、完税证明、理财收入证明、配偶收入等），如为银行账户存款或理财金额，可提供近半年银行流水及金融资产证明；如涉及家族资产，应说明具体来源等情况；非自然人出资人的出资能力证明如为经营性收入，应结合成立时间、实际业务情况、营收情况等论述收入来源的合理性与合法性，并提供审计报告等证明材料。出资能力证明应包括资产所有权证明及该资产的合法来源证明，律师应结合上述证明材料，核查财产证明真实性、估计及除贷后净值、资产来源及合法性、股东是否具备充足的出资能力等。

另外，私募基金管理人应确保股权稳定性，对于申请登记前一年内发生股权变更的，应详细说明变更原因，如果存在为规避出资人相关规定而进行特殊股权设计的情形，基金业协会将根据实质重于形式的原则审慎核查。

3.4.5　申请机构的实际控制人情况

私募基金管理人的实际控制人认定将影响私募基金管理人的关联方范围，且需要承诺对后续私募基金管理人的运营承担责任，属于法律意见书的重点和难点内容。

根据《登记须知》，实际控制人应一致追溯到最后自然人、国资控股企业或集体企业、上市公司、受国外金融监管部门监管的境外机构。根据《2022 版登记材料清单》，实际控制人是指控股股东或能够实际支配企业运营的自然人、法人或其他组织，认定实际控制人应穿透至最终出资的自然人、上市公司、国有控股企业或受外国金融监管部门监管的境外机构。

根据基金业协会 AMBERS 系统内的指引，有限公司形式的私募基金管理人的实际控制人中：控股股东是指持股 50% 以上的股东；能够实际支配公司的其他主体是指通过行使表决权能够决定董事会半数以上成员当选的主体，或通过投资关系、协议或者其他安排能够实际支配公司行为且表决权超过50％的主体。而合伙企业形式的私募基金管理人的实际控制人一般指普通合伙人的股权结构中按前述穿透认定标准穿透至最终出资的自然人、上市公司、国有控股企业或受外国金融监管部门监管的境外机构。申请机构的实际控制人为自然人且不在申请机构担任高管的，应说明原因，并说明申请机构实际控制人如何在不担任公司高管的情况下参与公司经营管理。根据《2022版登记材料清单》，实际控制人为自然人且不具备三年以上金融行业、投资管理或拟投领域相关产业、科研等方面工作经历的，申请机构应提供材料说明实际控制人如何履行职责。

当前述可认定为实际控制人的主体都不存在时，私募基金管理人的第一大股东将作为拟制的实际控制人承担相应的法律责任，包括出具书面承诺函，承诺申请机构完成私募基金管理人登记后，继续持有申请机构股权及保持实际控制不少于三年；若申请机构展业中出现违法违规情形，应当承担相应的合规连带责任和自律处分后果。实务中，对第一大股东的认定亦应参照实际控制人的穿透原则进行，而并不仅限于申请机构的直接股东中的第一大股东。

3.4.6　申请机构的关联方情况

基金业协会根据私募基金行业的特点定义了狭义的关联方的范围，包括子公司（持股5％以上的金融机构、上市公司及持股20％以上的其他企业）、分支机构及其他关联方（受同一控股股东/实际控制人控制的金融机构、私募基金管理人、投资类企业、冲突业务企业、投资咨询及金融服务企业等）。法律意见书应明确说明相关子公司、分支机构和关联方工商登记信息等基本资料、相关机构业务开展情况、相关机构是否已登记为私募基金管理人、与申请机构是否存在业务往来等。在实务中，为后续设立基金而先行工商注册的"基金壳主体"亦应当作为关联方进行披露，并详细说明其设立目的、是否已存在实际开展业务等情况，但在后续完成基金备案后，需及时将该等主体从系统关联方中删除，已备案的私募基金无须按照基金管理人的关联方进行披露。

申请机构的子公司、分支机构或关联方中有私募基金管理人的，申请机构应在子公司、分支机构或关联方中的私募基金管理人实际展业并完成首只私募基金备案后，再提交申请机构私募基金管理人登记申请。若申请机构的子公司、分支机构或关联方存在已从事私募基金业务但未登记为私募基金管理人的情形，申请机构应先办理其子公司、分支机构或关联方的私募基金管理人登记。

同一实际控制人下再有新申请机构的，应当说明设置多个私募基金管理人的目的与合理性、业务方向区别、如何避免同业化竞争等问题，应当提交集团关于各私募基金管理人的合规风控安排，基金业协会可以采用征询相关部门意见、加强问询等方式进一步了解相关情况。该实际控制人及其控制的已登记关联私募基金管理人需书面承诺，在新申请机构展业中出现违法违规情形时，应当承担相应的合规连带责任和自律处分后果。同一实际控制人项下再有新申请机构的，申请机构的第一大股东及实际控制人应当书面承诺在完成私募基金管理人登记后，继续持有申请机构股权或实际控制不少于三年。

申请机构存在为规避关联方相关规定而进行特殊股权设计的情形，基金业协会根据实质重于形式原则，审慎核查。

3.4.7 申请机构的从业人员、营业场所、资本金等运营基本设施及条件

根据《登记须知》及《2022版登记材料清单》，私募基金管理人

员工总人数不应少于 5 人，且一般不得兼职，登记时需提交全体员工简历、社保缴费记录等文件；员工应当具备与其部门和岗位职责相匹配的专业能力、从业经验及职业操守，大部分员工（特别是投资、投研、投资者关系维护等相关岗位员工）已经取得基金从业资格，负责基金募集的员工及私募证券投资基金管理人的基金经理应当取得基金从业资格；对于从公募基金管理公司离职加入申请人工作的员工，应当满足 3 个月静默期的有关要求；应当遵守竞业禁止原则，恪尽职守、勤勉尽责，不应当同时从事与私募基金业务可能存在利益冲突的活动。高级管理人员应有相应的任职资格，具体见下述第 3.4.9 点。

私募基金管理人应具备独立的办公场所，应具有独立的前台以及相对独立的办公区域，面积及租期应符合业务经营需要，登记时须提交租赁协议及产权证书或提交无偿使用证明及产权证书等文件；工商注册地和实际经营场所不在同一行政区域的，私募基金管理人应充分说明分离的合理性，一般包括商业资源、人员安排、政府政策等原因。律师事务所需做好相关事实性尽职调查，说明申请机构的经营地、注册地分别所在地点，是否确实在实际经营地经营等事项。

私募基金管理人应根据自身运营情况和业务发展方向，具有足够的实缴资本金，相关资本金应覆盖一段时间内（一般不少于未来 6 个月）合理的人工薪酬、房屋租金等日常运营开支。实缴资本不足 200 万元或实缴比例未达注册资本 25% 的情况，基金业协会将在私募基金管理人公示信息中予以特别提示；注册资本高于 5 000 万元的，应当提供合理理由。申请人应当财务清晰，建立健全财务制度，存在往来款的，应提供合理理由；成立满一年的，应提供上一年度审计报告。申请人提交私募登记申请时，不应存在到期未清偿债务、资产负债比例较高、大额或有负债等可能影响机构正常运作的情形；与关联方存在资金往来的，应保证资金往来真实合理。

3.4.8　申请机构的风险管理及内部控制制度

根据《私募投资基金管理人内部控制指引》及《登记须知》，私募基金管理人应建立健全内部控制机制，明确内部控制职责，完善内部控制措施，强化内部控制保障，持续开展内部控制评价和监督。

登记时需建立的内部控制制度包括：运营风险控制制度，信息披露制度，机构内部交易记录制度，防范内幕交易、利益冲突的投资交易制度，合格投资者风险揭示制度，合格投资者内部审核流程及相关制度，私募基金宣传推介、募集相关规范制度，公平交易制度，从业人员买卖证券申报制度，其他制度（如防范关联交易，利益输送等制度）。

3.4.9　申请机构的高级管理人员

基金业协会根据私募基金行业特点对《公司法》中"高级管理人员"的定义做了进一步解释，界定了私募基金管理人高级管理人员的范围，包括法定代表人/执行事务合伙人（委派代表）、总经理、副总经理、合规/风控负责人以及申请机构自行认定的其他高级管理人员（非必备）等。

申请机构的高级管理人员应当与任职机构签署劳动合同。在私募基金管理人登记、提交高级管理人员重大事项变更申请时，应上传所涉高级管理人员的劳动合同及社保证明。高级管理人员不得在非关联私募机构（即未被认定为关联方的私募机构）兼职；不得在与私募业务相冲突的机构兼职（担任任何职务或从事任何工作，而无论是否已在工商局登记备案）。除法定代表人外，申请机构的其他高级管理人员原则上不应兼职；若有兼职情形，应当提供兼职合理性相关证明材料

（包括但不限于兼职的合理性、胜任能力、如何公平对待服务对象、是否违反竞业禁止规定等材料），同时兼职高级管理人员数量应不高于申请机构全部高级管理人员数量的1/2。申请机构的兼职高级管理人员应当合理分配工作精力，基金业协会将重点关注在多家机构兼职的高级管理人员任职情况；对于在1年内变更2次以上任职机构的私募基金高级管理人员，需说明变更原因，基金业协会将重点关注其变更原因及诚信情况。

从事私募证券投资基金业务的各类私募基金管理人，其高级管理人员均应当取得基金从业资格；从事非私募证券投资基金业务的各类私募基金管理人，至少2名高级管理人员应当取得基金从业资格，其法定代表人/执行事务合伙人（委派代表）、合规/风控负责人应当取得基金从业资格。

根据《2022版登记材料清单》，申请机构高级管理人员应当具备三年以上与拟任职务相关的股权投资、创业投资、投行业务、资产管理业务、会计业务、法律业务、经济金融管理、拟投领域相关产业科研等工作经历，具有与拟任职务相适应的管理经历和经营管理能力，并能够提供其过往从业经历和投资业绩的相关证明材料。申请机构高级管理人员应当持续符合相关任职要求，切实履行职责，保持任职稳定性。申请机构不得临时聘请挂名人员。

负责投资的高级管理人员应提供其在曾任职机构主导的至少两起投资于未上市企业股权的项目证明材料，所有项目初始投资金额合计原则上不少于1 000万元。其中，主导作用是指相关人员参与了尽职调查、投资决策等重要环节，并发挥了关键性作用。投资项目证明材料应完整体现尽职调查、投资决策、工商确权、项目退出（如有）等各个环节，包括但不限于签章齐全的尽职调查报告（需加盖原任职机构公章）、投决会决议（原则上需加盖原任职机构公章）、投资标的确权材料、股权转让协议或协会认可的其他材料。涉及境外投资的应提供中文翻译件。律师应在法律意见书中逐一论述，并对其真实性发表结论性意见。个人股权投资、投向国家禁止或限制性行业的股权投资、投向与私募基金管理相冲突行业的股权投资、作为投资者参与的项目投资等其他无法体现投资能力或不属于股权投资的项目材料，原则上不作为股权类投资经验证明材料。负责投资的高级管理人员未在申请机构出资的，申请机构应说明如何通过制度安排或激励机制等方式保证其稳定性。

负责合规/风控的高级管理人员应当独立地履行对内部控制的监督、检查、评价、报告和建议职能，并且具备在相关机构从事合规风控工作的经历及项目经验；合规/风控负责人不得从事投资业务。

3.4.10　申请机构主要出资人、实际控制人、高级管理人员合法合规及诚信信息

申请机构及其主要出资人、实际控制人、高级管理人员不得存在以下负面信息：

（1）因犯有贪污、贿赂、侵占财产、挪用财产或破坏社会主义经济秩序罪被判处刑罚，或因犯罪被剥夺政治权利；

（2）最近三年受到中国证监会的行政处罚、被中国证监会采取行政监管措施，或被中国证监会采取市场禁入措施执行期满未逾三年；

（3）最近三年受到其他监管部门的行政处罚；

（4）最近三年被基金业协会或其他自律组织采取自律措施；

（5）最近三年曾在因违反相关法律法规、自律规则被基金业协会注销登记或不予登记机构担任法定代表人、执行事务合伙人（委派代表）、负有责任的高级管理人员，或者作为实际控制人、普通合伙人、主要出资人；

（6）最近三年在受到刑事处罚、行政处罚或被采取行政监管措施
的机构任职；

（7）最近三年被纳入失信被执行人名单；

（8）最近一年涉及重大诉讼、仲裁；

（9）最近三年存在其他违法违规及诚信情况。

对于申请机构、主要出资人、实际控制人、高级管理人员存在
上述情形，或存在严重负面舆情、经营不善等重大风险问题，基金
业协会可以采用征询相关部门意见、加强问询等方式进一步了解情
况。对于申请机构主要出资人、实际控制人最近三年存在重大失信
记录的，基金业协会将结合相关情况实质性及影响程度，审慎办理
登记业务。

3.4.11　是否存在中止办理的情形

根据《登记须知》，申请机构出现下列两项及以上情形的，基金业
协会将中止办理该类机构私募基金管理人登记申请 6 个月：

（1）申请机构名称不突出私募基金管理主业，与知名机构重名或
名称相近的，名称带有"集团""金控"等误导投资者字样的；

（2）申请机构办公场所不稳定或者不独立的；

（3）申请机构展业计划不具备可行性的；

（4）申请机构不符合专业化经营要求，偏离私募基金主业的；

（5）申请机构存在大额未清偿负债，或负债超过净资产 50% 的；

（6）申请机构股权代持或股权结构不清晰的；

（7）申请机构实际控制关系不稳定的；

（8）申请机构通过构架安排规避关联方或实际控制人要求的；

（9）申请机构员工、高级管理人员挂靠，或者专业胜任能力不
足的；

（10）申请机构在基金业协会反馈意见后 6 个月内未补充提交登记申请材料的；

（11）中国证监会、基金业协会认定的其他情形。

3.4.12　是否存在不予登记的情形

根据《私募投资基金监督管理暂行办法》《私募投资基金管理人登记和基金备案办法（试行）》《登记须知》《私募基金登记备案相关问题解答（十四）》及相关自律规则，基金管理人如存在如下情形，基金业协会将不予办理登记：

（1）申请机构违反《证券投资基金法》和《私募投资基金监督管理暂行办法》关于资金募集的相关规定，在申请登记前违规发行私募基金，且存在公开宣传推介、向非合格投资者募集资金行为的；

（2）申请机构提供，或申请机构与律师事务所、会计师事务所及其他第三方中介机构等串谋提供虚假登记信息或材料的；提供的登记信息或材料存在误导性陈述、重大遗漏的；

（3）申请机构主要出资人、申请机构自身曾经从事过或目前仍兼营民间借贷、民间融资、融资租赁、配资业务、小额理财、小额借贷、P2P/P2B、众筹、保理、担保、房地产开发、交易平台等与私募基金业务相冲突的业务的；

（4）申请机构被列入国家企业信用信息公示系统严重违法失信企业名单的；

（5）申请机构的高级管理人员最近三年存在重大失信记录，或最近三年被中国证监会采取市场禁入措施的；

（6）中国证监会和中国证券投资基金业协会规定的其他情形。

基金管理人如存在上述情形，基金业协会除对其不予办理登记外，自该基金管理人不予登记之日起一年内，不接受办理其高级管理人员担任私募基金管理人高级管理人员、作为私募基金管理人的出资人或实际控制人。

3.4.13 申请机构向基金业协会递交的材料是否真实、准确、完整

经办执业律师及律师事务所需在法律意见书中确认申请机构向基金业协会递交的材料是否真实、准确、完整。

3.4.14 结论性意见

此外，法律意见书需就私募基金管理人登记申请是否符合基金业协会的相关要求发表整体结论性意见。

3.5 基金管理人登记的尽职调查

经办执业律师及律师事务所需勤勉尽责，就法律意见书内容进行充分的尽职调查。经办执业律师一般先发出尽职调查清单及补充清单，收集、审阅、整理相关书面材料，并结合各种核查方式查验，包括实地调查，面谈，向国家机关、具有管理公共事务职能的组织等查证，网络核查等。

特别地，为满足基金业协会的要求，一般经办律师需到私募基金管理人办公室场所进行实地核查，并访谈创始人等高级管理人员，获取私募基金管理人及其实际控制人、高级管理人员出具的相关书面说明、承诺等文件，以确保符合基金业协会的要求。

另外，经办律师需要整理并保存工作底稿，以备将来基金业协会或证监局核查。

3.6　律师事务所惩戒措施

基金业协会对不予登记的基金管理人及所涉律师事务所、律师情况采取公示工作机制。根据《登记须知》，自《私募基金登记备案相关问题解答（十四）》发布之日起，在已登记的私募基金管理人公示制度基础上，基金业协会将进一步公示不予登记申请机构及所涉律师事务所、律师情况，并建立以下工作机制：

（1）律师事务所及经办律师为一家被不予登记机构提供私募基金管理人登记相关法律服务，且出具了肯定性结论意见的，基金业协会将通过电话沟通、现场约谈等多种途径及时提醒该律师事务所及经办律师相关业务的尽职、合规要求。

（2）律师事务所的经办律师累计为两家及以上被不予登记机构提供私募基金管理人登记相关法律服务，且出具了肯定性结论意见的，出于审慎考虑，自其服务的第二家被不予登记机构公示之日起三年内，基金业协会将要求由该经办律师正在提供私募基金管理人登记相关法律服务的申请机构，提交现聘律师事务所的其他执业律师就申请机构私募基金管理人登记事项出具的复核意见；该申请机构也可以另行聘请其他律师事务所重新出具法律意见书。同时，基金业协会将有关情况通报相关经办律师任职的律师事务所。

（3）律师事务所累计为三家及以上被不予登记机构提供私募基金管理人登记相关法律服务，且出具了肯定性结论意见的，出于审慎考虑，自其服务的第三家被不予登记机构公示之日起三年内，基金业协会将要求由该律师事务所正在提供私募基金管理人登记相关法律服务的申请机构，重新聘请其他律师事务所就私募基金管理人登记事项另行出具法律意见书。同时，基金业协会将有关情况通报所涉律师事务所所在地的司法行政机关和律师协会。

（4）律师事务所及经办律师为已登记的私募基金管理人出具入会法律意见书或者其他专项法律意见书，存在虚假记载、误导性陈述或者重大遗漏，且出具了肯定性结论意见的，参照上述原则处理。

3.7 基金管理人登记后注意事项

基金管理人登记并非一劳永逸之举，登记完成后，还需关注持续展业要求、持续内控要求及重大事项变更事宜。

根据《中国基金业协会关于进一步规范私募基金管理人登记若干事项的公告》，自该公告发布之日起，新登记的私募基金管理人在办结登记手续之日起 6 个月内①仍未备案首只私募基金产品的，基金业协会将注销该私募基金管理人登记。

根据《私募投资基金监督管理暂行办法》《私募投资基金管理人内部控制指引》《私募投资基金合同指引》等相关要求，自《私募基金登记备案相关问题解答（十四）》发布之日起，申请私募基金管理人登记的机构应当书面承诺保证其组织架构、管理团队的稳定性，在备案完成第一只基金产品前，不进行法定代表人、控股股东或实际控制人的重大事项变更；不随意更换总经理、合规风控负责人等高级管理人员。法律法规另有规定或发生不可抗力情形的除外。

根据《中国基金业协会关于进一步规范私募基金管理人登记若干事项的公告》，已登记的私募基金管理人申请变更控股股东、变更实际

---

① 根据基金业协会 2020 年 2 月 1 日发布的《关于疫情防控期间私募基金登记备案相关工作安排的通知》，自本通知发布之日起，新登记私募基金管理人及已登记但尚未备案首只私募基金产品的私募基金管理人，首只私募基金产品备案时限由原来的 6 个月延长至 12 个月。

控制人、变更法定代表人/执行事务合伙人等重大事项或基金业协会审慎认定的其他重大事项的，应提交私募基金管理人重大事项变更专项法律意见书。

3.8　基金管理人异常经营情况处理

3.8.1　应向基金业协会提交专项法律意见书

根据基金业协会 2018 年 3 月 27 日发布的《关于私募基金管理人在异常经营情形下提交专项法律意见书的公告》，私募基金管理人及其法定代表人、高级管理人员、实际控制人或主要出资人出现以下情形，可能影响私募基金管理人持续符合登记规定时，应当向基金业协会提交专项法律意见书：

（1）被公安、检察、监察机关立案调查的；

（2）被行政机关列为严重失信人，以及被人民法院列为失信被执行人的；

（3）被证券监管部门给予行政处罚或被交易所等自律组织给予自律处分，情节严重的；

（4）拒绝、阻碍监管人员或者自律管理人员依法行使监督检查、调查职权或者自律检查权的；

（5）因严重违法违规行为，证券监管部门向协会建议采取自律管理措施的；

（6）多次被投资者实名投诉，涉嫌违反法律法规、自律规则，侵害投资者合法权益，未能向协会和投资者合理解释被投诉事项的；

（7）经营过程中出现《私募基金管理人登记备案相关问题解答（十四）》规定的不予登记情形的；

（8）其他严重违反法律法规和《私募基金管理人内部控制指引》等自律规则的相关规定，经营管理失控，出现重大风险，损害投资者利益的。

3.8.2　提交专项法律意见书的程序和要求

私募基金管理人及其法定代表人、高级管理人员、实际控制人或主要出资人出现上述规定的异常经营情形的，基金业协会将书面通知私募基金管理人委托律师事务所对有关事项进行查验，并在 3 个月内提交专项法律意见书。基金业协会的书面通知无法送达私募基金管理人的，私募基金管理人将被认定为失联机构，并按照相关程序办理，直至注销。私募基金管理人的异常经营情形影响到潜在投资者的判断，或者涉及社会公众利益时，基金业协会的书面通知、私募基金管理人的说明和提交的专项法律意见书将在协会网站公示。

私募基金管理人应当向所在地证券监管部门派出机构报告其异常经营情形，并报备其委托律师事务所出具专项法律意见书的情况。出现被公安、检察、监察机关立案侦查，以及被责令停止相关展业资质、采取强制措施等严重情形的，基金业协会将自书面通知发出之日起暂停受理该私募基金管理人的基金备案申请、该私募基金管理人相关重大事项变更申请，以及相关关联方新设私募基金管理人的登记申请。

3.8.3　异常经营专项法律意见书出具指引

基金业协会为规范异常经营专项法律意见书出具行为，于 2020 年 3 月 23 日发布《异常经营专项法律意见书出具指引》，要求出具专项法律意见书的律师及律师事务所符合《关于私募基金管理人在异常经营情形下提交专项法律意见书的公告》及《私募基金管理人登记备案相关问题解答（十四）》的要求，应对专项问题注意发表明确的结论性意见，并对私募基金管理人的整体问题情况进行一并核查，最后就私募基金管理人是否已就前述核查问题进行整改以及是否持续符合基金业协会的相关自律规则发表结论性意见。

3.8.4　异常经营专项法律意见书的处理

基金业协会在收到管理人提交的异常经营专项法律意见书后将启动相应审核程序并分类处理：

（1）若私募基金管理人已完成异常经营情形整改，同时专项法律意见书无虚假记载、误导性陈述或者重大遗漏且结论性意见为该私募基金管理人持续符合现行管理人登记要求的，异常经营程序终止，恢复其业务正常办理。

（2）若专项法律意见书结论性意见为不能持续符合现行管理人登记要求的，基金业协会将注销该私募基金管理人登记。

（3）私募基金管理人未能在书面通知发出后的 3 个月内提交符合规定的专项法律意见书的，基金业协会将按照《关于进一步规范私募基金管理人登记若干事项的公告》的有关规定予以注销，注销后不得重新登记。私募基金管理人的法定代表人、高级管理人员及其他从业人员按照不配合自律管理予以纪律处分，情节严重的取消基金从业资格，加入黑名单。

（4）若私募基金管理人在收到基金业协会要求其限期补充出具专项法律意见书的通知后，未能按期提交补充专项法律意见书的，基金业协会将注销该私募基金管理人登记。

第四章

私募投资基金募集与备案

4.1 私募投资基金的组织形式对比与选择

如前文提及，私募投资基金的基本类型为公司型基金、合伙型基金及契约型基金。实践中也存在嵌套上述不同类型基金的混合型基金。在设立基金之初，需要根据不同类型的私募投资基金的特点进行选择。

4.1.1 私募投资基金主体

公司型基金的基金主体为有限责任公司或股份有限公司，为独立法人主体。合伙型基金的基金主体为合伙企业，为非法人独立主体，合伙型基金的普通合伙人对基金债务承担无限连带责任。契约型基金无法律实体，不具备独立主体资格。

因具备法律实体，公司型基金、合伙型基金以基金本身名义对外投资，而不具备法律实体的契约型基金对外投资进行被投企业股东工商变更登记时，一般将契约型基金的基金管理人登记为被投企业的股东，形成一种特殊的代持关系。

4.1.2 单只基金合格投资者人数

根据《中华人民共和国公司法》（以下简称《公司法》），采取有限责任公司模式的公司型基金的合格投资者人数为 1～49 人，采取股份有限公司模式的公司型基金的合格投资者人数为 1～199 人。根据《合伙企业法》，合伙型基金的合格投资者人数为 1～49 人。

无法律实体的契约型基金不受《公司法》《合伙企业法》等法律规制。根据《证券投资基金法》对非公开募集资金合格投资者累计人数的要求，契约型基金的合格投资者人数为 1～199 人。

4.1.3　基金内部治理及投资人对基金的控制

公司型基金的投资人作为公司股东，通过股东会参与公司型基金的重大决策，对基金的控制较强。合伙型基金的投资人通常为有限合伙人，不负责合伙型基金的运营，而由普通合伙人执行合伙事务。但投资人既可通过合伙人会议或咨询委员会（如有）参与合伙事务，亦可通过与基金管理人签署有限合伙协议的附属协议（即"Side Letter"），约定投资人对合伙型基金重大事项的参与权，从而增强投资人对合伙型基金的影响。契约型基金的投资运营由基金管理人负责，托管人进行监管，虽然投资人可通过基金份额持有人大会参与决策，但相较于公司型基金及合伙型基金，契约型基金投资人对契约型基金的影响与控制较弱。

4.1.4　基金设立及投资人退出程序

公司型基金设立及投资人退出的程序较为烦琐。设立公司型基金，需签署公司章程、办理工商设立登记。如投资人希望退出公司型基金，则需进行股权转让或减资，再完成工商变更登记。其中，股权转让可能受限于其他投资人的优先购买权，减资需要履行复杂的减资程序。

合伙型基金设立及投资人退出的程序较为简单。设立合伙型基金，需签署合伙协议、办理工商设立登记。如投资人希望退出合伙型基金，则需进行份额转让或退伙，再完成工商变更登记。投资人作为有限合伙人转让份额一般不限于其他有限合伙人的优先购买权，而且合伙企业退伙减少认缴出资也无须履行复杂的减资程序。

契约型基金设立及投资人退出的程序最为简单。设立契约型基金，仅需签署基金合同。如投资人希望退出契约型基金，仅需遵照基金合同履行转让份额或赎回份额手续。由于契约型基金无相关法律主体，故其设立及退出均不涉及工商登记手续，操作灵活且高效，可节省投资人时间。

4.1.5　税收安排

概言之，公司型基金的税费成本较高，合伙型基金和契约型基金的税费成本较低。

就所得税而言，公司型基金需缴纳基金层面的企业所得税，且股东层面需缴纳企业所得税或个人所得税，并且个人投资者的个人所得税需由公司型基金代扣代缴，因此公司型基金的税收成本较高。合伙型基金及契约型基金本身均无须纳税，而是由其投资者直接承担。但合伙型基金需为其个人投资者代扣代缴个人所得税，而契约型基金个人投资者的个人所得税由投资者自行申报，契约型基金无代扣代缴义务。

就增值税而言，公司型基金与合伙型基金需自行缴纳基金层面的增值税，而契约型基金不构成独立的增值税纳税主体，需由基金管理人代为申报。

4.1.6　《资管新规》对多层嵌套模式的影响

此前，多层嵌套模式的混合基金被广为使用的目的主要是规避投资领域、杠杆约束等方面的监管。例如，通过基金产品的跨类嵌套，银行存在通过信托计划向不符合直接放贷监管指标要求的特定资产提供贷款的情况。

2018 年 4 月 27 日，《中国人民银行、中国银行保险监督管理委员会、中国证券监督管理委员会、国家外汇管理局关于规范金融机构资产管理业务的指导意见》（以下简称《资管新规》）实施。《资管新规》明确规定，资产管理产品可以再投资一层资产管理产品，但所投资的资产管理产品不得再投资公募证券投资基金以外的资产管理产品。《资管新规》的过渡期目前已截止（延长至 2021 年底），所有资管机构及其资管产品均应符合《资管新规》的要求。

根据《资管新规》，私募基金仅可嵌套另一层私募基金，以往的私募基金多层嵌套模式不再合法合规，进行基金结构设计和搭建时需加以注意。

然而，国家发改委、中国人民银行等六部委于 2019 年 10 月发布了《关于进一步明确规范金融机构资产管理产品投资创业投资基金和政府出资产业投资基金有关事项的通知》，在明确适用《资管新规》及其实施细则的同时，给予了创业投资基金、政府出资产业投资基金豁免规定，允许公募资管产品投资、豁免多层嵌套限制。

4.1.7　契约型基金特有的"三类股东"问题

契约型基金、信托计划、资管计划统称为"三类股东"。由于在 A 股首次发行股票并上市对发行人股权的清晰与稳定有着严格的要求，而"三类股东"的投资人构成繁杂，既不清晰，亦不稳定，因此在以往的实践中，"三类股东"一般被视为境内上市的实质性障碍之一，一般会在企业申报境内上市申请材料之前被清退。

2019 年 3 月 24 日，上海证券交易所发布《上海证券交易所科创板股票发行上市审核问答（二）》；2019 年 3 月 25 日，证监会发布《首发业务若干问题解答（一）》及《首发业务若干问题解答（二）》，并在 2020 年 6 月 10 日将二者合并为《首发业务若干问题解答》；2020 年 6 月 12 日，深圳证券交易所发布《深圳证券交易所创业板股票首次公开发行上市审核问答》。这些文件均明确了中介机构和发行人对发行人在新三板挂牌期间形成"三类股东"持有发行人股份情况的核查与信息披露要求。其后，多家含有"三类股东"的公司的上市申请获得成功，包括科创板上市企业西部超导（688122）、阿拉丁（688179）、澜起科技（688008），创业板上市企业天阳科技（300872）、朗进科技（300594）等。

总体上，监管部门对于"三类股东"问题的监管要求有所放宽，对于持股比例较小的"三类股东"，在中介机构已对其他"三类股东"进行充分核查并就该等情形不会构成上市实质性障碍发表明确意见的情况下，监管部门一般不会再要求对相关"三类股东"进行进一步穿透或进一步追问。为谨慎起见，拟 A 股上市企业在上市前可能仍会尽量清理包括契约型基金在内的"三类股东"，或者要求"三类股东"根据上述审核问答提供材料并进行相关安排和承诺。

4.2 私募投资基金的募集对象

4.2.1 合格投资者要求[①]

《私募投资基金监督管理暂行办法》第十一条规定："私募基金应

---

① 《资管新规》中合格投资者的标准与此不完全相同，目前在基金业协会的监管要求中对一般私募投资基金的合格投资者标准按照《私募投资基金监督管理暂行办法》执行。如果是证券期货经营机构设立的私募资管产品的合格投资者标准，需结合《证券期货经营机构私募资产管理计划运作管理规定》执行。

当向合格投资者募集。"《私募投资基金监督管理暂行办法》第十二条规定：私募基金的合格投资者是指具备相应风险识别能力和风险承担能力，投资于单只私募基金的金额不低于 100 万元且符合下列相关标准的单位和个人：

（1）净资产不低于 1 000 万元的单位；

（2）金融资产不低于 300 万元或者最近三年个人年均收入不低于 50 万元的个人。

上述所称金融资产包括银行存款、股票、债券、基金份额、资产管理计划、银行理财产品、信托计划、保险产品、期货权益等。

4.2.2　当然合格投资者

根据《私募投资基金监督管理暂行办法》第十三条的规定，社会保障基金，企业年金等养老基金，慈善基金等社会公益基金，依法设立并在基金业协会备案的投资计划，投资于所管理私募投资基金的私募基金管理人及其从业人员，以及中国证监会规定的其他投资者均被视为当然合格投资者。

4.2.3　募集对象的人数

根据《私募投资基金监督管理暂行办法》第十一条的规定，单只私募基金的投资者人数累计不得超过《证券投资基金法》《公司法》《合伙企业法》等法律规定的特定数量。具体人数限制需结合私募投资基金的类型予以分析（请见 4.1.2），此处不赘述。

4.2.4　对合格投资者的穿透核查

根据《私募投资基金监督管理暂行办法》第十三条的规定，以合伙企业、契约等非法人形式，通过汇集多数投资者的资金直接或者间接投资于私募基金的，私募基金管理人或者私募基金销售机构应当穿透核查最终投资者是否为合格投资者，并合并计算投资者人数。但是，社会保障基金、企业年金等养老基金，慈善基金等社会公益基金，依法设立并在基金业协会备案的投资计划及中国证监会规定的其他投资者投资私募基金的，不再穿透核查最终投资者是否为合格投资者和合并计算投资者人数。

4.3　私募投资基金的募集方式及流程

4.3.1　私募投资基金的募集机构

私募基金管理人可以自行销售基金产品，也可以委托在基金业协会完成登记并成为会员的基金服务机构销售基金产品。私募基金管理人的出资人、实际控制人、关联方不得从事私募投资基金募集宣传推介。

根据基金业协会 2017 年 3 月 1 日发布的《私募投资基金服务业务管理办法（试行）》，基金服务机构登记也需要聘请中国律师事务所出具法律意见书。基金业协会同时发布了《私募投资基金服务机构登记法律意见书指引》。

4.3.2　私募投资基金的募集方式

私募投资基金需要以非公开方式向合格投资者募集资金。根据《私募投资基金募集行为管理办法》及《关于加强私募投资基金监管的若干规定》的规定，私募基金管理人、私募投资基金销售机构及其从业人员不得向合格投资者之外的单位和个人募集资金或为投资者提供多人拼凑、资金借贷等满足合格投资者要求的便利，不得通过报刊、电台、电视、互联网等公众传播媒体或者讲座、报告会、分析会和布告、传单、短信、即时通信工具、博客和电子邮件等方式，向不特定对象宣传推介。

4.3.3　私募投资基金的募集流程

根据《私募投资基金募集行为管理办法》，私募投资基金的募集流程包括：特定对象确定、投资者适当性匹配、私募投资基金推介及合格投资者确认及基金相关文件签署。

（1）特定对象确定。

在向投资者推介私募投资基金之前，募集机构应当采取问卷调查等方式履行特定对象确定程序，对投资者风险识别能力和风险承担能力进行评估，投资者需提供承诺其符合合格投资者标准的承诺函。

募集机构通过互联网媒介在线向投资者推介私募投资基金之前，应当设置在线特定对象确定程序，投资者应承诺其符合合格投资者标准。该等确定程序包括但不限于：投资者如实填报真实身份信息及联系方式；募集机构应通过验证码等有效方式核实用户的注册信息；投资者阅读并同意募集机构的网络服务协议；投资者阅读并主动确认其自身符合合格投资者标准；投资者在线填报风险识别能力和风险承担能力的问卷调查；募集机构根据问卷调查及其评估方法在线确认投资者风险识别能力和风险承担能力。

（2）投资者适当性匹配。

根据《证券期货投资者适当性管理办法》及《基金募集机构投资者适当性管理实施指引（试行）》的规定，投资者可分为专业投资者与普通投资者。专业投资者主要包括金融机构、类金融类资产管理公司，以及符合条件的理财产品、专业主体、高净值单位及高净值个人；普通投资者按风险承受能力由低到高的顺序至少划分为 C1、C2、C3、C4、C5 五种类型。两类投资者如符合一定条件，可相互转换。

在投资者适当性匹配阶段，投资者需提供填写完毕的投资者信息表及投资者相关证明资料，证明其是否属于专业投资者。

如投资者为专业投资者，其可填写风险测评问卷进行细化分类，且需签署保密承诺函；如投资者为普通投资者，其需填写风险测评问卷。如投资者等级与基金产品等级匹配，由募集机构提供投资者风险匹配告知书，投资者签署投资者确认函、保密承诺函；如投资者等级与基金产品等级不匹配，由募集机构提供投资者风险不匹配警示函后，投资者方可签署投资者确认函、保密承诺函。

基金产品也存在等级划分，基金产品或服务的风险等级按照风险由低到高的顺序至少划分为 R1、R2、R3、R4、R5 五个等级，基金募集机构具有向投资者告知基金产品或者服务风险等级划分方法及其说明的义务。

基金募集机构的如下行为被禁止：向不符合准入要求的投资者销售产品或服务；向风险承受能力最低的投资者销售 R2 及以上产品或服务；向普通投资者主动推介高于其风险等级的产品；向普通投资者主动推介不符合投资目标的产品或服务；向投资者就不确定事项提供确定性的判断，或者告知投资者有可能使其误认为具有确定性的意见。

（3）私募投资基金推介。

私募投资基金推介材料内容应与基金合同主要内容一致，不得有任何虚假记载、误导性陈述或者重大遗漏。如有不一致的，应当向投资者特别说明。

私募投资基金推介材料应包括私募投资基金的信息、私募投资基金管理人的信息、其他信息（如基金业协会公示的诚信信息、投资者承担的费率及主要费用等）。如私募投资基金采取合伙企业、有限责任公司组织形式，应当明确说明入伙（股）协议不能替代合伙协议或公司章程，因为根据《合伙企业法》或《公司法》，合伙协议、公司章程依法应当由全体合伙人、股东协商一致，以书面形式订立。

募集机构及其从业人员推介私募投资基金时，禁止有《私募投资基金募集行为管理办法》第二十四条规定的公开推介或者变相公开推介，以及推介材料虚假记载、误导性陈述或者重大遗漏等十二项行为。

募集机构推介私募投资基金时，不得通过下列媒介渠道：公开出版资料；面向社会公众的宣传单、布告、手册、信函、传真；海报、户外广告；电视、电影、电台及其他音像等公共传播媒体；公共、门户网站链接广告、博客等；未设置特定对象确定程序的募集机构官方网站、微信朋友圈等互联网媒介；未设置特定对象确定程序的讲座、报告会、分析会；未设置特定对象确定程序的电话、短信和电子邮件等通信媒介；法律、行政法规、中国证监会规定和中国基金业协会自律规则禁止的其他行为。

（4）合格投资者确认及基金相关文件签署。

①风险揭示阶段。在基金合同签署前，募集机构应当向投资者说明有关法律法规，说明投资冷静期、回访确认等程序性安排以及投资者的相关权利，重点揭示私募投资基金风险，并与投资者签署风险揭示书。

②合格投资者确认。在完成风险揭示后，募集机构应当要求投资者提供必要的资产证明文件或收入证明，并审查投资者是否符合私募投资基金合格投资者标准，依法履行反洗钱义务，并确保投资者人数不超过法律规定的特定人数。

③基金相关文件签署。即与投资者签署相关承诺函、投资者确认函、私募投资基金合同、认缴协议、有限合伙协议等。

④投资冷静期。基金合同应当约定给投资者设置不少于二十四小时的投资冷静期，自基金合同签署完毕且投资者交纳认购基金的款项后起算，募集机构在投资冷静期内不得主动联系投资者。对于当然合格投资者和专业投资机构，可以不适用该等约定。

⑤回访确认（鼓励而非强制）。募集机构应当在投资冷静期满后，指令本机构从事基金销售推介业务以外的人员以录音电话、电邮、信函等适当方式进行投资回访。基金合同应当约定，投资者在募集机构回访确认成功前有权解除基金合同。对于当然合格投资者和专业投资机构，可以不适用该等约定。但目前基金业协会尚未强制要求施行回访确认。

4.3.4 私募投资基金设立及实缴首期资金

私募投资基金完成募集后，公司型基金及合伙型基金应在工商部门进行设立登记，并尽快开立银行账户。如私募投资基金不进行托管，则可以由私募投资基金与取得基金销售业务资格的商业银行、证券公司等金融机构（账户监管机构）签订募集结算资金专用账户监督协议，由该等机构进行募集资金的监管和划转，投资者将首期不低于 100 万元（管理人及其员工，政府引导基金，社会保障基金、企业年金等养老基金，慈善基金等社会公益基金的首轮实缴出资要求可从其公司章程或合伙协议约定）的出资缴付至募集结算资金专用账户，募集完毕后由账户监管机构将募集资金划转至基金的账户。如私募投资基金拟进行托管，则应在符合要求的账户监管机构开立托管账户，并与其签订托管协议，在募集完毕后由账户监管机构将募集资金划转至基金的托管账户。

4.4　私募投资基金备案

私募投资基金完成募集后，应在 20 个工作日内通过 AMBERS 系统申请私募投资基金备案，并签署备案承诺函承诺已完成募集，承诺已知晓以私募投资基金名义从事非法集资所应承担的刑事、行政和自律后果。

基金业协会于 2019 年 12 月 23 日发布《私募投资基金备案须知》（以下简称《备案须知》），明确了私募投资基金备案的各项要求。此外，基金业协会于 2020 年 3 月 20 日发布了《关于公布私募投资基金备案申请材料清单的通知》，结合六年来办理私募投资基金备案的工作实践，在未新增备案要求的前提下，梳理和固化了现有私募投资基金备案要求，按照不同基金类型细化梳理，形成了证券类、非证券类、重大事项变更和清算三套私募投资基金备案所需材料清单，便利私募基金管理人事前对照准备备案申请材料。之后，基金业协会根据备案材料清单进行校验，如备案材料完备，且页签信息填报准确，则予以备案通过；如材料不符合要求，则予以退回。

2020 年 1 月 17 日，基金业协会发布《从信用积累走向信用运用差异化引导行业规范发展——中国证券投资基金业协会将推出私募基金产品备案"分道制＋抽查制"改革试点》，创造性地提出对私募基金备案采用"分道制＋抽查制"试点，即将私募基金管理人按照基金业协会评估的专业信用状况分为两种情况进行基金备案的申请，符合条件的私募基金管理人通过 AMBERS 系统提交基金备案申请，次日于基金业协会官网公示后即完成备案，之后基金业协会将采取抽查的方式检验基金备案的合规性；不符合条件的私募基金管理人依旧维持现有人工办理方式，在该方案试点评估基础上，基金业协会将正式发布适合"分道制＋抽查制"私募基金管理人的指标基准和条件。

此后，私募基金产品备案"分道制＋抽查制"试点于 2020 年 2 月 7 日正式上线。之后基金业协会于 2021 年 12 月 6 日发布《关于开展私募股权基金分道制二期试点工作的通知》，指出自 2020 年 2 月 7 日开展的私募基金产品备案分道制试点工作，有效提高了产品备案效率，降低了备案环节资金沉淀成本，获得了行业高度认可。本次开展分道制二期试点工作，旨在进一步提高行业获得感，做好"扶优限劣"。然而，基金业协会并未公开适用"分道制＋抽查制"基金备案的具体标准及私募投资基金管理人名单，各私募基金管理人在 AMBERS 系统可以看到自己是否适用。

基金业协会总结基金备案经验，于 2022 年 6 月 2 日发布了《私募股权、创业投资基金备案关注要点》和《私募证券投资基金备案关注要点》（合称"《备案关注要点》"）。结合《备案须知》和《备案关注要点》，私募投资基金在基金业协会备案时的关注要点如下：

4.4.1　基金命名

根据 2018 年 11 月 20 日基金业协会发布的《私募投资基金命名指引》（以下简称《命名指引》）的规定，自 2019 年 1 月 1 日起，新申请备案的契约型私募投资基金和新设立的合伙型私募投资基金、公司型私募投资基金（以营业执照中的成立日期为准）命名事宜按照《命名指引》执行，2019 年 1 月 1 日前，已完成备案或已提交备案申请的私募投资基金可以按《命名指引》及基金合同（合伙协议或公司章程）约定调整私募投资基金名称，并相应办理基金的重大事项变更及信息披露事宜。

根据《命名指引》，私募投资基金名称应当列明体现基金业务类别的字样，且应当与基金合同、合伙协议或者公司章程约定的基金投资范围、投资方向和风险收益特征保持一致。私募证券投资基金名称中可以使用"股票投资""混合投资""固定收益投资""期货投资"或者其他体现具体投资领域特点的字样。如未体现具体投资领域特点，则应当使用"证券投资"字样。私募股权投资基金名称中可以使用"创业投资""并购投资""基础设施投资"或者其他体现具体投资领域特点的字样。如未体现具体投资领域特点，则应当使用"股权投资"字样。基金业协会关注合伙型或公司型基金名称是否包含"基金""投资""资产管理""资本管理"等字样中的一项或多项，关注契约型基金名称是否包含"私募"及"基金"字样。

私募投资基金名称不得明示、暗示基金投资活动不受损失或者承诺最低收益，不得含有"安全""保险""避险""保本""稳赢"等可能误导或者混淆投资者判断的字样，不得违规使用"高收益""无风险"等与私募投资基金风险收益特征不匹配的表述；不得含有虚假记载和误导性陈述，不得对投资业绩进行预测，不得在未提供客观证据的情况下使用"最佳业绩""最大规模""名列前茅""最强""500倍"等夸大或误导基金业绩的字样；不得使用"资管计划""信托计划""专户""理财产品"等容易与金融机构发行的资产管理产品混淆的相同或相似字样。基金业协会关注基金名称是否含有违反法律、行政法规或者中国证监会有关规定的字样，是否含有违背公序良俗的字样。

另外，私募投资基金的命名还需要符合注册地市场监督管理部门的要求，例如上海市市场监督管理局登记注册处在2021年第2期《注册工作通报》中规定私募基金名称中应当标明"私募投资基金""私募基金""创业投资"字样，因此在上海市范围内注册的私募投资基金的名称均需符合该等要求，否则将难以注册。

4.4.2　存续期限

关注基金合同、公司章程和合伙协议（合称"基金合同"）是否约

定明确的存续期，关注是否属于无固定存续期的基金。关注基金合同
约定的存续期是否不少于五年，其中存续期为投资期加上退出期，不
包括延长期。

4.4.3　投资范围

关注基金合同中是否有关于基金投资范围的具体描述，如主要投
资行业、投资地域、投资阶段、投资集中度等，关注基金合同约定的
投资范围是否符合私募股权、创业投资基金投资范围要求。

关注基金是否违规直接或间接进行下列投资（包括直接投资、通
过基金合同约定的投资限制例外条款等方式进行投资）：（1）国家禁止
或者限制投资的项目，不符合国家产业政策、环境保护政策、土地管
理政策的项目；（2）借（存）贷、担保、明股实债等非私募基金投资
活动，但是私募基金以股权投资为目的，按照合同约定为被投企业提
供1年期以内的借款、担保除外；（3）保理资产、融资租赁资产、典
当资产等类信贷资产、股权或其收（受）益权；（4）金融资产交易中
心发行的产品；（5）首发企业股票（战略配售和港股基石投资除外）；
（6）上市公司股票（向特定对象发行、大宗交易、协议转让、所投资
的企业上市后参股企业所持股份的未转让部分及其配售部分除外）；
（7）从事承担无限责任的投资；（8）法律、行政法规和中国证监会禁
止的其他投资活动。

此外，关注创业投资基金是否直接或间接投资（包括通过投资私
募股权投资基金的方式进行投资等）基础设施、房地产、首发企业股
票、上市公司股票（所投资的企业上市后参股企业所持股份的未转让
部分及其配售部分除外）、上市公司可转债、上市公司可交债。

以股权投资为目的，为被投企业提供借款、担保的，关注基金合
同是否明确约定借款或者担保的期限、到期日、转股条件及投资比例

等内容，是否变相从事债权业务。如果基金合同未明确约定，关注是否上传包含以上内容的说明材料。其中借款或者担保期限不超过一年，到期日不晚于股权投资退出日，借款或者担保余额不超过私募投资基金实缴金额的 20％。

4.4.4 封闭运作

基金应以封闭运作为原则，备案完成后不得开放认/申购（认缴）和赎回（退出），基金封闭运作期间的分红、退出投资项目、减资、对违约投资者除名或替换以及基金份额转让不在此列。

已备案通过的私募投资基金，若同时满足以下条件，可以新增投资者或增加既存投资者的认缴出资，但增加的认缴出资额不得超过备案时认缴出资额的 3 倍：

（1）基金的组织形式为公司型或合伙型；

（2）基金由依法设立并取得基金托管资格的托管人托管；

（3）基金处在合同约定的投资期内；

（4）基金进行组合投资，投资于单一标的的资金不超过基金最终认缴出资总额的 50％；

（5）经全体投资者一致同意或经全体投资者认可的决策机制通过。

对于不满足扩募要求的私募股权、创业投资基金，关注基金合同中是否设置了增加认缴等与后续扩募相关的条款。

4.4.5 结构化安排

私募股权投资基金采用分级安排主要投资上市公司股票（向特定对象发行、大宗交易、协议转让等）的，关注分级基金的杠杆倍数是否不超过 1 倍，关注优先级份额投资者与劣后级份额投资者是否满足利益共享、风险共担、风险与收益相匹配的原则，即当分级基金整体净值大于 1 时，劣后级份额投资者不得承担亏损；当分级基金整体净值小于 1 时，优先级份额投资者不得享有收益；同一类别份额投资者分享收益和承担亏损的比例一致。关注是否设置极端的优先级与劣后级收益分配比例，对优先级份额投资者获取收益或承担亏损的比例低于 30%、劣后级份额投资者获取收益或承担亏损的比例高于 70% 的予以重点关注。

4.4.6 管理费

关注基金合同约定的私募基金管理人是否超过一家。关注未担任管理人的普通合伙人、特殊有限合伙人、投资者是否在基金合同中约定收取或通过其他方式变相收取管理费。

4.4.7 普通合伙人与管理人分离

普通合伙人与管理人分离时，关注普通合伙人是否与管理人存在关联关系。如普通合伙人为个人，关注是否为管理人的实际控制人或法定代表人。关联关系指根据《企业会计准则第 36 号——关联方披露》和《企业会计准则解释第 13 号》，一方控制、共同控制另一方或对另一方施加重大影响，以及两方或两方以上同受一方控制、共同控制。关注管理人是否将受托管理职责转委托。

4.4.8 托管要求

关注契约型基金是否由依法设立并取得基金托管资格的托管人托管。关注通过公司、合伙企业等特殊目的载体间接投资底层资产的基金是否由托管人托管。关注托管人是否超过一家。

4.4.9　合格投资者核查

如前所述，私募投资基金仅能向合格投资者募集资金，合格投资者的具体类型不再重复。在进行基金备案时，合格投资者的信息收集、适当性匹配、风险揭示书、确认函、资金来源及出资能力证明等文件均为基金业协会核查的重点。

（1）如私募投资基金的投资者中存在以合伙企业等非法人形式投资私募投资基金的，募集机构应当穿透核查最终投资者是否为合格投资者，并合并计算投资者人数。投资者为依法备案的资产管理产品的，不再穿透核查最终投资者是否为合格投资者和合并计算投资者人数。

（2）投资于所管理的私募投资基金的私募基金管理人及其从业人员视为合格投资者，从而不再审核其是否满足一般合格投资者的条件。至于跟投人员，要上传其与该私募基金管理人的劳动合同和/或社保缴纳证明。

如员工社保由第三方机构代缴，关注代缴方是否具有人力资源服务资质。如跟投员工为在 AMBERS 登记的兼职高级管理人员，关注是否上传与管理人签署的劳动合同以及由管理人发放的近 6 个月工资流水。成立员工跟投平台进行跟投的，关注员工跟投平台实缴金额是否大于（含）100 万元。

（3）关注投资者对基金的认缴金额是否与其实际出资能力相匹配。投资者认缴金额与实缴金额差异较大的，关注是否出具出资能力证明文件。投资者在多只基金出资的，出资能力合并计算。出资能力证明为投资者的金融资产证明或未来收入证明等文件，且满足金融资产的预计变现价值与预计未来收入的总和可覆盖投资者对基金的累计实缴出资这一条件。其中，自然人投资者的出资能力证明文件包括但不限于银行存款、股票、债券、基金份额、资产管理计划、银行理财产品、信托计划、保险产品、期货权益等金融资产，投资类不动产/特殊动产等非金融资产，以及一定时期内的薪资收入流水、分红流水、投资收益流水及其完税证明等文件。机构投资者的出资能力证明文件包括但不限于验资报告、最近年度审计报告等文件。

（4）关注投资者是否为自己购买基金；关注是否存在代缴、代付、代持行为。

（5）私募投资基金作为合伙型基金的投资者时，关注是否为有限合伙人。私募投资基金不得担任普通合伙人，承担无限连带责任。

（6）普通合伙人如为已登记管理人的，关注已登记管理人的业务类型是否为私募股权、创业投资基金管理人，关注是否存在私募证券管理人或其他类管理人通过担任普通合伙人的方式管理私募股权、创业投资基金的情况，变相突破专业化运营要求。

4.4.10 委托募集

关注管理人是否违规委托独立基金销售机构代销私募股权、创业投资基金。

4.4.11 募集推介材料

关注募集推介材料的内容是否包含管理人及基金的基本情况。关注募集推介材料中披露的基金名称、投资范围、投资期限等内容是否与基金合同实质一致。关注募集推介材料的内容是否包含基金的单一拟投企业或首个拟投项目组合（如有）的主营业务、基金投资款用途以及拟退出方式等信息。

4.4.12 风险揭示书

关注风险揭示书是否参照 AMBERS 系统提供的《风险揭示书模

板》制作，募集机构是否向投资者披露基金的资金流动性、基金架构、投资架构、底层标的、纠纷解决机制等情况，充分揭示各类投资风险。

基金若涉及以下情况，关注募集机构是否在风险揭示书的"特殊风险揭示"部分向投资者进行详细、明确、充分的披露：（1）关联交易；（2）投向单一标的；（3）通过特殊目的载体间接投资底层资产；（4）主要投向境外投资标的；（5）未托管；（6）契约型基金管理人股权代持；（7）其他需要披露的特殊风险或业务安排。

4.4.13　募集监督

关注募集账户监督协议是否由募集机构与监督机构签署，是否具备《私募投资基金募集行为管理办法》要求的必备内容，包括私募投资基金募集结算资金专用账户用于统一归集私募投资基金募集结算资金、向投资者分配收益、给付赎回款项以及分配基金清算后的剩余基金财产等，确保资金原路返还，以及对私募投资基金募集结算资金专用账户的控制权、责任划分及保障资金划转安全的条款。基金业务外包服务机构同时担任募集监督机构的，如未单独签署募集账户监督协议，关注业务外包服务协议是否约定了募集监督内容。

4.4.14　募集完毕备案

关注管理人首次提交基金备案的时间是否在基金募集完毕后 20 个工作日内。（1）契约型基金关注投资者是否均签署基金合同，且相应认购款已进入基金托管账户；（2）公司型或合伙型基金关注投资者是否均签署公司章程或合伙协议并进行工商登记确权，关注投资者是否均已完成不低于 100 万元的首轮实缴出资且实缴资金已进入基金财产账户。管理人及其员工、社会保障基金、政府引导基金、企业年金等养老基金、慈善基金等社会公益基金的首轮实缴出资要求可从其公司章程或合伙协议约定。

AMBERS 系统产品备案模块中"募集完成日"字段：（1）基金有托管的，关注募集完成日是否为资金到账通知书载明的首轮实缴资金到达基金托管账户的日期；（2）基金无托管的，关注募集完成日是否为首轮实缴资金到达基金财产账户的银行回单日期。如备案前首轮实缴资金无法到达基金财产账户，关注募集完成日是否为首轮实缴资金到达基金募集账户的银行回单日期，有多个打款日期的，以最后一笔打款日期为准。

管理人在基金募集完毕 20 个工作日后提交备案申请的，关注是否上传以下材料：（1）未在规定时间提交备案的原因说明，是否存在其他未备案基金的说明；（2）基金历年审计报告，未形成完整会计年度的需上传基金成立以来的资金流水，以及投资标的确权信息（如有）。

合伙型或公司型基金的工商登记成立日早于基金成立日 6 个月以上的，关注是否上传合伙企业或公司自设立以来的历史沿革说明，历史沿革说明需包含历次合伙人/股东变更情况，对外投资情况等。

4.4.15　工商登记一致性

关注合伙型或公司型基金的名称、营业期限、合伙人或股东信息等是否与工商登记信息一致。投资者涉及合伙企业等非法人形式的，关注穿透后的投资者信息是否与工商登记信息一致。截至基金备案申请最新提交日期，合伙型或公司型基金发生合伙人或股东信息等变更但未完成工商变更登记流程的，关注是否上传工商变更受理函。如因特殊情况未取得工商变更受理函，关注是否上传工商变更承诺函。

4.4.16　关联交易

基金进行关联交易的，关注基金合同中是否明确约定涉及关联交易的事前、事中信息披露安排以及针对关联交易的特殊决策机制和回避安排等。关注风险揭示书中是否披露所涉及的关联交易详情，进行特别风险揭示。

4.4.17　维持运作机制

关注基金合同及风险揭示书是否明确约定在管理人客观上丧失继续管理基金的能力时，基金财产安全保障、维持基金运营或清算的应急处置预案和纠纷解决机制。

4.4.18　禁止性要求

关注募集推介材料及基金合同中是否明示或者暗示基金预期收益，使投资者产生刚性兑付预期。

关注基金合同中是否约定短募长投、期限错配、分离定价、滚动发行、集合运作等违规条款。

关注基金合同中是否约定由不同投资者参与并投向不同资产的投资单元/子份额，规避备案义务，不公平对待投资者。

4.4.19　一年无在管基金的经营异常机构

针对《关于加强经营异常机构自律管理相关事项的通知》中第（五）类经营异常机构（在管私募基金全部清算后，超过 12 个月持续无在管私募基金的情形），关注以下情况：

（1）关注基金是否由依法设立并取得基金托管资格的托管人托管；

关注基金是否真实对外募集，实缴规模是否达到 1 000 万元；关注是否上传托管人关于管理人的尽职调查底稿或已按尽职调查审核要点完成尽职调查的书面说明文件，尽职调查底稿或完成尽职调查的书面说明文件是否含有《托管人关于超过 12 个月持续无在管私募基金的私募基金管理人相关尽职调查审核要点》列举的 11 项内容，内容是否真实、准确、完整；关注风险揭示书中是否对管理人超过 12 个月无在管基金的情况进行特殊风险揭示。

（2）关注管理人过往是否有过"保壳"行为，即为满足登记后限期备案首只基金要求，防止被注销管理人资格，非真实募集、设立"私募基金"并在备案后快速清算；关注管理人是否通过重大变更承接其他管理人管理的存续基金，变相豁免新设私募基金备案要求；关注管理人登记备案是否有黑中介参与，是否存在其他合规疑点或违规问题。

4.4.20　其他备案材料

关注上传的备案材料是否真实、准确、完整，不存在任何虚假记载、误导性陈述或重大遗漏。

对于管理人存在经营异常、重大舆情、多起投诉等情况，以及基金涉及复杂、创新业务或存在损害投资者利益的潜在风险等情况，关注是否上传相关说明材料，相关说明材料的内容包括但不限于管理人在管基金对外投资情况、工商登记确权情况（如有）、基金流水情况等，关注相关说明材料的内容是否充分。如基金不符合备案要求，协会不予备案，关注管理人是否及时退还投资者的全部认购款项。

第五章

私募投资基金的核心文件

5.1 私募投资基金合同/合伙协议核心条款

无论是公司型基金、契约型基金还是合伙型基金，基于其作为私募投资基金的性质，其核心条款都大致相同。下面以有限合伙型基金为例予以介绍。

5.1.1 私募投资基金期限

私募投资基金期限即私募投资基金的存续期限，可分为投资期、退出期和延长期。需要说明一点，此处讨论的基金期限为基金合同中约定的基金投资管理期限，不同于工商部门登记的基金期限，该期限一般要符合当地工商部门的要求。目前基金业协会的综合业务报送平台明确要求填报基金成立日期、基金到期日、工商登记成立日与工商登记到期日。根据基金业协会制定的基金备案材料清单中的要求，基金的组织形式为契约型的，基金成立日应为托管人开具的资金到账通知书所载日期；基金的组织形式为合伙型或公司型的，基金成立日应以基金合同签署日期或投资者对本基金的首轮实缴款到位时间为准。在实务中，为尽量避免基金备案审核过程就基金期限问题进行反馈，建议基金成立日、基金到期日应介于工商登记成立日与工商登记到期日之间。

从私募投资基金募集设立至基金资金投资完毕为投资期。投资期内基金管理人的主要目标为寻找合适的投资标的进行投资。基金投资期与基金募集规模、基金的投资策略、基金管理人的项目资源等相关。进一步分析，投资期也存在延长和提前终止的特殊情形。如果基金未能在投资期内完成基金资金的投资，则可能需要延长投资期；而如果基金出现特殊情况，如基金管理人违约、关键人士事件或者其他客观情况发生重大不利变化等，则可能会提前终止投资期。根据私募股权投资基金的性质，我国私募股权投资基金的投资期一般为4～6年，可延长1～2年。

从投资期结束至基金解散清算之间的期间为退出期。退出期内基金管理人的主要目标为合理处置投资项目，如转让投资标的股权、投资标的上市后转让股票、要求投资标的公司或创始人回购投资标的股权等，以实现投资者利益最大化的目标。然而，在退出期内并非完全不得进行投资活动，如为跟进投资已投项目、投资期内已经签约的项目/已经经过投资决策的项目等，一般投资者会认可允许进行投资，但实务中投资者也可能会要求就前述跟进投资已投项目设置一定的金额上限，或就根据已经签约的项目/已经经过投资决策的项目进一步进行投资设置一定的时间期限。同时，基金若在退出期满时未能完全处置投资项目，则可能需要延长退出期。国内私募股权投资基金的退出期一般为2～4年，可延长1～2年。基金期限的延长机制属于商业安排，实务中有的是由普通合伙人自行决定前两次延长（如每次不超过一年），也有的需要经过由部分有限合伙人代表组成的咨询委员会或顾问委员会或合伙人大会的审议通过方可进行延长。

私募投资基金的投资期延长或退出期延长均可能导致基金存续期限的延长。而投资期与退出期的区分也与基金管理人收取的基金管理费密切相关，我们将在后面介绍。此外，值得注意的是，如果是母基金，则其存续期限要比直投基金长，以确保完全覆盖直投基金，比较合理的是投资期加退出期共 10 年以上，并附加普通合伙人自行决定的延长期，以及经有限合伙人委员会或合伙人大会审议通过的延长期。

5.1.2　出资

对私募投资基金的出资包括普通合伙人的出资与投资者的出资，二者均应以现金形式出资。

（1）普通合伙人出资。

机构有限合伙人协会（Institutional Limited Partners Association，ILPA）于 2019 年发布了《私募股权投资原则（第三版）》，其认为利益一致性原则、治理原则与透明化原则为私募股权投资的三项指导性原则，其中利益一致性原则指在普通合伙人的收入主要来自一定百分比的由普通合伙人的认缴出资产生的利润（在满足有限合伙人的投资回报要求后）的情况下，有限合伙人和普通合伙人之间的利益一致性将达到最大化。因此，为保证普通合伙人与有限合伙人利益的一致性，投资者一般要求普通合伙人认缴相当数额的基金份额，国内行业惯例为基金总规模的 1%～5%。此外，也存在普通合伙人的关联方或管理团队跟投平台作为特殊有限合伙人认缴基金份额的变通方式，此时，特殊有限合伙人的认缴出资一般无须缴纳管理费及提取业绩提成。而投资者对基金的出资则要符合相关规定对合格投资者的最低出资要求，同时也要符合普通合伙人或基金管理人设定的出资要求。在实务中，基金投资者通常要求普通合伙人与有限合伙人按照同步同比例的出资进度进行实缴，但也存在普通合伙人与基金管理人为同一主体时，在基金备案时普通合伙人不进行实缴，仅由有限合伙人实缴并先履行基金备案程序的安排。

（2）首次募集与后续募集。

私募投资基金的出资条款涉及首次募集与后续募集问题。首次募集或首次交割即基金设立时所有投资者对基金认缴出资的行为；后续募集又名后续交割，是指基金在首次交割后一次或多次吸纳新有限合伙人的认缴出资或增加既有有限合伙人的认缴出资的行为。

首次募集条款主要包括投资者的出资方式、认缴出资额度、分期缴纳安排、逾期缴付出资的处理方式等内容。出资方式一般均为现金出资，认缴出资额度即投资者认缴出资的总额，分期缴纳安排则是为提高资金效率根据基金预期投资进度进行分期缴纳，投资者逾期缴付出资则可能导致相应的后果。基金管理人对于逾期缴付出资的投资者可以采取的处理方式有：①将该违约合伙人除名；②要求该违约合伙人支付一定金额的违约金。

后续募集条款一般会规定后续募集期限、额度、补偿条款、逾期缴付出资的处理方式等内容。对于基金的后续募集期而言，通常需要在基金合同中设置时间上限（即从基金首次交割日起算不得超过该等时间上限），在该等期限之内普通合伙人可以自行根据基金运营的需求决定基金的后续募集，超过该等期限之后普通合伙人即丧失该等自主决定权。对后续募集期设置期限要求的主要原因在于参与后续募集的合伙人在加入基金时，仅需要按照基金合同约定支付固定的补偿金即可以被视为自基金首次交割日时加入基金且参与基金已投项目。后续募集期限需要根据基金投资期、存续期限及具体的投资策略等因素进行综合考量，例如，如果是VC基金，因为其投资项目集中于早期项目，投资项目退出周期较长且基金的存续期限较长，因此VC基金的后续募集期可以相对较长；如果是私募股权投资基金特别是以 Pre-IPO 为主要投资策略的基金，由于基金本身的存续期限较短且项目的增值预期比较确定，这类基金的后续募集期就不宜过长。我国私募投资基金的后续募集期限一般为 6～18 个月（但根据基金业协会发布的《备案须知》，最长可在基金投资期内进行）。

《备案须知》规定，已备案通过的私募股权投资基金或私募资产配置基金若同时满足以下条件，可以新增投资者或增加既存投资者的认缴出资，但增加的认缴出资额不得超过备案时认缴出资额的 3 倍：

①基金的组织形式为公司型或合伙型；

②基金由依法设立并取得基金托管资格的托管人托管；

③基金处在合同约定的投资期内；

④基金进行组合投资，投资于单一标的的资金不超过基金最终认缴出资总额的 50%；

⑤经全体投资者一致同意或经全体投资者认可的决策机制决策通过。

可见，基金业协会并未完全禁止后续募集，但须满足后续募集规模比例限制、托管、后续募集期限（投资期）、投资组合及投资决策程序的要求。

对于后续募集的合伙人认缴出资，如果后续募集的合伙人有权参与基金已投项目的收益分配，则后续募集的合伙人在缴付出资外还可能被要求支付一定金额的补偿金，通常包括从首次交割日至该后续募集交割期间的资金成本和基金管理人管理费及管理费利息。此时，基金已投项目的投资成本分摊比例应进行相应的调整，而补偿金则作为提前取得的收益向现有合伙人分配，管理费及管理费利息则支付给基金管理人。如后续募集的合伙人不参与基金已投项目的收益分配的，则其无须缴纳补偿金，也无须承担已投项目的成本。

后续募集逾期缴付出资的处理方式较为复杂，根据是现有投资者增资还是新投资者认缴出资而有所区别，基金管理人可以采取多种处理方式，包括：①取消该违约合伙人全部或部分后续出资资格；②将该违约合伙人尚未缴付的认缴出资额转让给同意认缴的守约合伙人或第三人；③要求该违约合伙人支付一定金额的违约金；④剥夺该违约合伙人的表决权；⑤将该违约合伙人除名；⑥将该违约合伙人实缴出资部分对应的合伙权益转让给守约合伙人或第三人；⑦代表该违约合伙人的咨询委员会成员（如有）被视为自动去职；⑧扣留可供分配给该违约合伙人的现金。

5.1.3 关键人士条款

与购买一般理财产品不同，有经验的投资者很多时候往往是冲着对基金管理团队甚至只是其中某一位或几位关键人士的信任及历史业绩而最终决定向私募投资基金投资的。因此，站在投资者的角度，他们会要求在基金的存续期限内，牢牢锁定该等管理团队或至少其中的关键人士始终为基金的投资、管理及退出服务；一旦前述情形发生变化，则投资者最初对基金进行投资的基础也就不复存在，除非基金管理人能够完成令投资者满意的补救措施，否则投资者往往会要求提前终止基金的投资期。因此，基金合伙协议中关键人士条款的设置正是为了回应投资者的这一诉求。

另外，从基金管理人的角度出发，尽管管理团队或其中的关键人士的确是基金管理人在募资时的金字招牌，但一旦基金开始运作，如果发生任何团队成员或关键人士离职、退休、患病甚至死亡的情况，基金管理人必然还是希望基金能继续稳定地经营运作下去而不因个别人员的特殊情况被迫终止投资期。由此，在关键人士的问题上，基金管理人需要保留尽可能大的灵活性，这点与投资者的诉求恰恰相反。

如上所述，出于不同的利益诉求，关键人士条款往往是基金管理人与投资者就合伙协议进行谈判的一个重点条款。根据我们的经验，关键人士条款的要点在于以下几个方面：①关键人士的范围；②触发关键人士事件的情形；③关键人士事件发生所引发的后果及可采取的补救措施。

（1）关键人士的范围。

投资者往往对关键人士的范围有明确的指认，即他们有意向投资相关基金的灵魂人物。一般而言，小机构的相关灵魂人物不多，可能只是一两个人，但对某些大机构而言，基金管理人的品牌效应更强，没有所谓的一个或两个灵魂人物，而往往是一个团队。

一般而言，合伙协议中对关键人士的要求如下：

①关键人士的范围是对募资、投资或者退出具有核心决策力的人士；

②关键人士需要具有与其负责的岗位相匹配的能力；

③关键人士应当承诺将所有的工作时间、精力或者至少要将合理的时间、精力投入到该基金中；

④基金投资期结束之前，或拟发起基金的资金已用于投资或者支付基金税费的合理预留达到70％之前，基金合同中定义的关键人士不得作为由同一基金管理人管理的与基金主要投资策略、投资领域实质相同的其他基金的关键人士；

⑤关键人士需要与基金管理人签订劳动合同或劳务合同、竞业禁止及保密协议，避免因其离职而触发关键人士条款。

（2）触发关键人士事件的情形。

常见的要求是，普通合伙人应确保关键人士在基金的投资期内始终任职于基金管理人。如果关键人士这个整体中超过一定比例的人员在基金的投资期内离职或丧失民事行为能力、死亡、欺诈、严重违反勤勉义务、严重违反基金合同、出现重大疏忽等，这将构成一项关键人士事件。

视基金的具体情况，如果某些关键人士并未与基金管理人签订过劳动合同（如系作为基金管理人的董事或基金管理人母公司的员工等），则相关关键人士事件可以被规定为关键人士这个整体中超过一定比例的人员在基金的投资期内未能对基金的投资运作投入必要的时间和精力。当然，关于"必要的时间和精力"的判断标准，最终也将由投资者和基金管理人之间经谈判而达成约定。

（3）后果及补救措施。

关键人士事件发生后一般直接导致基金投资期的中止，普通合伙人/基金管理人必须在一定期限内（通常为90～180日）寻找到合适的且为投资者所认可的替任关键人士。其中，关于为投资者所认可，又可视基金的谈判地位不同而具体作出规定，如经全体合伙人同意、超过一定比例的合伙人同意或咨询委员会同意等不同情况。

如果在规定的补救期间内，普通合伙人/基金管理人未能采取有效的补救措施，则往往将导致基金投资期终止，甚至引发替换普通合伙人的情况。如此一来，基金将只从事存续性活动，直至某一合适的替任普通合伙人产生。如果基金的普遍合伙人未能替换为合适的替任普通合伙人，则基金将提前解散，并进入清算程序。

5.1.4 关联交易与利益冲突

由于私募股权投资基金的主要业务为股权投资，因此其可能涉及的关联交易与利益冲突也与投资业务相关，处理方式也有其特殊性。

（1）关联交易与利益冲突类型。

根据《备案须知》的规定，关联交易是指私募投资基金与管理人、投资者、管理人管理的私募投资基金，同一实际控制人下的其他管理人管理的私募投资基金，或者与上述主体有其他重大利害关系的关联方发生的交易行为，包括：①基金还在募集过程中，管理人先以自己名义签署投资协议锁定项目，管理人完成投资后，待基金设立完成之后将项目转给基金（但在实务中，基金管理人往往在基金文件中明确全体合伙人签署基金文件即视为对与该等先期项目相关的关联交易的认可，无须进一步履行通常关联交易需进行的特殊决策机制）；②关键人士/管理团队对项目公司的跟投（共同投资）；③投资于关键人士/管理团队控制的项目公司；④A基金存续期届满（或出于其他原因），将尚未退出的项目转让给B基金；⑤B基金对外签署投资协议锁定项目，但B基金仍在募集过程中，A基金账面上存在闲置资金，A基金将其账面资金以过桥方式借给B基金；⑥A基金投资于B基金的已投项目（交叉投资情形）。在实务中，考虑到投资过程的便利性及决策效率，由基金管理人管理的多只关联基金之间进行共同投资的情形一般较少在基金文件中约定为需履行特殊决策机制的关联交易情形，但会涉及下面的所述的基金的利益冲突问题。

基金的利益冲突主要包括同一基金管理人管理的不同基金之间的投资机会分配方面的利益冲突、后续基金募集方面的利益冲突以及其他类型的利益冲突。投资机会分配方面的利益冲突主要发生在同一基金管理人同时管理不同基金且该等基金的投资策略或投资方向存在交叉的情况下。在实务中，若基金管理人存在多只同时处于投资期的关联基金，投资人往往希望基金管理人能够明确投资机会分配的原则（如按基金规模的相对比例/基金可投资金的相对比例）。后续基金募集方面的利益冲突主要是指基金管理人在已有基金的情况下，募集新的基金引发的利益冲突。其他类型的利益冲突包括兼营卖方买方业务等引发的利益冲突。

（2）处理方式。

目前对于关联交易与利益冲突事项的通常处理方式包括：

①对特定关联交易与利益冲突事项予以豁免，如现有基金的认缴出资总额的10%以内或者一定金额以下的关联交易事宜由普通合伙人

或基金管理人自行决定，对于基金管理人在现有基金设立前已经设立、管理的基金要求全体合伙人确认不存在利益冲突等；

②对特定关联交易与利益冲突事项设置一定的条件、标准或考虑因素，如只有在现有基金的认缴出资总额的 70% 已被用于投资后，基金管理人才可以募集后续基金；

③成立由主要有限合伙人组成的咨询委员会，要求基金管理人将关联交易与利益冲突事项提交咨询委员会决议；

④要求基金管理人以诚实信用为原则，尽最大努力公平处理关联交易与利益冲突事项；

⑤基金管理人应及时向有限合伙人披露有关关联交易事项。

5.1.5　投资范围与投资限制

投资范围是基金可以投资的正面清单，是确定基金性质和分类的主要依据。根据基金投资范围的不同，基金可以分为创业投资基金、成长型基金、并购基金或直投基金与母基金等。

投资限制则是对基金投资的负面清单。基金管理人一般会根据基金的性质、投资策略、特殊投资者的要求等因素确定基金的投资限制，包括对单个项目的投资额上限、是否可以从事债权投资、是否可以提供对外担保、是否可以投资于证券市场以及特殊投资者的特定要求等。同时，基金管理人对上述投资限制又会设定例外，如经咨询委员会或合伙人大会批准，可以突破上述投资限制等。根据目前基金业协会的审核口径要求，备案为创业投资基金的私募基金不能在基金文件中约定可投向定向增发、大宗交易等涉及上市公司非公开交易的交易类型。

投资范围与投资限制是有限合伙人作出对基金的认购决定的重要依据。绝大多数有限合伙人都拥有广泛的投资组合，包括替代投资和其他投资，并在此基础上认购私募股权投资基金。因此，绝大多数有限合伙人对基金的挑选是基于每个基金的特定策略及其所代表的价值主张。因此，基金的投资范围与投资限制必须明确且一贯：①投资目的条款应明确并严格地载明投资策略；②应明确对债券、公开交易证券以及集合投资产品的投资权利是否包括在基金被认可的策略中；③基金应对投资和行业集中有适当限制，在适当的情况下也可以考虑限制投资节奏；④普通合伙人应尊重有限合伙人关于禁止其资本被投向特定部门和/或司法管辖区的排除政策。但是，在发生非按比例投资时需要考虑其对其他有限合伙人产生的集中效应，且相关过程和政策必须透明。

根据《关于加强私募投资基金监管的若干规定》，私募基金管理人管理的私募投资基金不得直接或者间接投资于国家禁止或者限制投资的项目，不符合国家产业政策、环境保护政策、土地管理政策的项目，但证券市场投资除外。另外，《关于加强私募投资基金监管的若干规定》还首次明确了私募投资基金投资债权的限制，即私募基金管理人不得直接或者间接将私募投资基金财产用于投资借（存）贷、担保、明股实债等非私募投资基金投资活动，但是私募投资基金以股权投资为目的，按照合同约定为被投企业提供1年期限以内借款、担保除外，且借款或者担保到期日不得晚于股权投资退出日，借款或者担保余额不得超过该私募投资基金实缴金额的20%，中国证监会另有规定的除外。

投资范围与投资限制也是确定基金管理人履行受托人职责和忠实勤勉义务的标准。

5.1.6 费用条款

基金的费用主要包括基金筹建（开办）费用和基金营运费用。费用条款也是基金管理人与投资者谈判的重点与难点。

基金筹建（开办）费用是指与基金的设立、募集和筹建相关的所有成本和费用，包括但不限于募集费用、法律、会计、税务、打印、通信、差旅、备案登记和其他政府规费等。投资者一般要求对合伙企业承担的开办费设置上限，超过部分由普通合伙人承担。

基金营运费用是指与基金运营、终止、解散、清算等相关的费用，包括但不限于管理费，与基金完成投资项目[①]相关的费用（如法律、审计、评估费），基金日常运营和管理所需的法律、会计和审计、税务、评估及其他第三方顾问费用，合伙人会议、投委会会议、咨询委员会会议的费用，募集监管费及托管费，税费，诉讼和仲裁费用，基金解散、清算费用等。投资者一般要求排除普通合伙人和管理人的日常支出（如人员开支、办公场所租金和设施费用等）。

其中管理费为基金管理人向基金提供的日常运营及投资管理服务的对价，是基金营运费用的主要内容，也是基金管理人维持运营的主要收入来源。管理费的收取方式可以分为价内收取和价外收取。价内收取指管理费通常包含在投资者向基金的承诺出资中，由基金向基金管理人支付管理费，投资者无须额外支付，该种方式为目前人民币基金的主流，适用于一般的盲池基金；价外收取指管理费不包含在投资者向基金的承诺出资中，投资者应当额外支付一笔费用当作管理费，直接或通过基金支付给基金管理人，该种方式一般在特定的项目基金中使用。基金管理人一般因投资期和退出期不同而按照不同计算方法收取管理费。通常投资期内按照所有投资者认缴出资额乘以一定比率（通常为2%）计算，部分项目也存在以实缴出资额作为基数的情况〔往往适

[①] 关于此处的投资项目，部分基金限定为已完成的投资项目，而未完成的投资项目的费用则由普通合伙人或管理人承担。在实务中，投资人与基金管理人往往会就由基金列支的投资费用的范围进行谈判，也存在无论基金最终是否完成投资，投资费用均由基金承担的安排。

用于基金认缴规模较大的基金中的基金（FOF）或具有国资背景的基金]；退出期内一般按照基金认缴规模扣除已经退出项目本金的余额乘以一定比率（通常为2%）计算管理费，也有部分项目以尚未退出的投资项目的投资成本为基数；而延长期内的管理费计算方法往往是基金管理人与投资者的谈判焦点，投资者一般会争取在延长期内不支付管理费，而基金管理人一般只同意减少管理费的金额。另外，还可以设置根据基金募集规模调整管理费、对不同类别投资者适用不同费率等变通方式。管理费的支付方式一般包括按年支付、按半年支付、按季度支付等，也有特殊的项目基金一次性收取管理费。另外，基金管理人对于特定投资者、管理团队跟投、普通合伙人等需缴纳的管理费可以给予一定的减免。

5.1.7　收益分配

收益分配条款是基金协议中的核心条款，也是基金管理人与投资者谈判的焦点。

收益分配可以分为计算 Carry 的收益分配和其他收益分配。能够与投资管理绩效挂钩的如投资回报、基金从项目获得的侵权/违约赔偿等应该归入计算 Carry 的收益分配；而其他收益分配是指偶然所得、现金管理资金收益等与投资项目无关的收益。其他收益分配一般参照一般合伙企业的方式，按照合伙人的实缴出资比例按年分配给各合伙人。也有按照合伙人对取得该等收入的贡献分配给各合伙人的做法。

私募股权投资基金的计算 Carry 的收益分配一般采取 Waterfall 分配模式。典型的 Waterfall 分配模式下对基金的某一投资项目产生的可分配现金应按照各合伙人在该投资项目中的投资成本分摊比例在全体合伙人之间进行划分，并将划分给普通合伙人的分配给普通合伙人，划分给每一有限合伙人的按照如下顺序在该有限合伙人和普通合伙人之间进行进一步分配：

　　①返还有限合伙人本金；

　　②如有剩余，向有限合伙人分配优先回报；

　　③如有剩余，普通合伙人收益追补；

　　④如有剩余，普通合伙人与有限合伙人按照二八或三七的比例分配。

　　根据上述第一步返还本金的范围不同，Waterfall 分配模式可以分为以下三类：①Fund Base（European Style），即返还有限合伙人截至分配时点的累计实缴出资额；②Deal Base，即返还有限合伙人就基金截至分配时点所有已退出项目和尚未退出但已永久减记项目的投资本金和相关费用对应的实缴出资额；③Single Deal Base（American Style），即返还有限合伙人对该项目的投资本金和相关费用对应的实缴出资额。

　　不同类型的分配模式意味着普通合伙人与有限合伙人的收益取得时点、风险分担及是否需要回拨机制不同。如果基金采用 Deal Base 和 Single Deal Base 分配模式，则普通合伙人可以就具体项目直接提取绩效分成，而基金可能整体收益并不好，此时需要在基金解散和清算时对基金所有收益和亏损进行整体核算，若普通合伙人已获得的绩效分成高于整体核算后普通合伙人根据基金协议应获得的绩效分成，超出部分（在扣除已缴纳的税费后）应全部返还给基金，基金向相关有限合伙人进行分配。为担保普通合伙人的回拨义务，投资者会要求基金设立风险准备金账户，每次向普通合伙人分配绩效分成时提取一定比例作为准备金留存，直至各有限合伙人按照基金协议获得的收益分配总额等于其实缴出资总额和应获得的优先回报之和。而如果按照 Fund Base 分配模式，则基金回报进行统一计算，普通合伙人在有限合伙人获得其实缴出资额返还和优先回报后方开始提取绩效分成，即无须设置回拨机制。这也是目前基金采用的主流方式。

　　另外，关于优先回报或者门槛收益，市场惯例为年单利 8％～10％。关于优先回报的计算，还涉及计算期间的问题。优先回报的计算起点通常是从缴款通知所载的到账日或者实际出资到账日起算（适用于按比例缴款的基金），也有从投资款实际使用之日起算（适用于根据项目进度缴款的基金）的。确定优先回报的计算终止日通常有三种方式：①优先回报计算至全部实缴出资额收回之日；②优先回报计算至各次分配日；③优先回报计算至各部分实缴出资额收回之日。三种方式的差异在于，按照方式①，优先回报会按照实缴出资额一直计算至全部实缴出资额收回之日（不论是否在中间分次实现了部分实缴出资额的返还）；按照方式②，由于分配日本身是一个变动的时点，每次分配都可能相比上次分配需要向有限合伙人支付更多的优先回报金额；方式③其实类似于以"实缴出资余额"作为优先回报计算基数的概念，每笔实缴出资额返还之后该部分实缴出资额对应的优先回报就不再计算了。因此，前述①和②两种方式对于有限合伙人比较有利，而方式③对于普通合伙人比较有利。

　　一般将普通合伙人的收益追补和分成合称为收益分成。目前市场上主流的普通合伙人收益分成比例为 20％，即有限合伙人取得本金返还后的超额收益部分的 20％归属于普通合伙人，80％归属于有限合伙人。设置优先回报仅仅是延后普通合伙人获得收益分成的时间，而不应改变收益分成比例。因此，在起草收益分成条款时，需确认普通合伙人最终收益分成比例是否为各方确认的金额。为此，在上述二八分成约定下，普通合伙人的收益追补金额为有限合伙人优先回报金额的 25％，也可以表述为有限合伙人优先回报金额除以 80％乘以 20％。此外，也存在其他收益分成方式，如根据基金的投资回报情况设置阶梯式收益分成比例（如基金投资回报率在 2 倍以内时，按照二八分成；

基金投资回报率为 2～3 倍时，按照三七分成；基金投资回报率在 3 倍以上时，按照四六分成等）。

相应地，普通合伙人也会对有限合伙人设置回拨机制，要求有限合伙人向基金返还已分配款项以履行基金存续期间发生的债务，无论该有限合伙人是否已经退伙。有限合伙人应返还的已分配款项由各有限合伙人按照其认缴出资比例分担。而有限合伙人可通过谈判与普通合伙人对上述回拨设置一定的限制，如在该分配之日起三周年后/基金终止之日起两周年后无须返还或返还的分配额总额不得超过该有限合伙人的认缴出资/实缴出资/已获得的分配总额的 50% 等。

5.1.8　基金治理

私募投资基金的治理机构一般为投资决策委员会、咨询委员会和合伙人会议，它们根据各自的职责范围参与基金治理。

（1）投资决策委员会。

基于私募投资基金的特殊性质，其事务一般由普通合伙人即执行事务合伙人负责，而执行事务合伙人又会将基金的投资决策事务委托专业的基金管理人负责，普通合伙人或基金管理人设置投资决策委员会（Investment Committee）对基金的投资项目作出决策。有关普通合伙人与基金管理人之间的权利义务通常通过委托管理协议进行约定，我们将在后文予以介绍。

投资决策委员会一般由普通合伙人或基金管理人委派人员组成，对基金的投资项目进行独立决策，且通常为固定人员。部分基金的投资决策委员会也会邀请外部专家参与，外部专家又分为有表决权的外部专家和无表决权的外部专家。还有的强势投资者或者基金合作方会要求委派人员进入投资决策委员会参与决策或担任观察员。

投资决策委员会会议的召开根据基金的投资项目需要，一般至少每个月召开一次或者每两周召开一次。委员对表决事项一人一票，一般得票半数以上即可通过，也有的项目要求投资决策委员会全体委员一致同意方可通过。

（2）咨询委员会。

根据投资者的要求，执行事务合伙人一般需为基金设置咨询委员会（Advisory Committee，也可以称为顾问委员会），主要对基金的关联交易与利益冲突、延长期限、突破投资限制、突破基金费用限制等事项作出决策或提供咨询意见。

咨询委员会一般由 3～7 人组成，成员可以仅为投资者代表，也可以包括普通合伙人委派人员和投资者代表。一般而言，咨询委员会委员的更换往往由委派机构决定，仅需 GP 同意即可，无须征求其他 LP 的意见。

咨询委员会可以召开定期会议与临时会议，委员对表决事项一人一票，会议表决通常采取普通多数决议，也有项目要求有三分之二或更高的表决比例方可通过决议，强势的普通合伙人甚至会要求其委派代表有否决权。有限合伙人参与咨询委员会不应被视为执行合伙事务，且相关费用应由合伙企业承担。

（3）合伙人会议。

合伙人会议为合伙企业的法定议事机构，主要根据《合伙企业法》的规定决定应由全体合伙人决定的事项，也可将某些职权授予执行事务合伙人行使。

私募投资基金主要的投资决策事项由投资决策委员会负责，关联交易与利益冲突等事项由咨询委员会负责，需要由合伙人会议决定的事项主要包括涉及普通合伙人更换、除名的事项，合伙人退伙、减资，更换基金管理人、基金托管人，合伙企业解散和清算等重要事项。

合伙人会议的召开一般分为定期会议和临时会议，定期会议一般为年度会议，而临时会议则根据具体事项召开。合伙人会议的表决一般按照出资比例决定票数，少部分决策事项须严格遵循《合伙企业法》的规定适用相应比例，如对合伙人进行除名，应当经全体合伙人同意。大部分决策事项可以通过合伙协议自行约定，如可以按照出席合伙人份额过半数或三分之二以上，也可以按照全体合伙人份额过半数或三分之二以上。

5.1.9　基金退出

私募投资基金在投资项目层面的退出方式包括 IPO 退出、股权转让退出、并购退出等，而此处的基金退出主要是指合伙人从基金中的退出。合伙人退出又进一步分为普通合伙人退出和有限合伙人退出。

（1）普通合伙人退出。

如前所述，投资者之所以对某基金投资通常是因为认可基金管理团队的管理能力，而普通合伙人通常与基金管理团队绑定关联，因此，除非继任普通合伙人仍为基金管理团队的关联主体，否则通常情况下普通合伙人不得变更。如经允许，普通合伙人进行变更，则继任普通合伙人需承继现有普通合伙人的责任，并需继续缴付后续出资。现有普通合伙人退出时，其担任普通合伙人期间的基金投资项目的收益仍应由其享有，基金在与其进行退伙结算时向其进行分配。

若普通合伙人出现《合伙企业法》规定的当然退伙的情形，则普通合伙人应为基金寻找有限合伙人可接受的继任普通合伙人，否则基金可能提前终止。

若普通合伙人出现违反基金协议的情形，则有限合伙人可通过除名程序强制普通合伙人退出。而普通合伙人为了维持其对基金控制的稳定性，则会对被除名设置严格的条件和程序，如仅在故意不当或重大过失行为造成合伙企业重大损失或执行合伙事务时有《合伙企业法》

规定的严重不正当行为且经三分之二或四分之三以上比例的有限合伙人同意后方可将普通合伙人除名，有的普通合伙人甚至设置仲裁前置程序。普通合伙人被除名后，如无继任普通合伙人，则基金可能提前终止。

普通合伙人也可以转为有限合伙人，对其作为普通合伙人期间合伙企业发生的债务承担无限连带责任。此时，基金需要确定继任普通合伙人，否则基金可能提前终止。

（2）有限合伙人退出。

相对于普通合伙人退出对基金的重要影响，有限合伙人退出的影响则小很多，因此，对有限合伙人退出的限制也相对较少。

①有限合伙人可以通过转让基金份额退出。根据有限合伙人的谈判地位的不同，有限合伙人转让份额可能需要取得普通合伙人的同意或仅需通知普通合伙人。在普通合伙人同意有限合伙人转让份额的前提下，普通合伙人还可以要求自行或指定第三方具有优先购买权。

②有限合伙人可以通过提前退伙退出。通常情况下，除非普通合伙人事先同意，否则不允许有限合伙人提前退伙或提前收回出资。根据基金业协会最新《备案须知》的要求，私募投资基金应封闭运作，备案完成后不得开放认/申购（认缴）和赎回（退出），基金封闭运作期间的分红、退出投资项目减资、对违约投资者除名或替换以及基金份额转让不在此列。如果有限合伙人为满足法律、法规、监管规定等的要求不得不退伙，普通合伙人应同意并予以配合。有限合伙人退伙后，对基于其退伙前的原因发生的有限合伙企业债务，以其退伙时从有限合伙企业中取回的财产承担责任。

③若有限合伙人出现违反基金协议的情形，则普通合伙人可通过启动违约程序强制有限合伙人退出，常见的违约责任见前述 5.1.2 部分。常见的违约情形包括逾期缴付出资、转让违约、退伙违约或其他

严重违反约定的情形。在有限合伙人被迫退出的情形下，若其尚未出资，则仅需要求其承担相关违约责任；若其已经缴付出资，则普通合伙人可在扣除该有限合伙人应承担的违约责任金额后向其分配其剩余出资额。

有限合伙人也可以转为普通合伙人，有限合伙人转变为普通合伙人的，对其作为有限合伙人期间有限合伙企业发生的债务承担无限连带责任。

5.1.10　信息披露

根据《私募投资基金信息披露管理办法》及《备案须知》的要求，基金管理人应向投资者依法依规持续披露基金募集信息、投资架构、特殊目的载体（如有）的具体信息、杠杆水平、收益分配、托管安排（如有）、资金账户信息、主要投资风险以及影响投资者合法权益的其他重大信息等。

根据基金业协会发布的《私募投资基金信息披露内容与格式指引》，基金管理人应按规定的时间和内容格式要求准备年度、季度或月度的财务报告、运营报告、估值报告等，并向基金业协会披露。私募投资基金发生以下重大事项的，管理人应当在 5 个工作日内向协会报送相关事项并向投资者披露：①管理人、托管人发生变更的；②基金合同发生重大变化的；③基金触发巨额赎回的；④涉及基金管理业务、基金财产、基金托管业务的重大诉讼、仲裁、财产纠纷的；⑤投资金额占基金净资产 50% 及以上的项目不能正常退出的；⑥对基金持续运行、投资者利益、资产净值产生重大影响的其他事件。

为了进一步加强投资人的知情权，基金业协会于 2021 年初升级私募基金信息披露备份平台，并为投资人开通定向披露功能，私募基金投资者可以通过私募基金信息披露备份平台查看其购买私募基金的信息披露报告。基金业协会还通过私募基金公示系统公示私募基金投资人定向披露账户开立率。

此外，私募基金投资者，特别是母基金，基于自身向基金业协会披露的要求及其主管部门的监管要求，也会要求基金管理人定期向其披露基金的额外信息。

5.1.11 基金解散、清算

基金解散、清算即基金的终止。一般的解散事由包括：①经营期限届满；②全体合伙人一致同意合伙企业解散并清算；③合伙企业的投资已全部变现、普通合伙人决定合伙企业解散；④普通合伙人合理认为本协议约定的合伙目的已经无法实现；⑤普通合伙人根据本协议约定退伙或被除名，且合伙企业没有接纳新的普通合伙人；⑥有限合伙人或普通合伙人一方或数方严重违约，致使合伙企业无法继续经营；⑦合伙企业被吊销营业执照、责令关闭或者被撤销；⑧发生法律、法规规定的其他应当解散的情形。我们通常也根据《备案须知》在合伙协议中加入其他约定基金解散清算的情形，例如基金业协会明确表示不予备案、管理人客观上丧失继续管理合伙企业的能力等。

基金清算的清算人一般由普通合伙人或管理人担任，清算期间合伙企业除为清算目的而继续处理日常事务外，不得从事其他经营活动。合伙企业应清理资产，向债权人和合伙人清偿债务。合伙企业支付清算费用、履行债务后可向合伙人分配的剩余财产，按照基金合同约定的收益分配原则向有限合伙人分配。普通合伙人应尽其合理努力将有限合伙的投资变现分配；清算前无法变现的部分，亦可按照约定进行非现金分配。如任何分配同时包含现金和非现金，在可行的情况下，每一有限合伙人所获分配中现金与非现金的比例应相同，但有限合伙人另行一致同意的除外。

　　根据《备案须知》的要求，基金管理人在私募投资基金到期日起的 3 个月内仍未通过 AMBERS 系统完成私募投资基金的展期变更或提交清算申请的，在完成变更或提交清算申请之前，基金业协会将暂停办理该基金管理人新的私募投资基金备案申请。因此，及时清算成为基金管理人的义务，否则将影响其募集新的基金。

5.2　其他文件

　　私募投资基金设立过程中主要涉及的其他文件包括募集说明书、认购协议（意向书）、委托管理协议、账户监督协议、资金托管协议、外包服务协议等。

5.2.1　募集说明书

　　募集说明书，也称私募备忘录（Private Placement Memorandum，PPM），是为普通合伙人/基金管理人准备的有关拟设立基金的基本信息、核心条款、管理人名称、团队优势、基金策略、风险揭示、主要费用及费率、收益分配、信息披露、成功项目经验、潜在项目资源等内容的介绍，目的是吸引潜在投资者的投资。它是私募投资基金设立过程中的重要资料。募集说明书的制作与使用需符合基金业协会关于私募投资基金募集的相关规定，应与基金合同主要内容一致，不得有任何虚假记载、误导性陈述或者重大遗漏。如有不一致，应当向投资者特别说明。同时，募集说明书不得存在下列情形：①以任何方式承诺投资者资金不受损失，或者以任何方式承诺投资者最低收益，包括宣传"预期收益""预计收益""预测投资业绩"等相关内容；②夸大或者片面推介基金，违规使用"安全""保证""承诺""保险""避险"

"有保障""高收益""无风险"等可能误导投资者进行风险判断的措辞；③使用"欲购从速""申购良机"等片面强调集中营销时间限制的措辞；④推介或片面节选少于 6 个月的过往整体业绩或过往基金产品业绩；⑤登载个人、法人或者其他组织的祝贺性、恭维性或推荐性的文字；⑥采用不具有可比性、公平性、准确性、权威性的数据来源和方法进行业绩比较，任意使用"业绩最佳""规模最大"等相关措辞；⑦恶意贬低同行。

5.2.2　认购协议（意向书）

认购协议（意向书）主要是指普通合伙人/基金管理人在募集过程中为锁定潜在投资者，在基金协议尚未谈判确定的情况下，先行与部分潜在投资者签订的具有或不具有约束力的投资意向协议。也有普通合伙人/基金管理人利用已获得的知名投资者的投资意向协议向其他潜在投资者进行募集宣传。一般而言，认购协议（意向书）仅约定投资者拟认购的基金份额、出资安排以及投资者作为合格投资者的陈述与保证等核心内容。

5.2.3　委托管理协议

委托管理协议是指基金管理人与普通合伙人分立的基金的普通合伙人或执行事务合伙人与基金管理人签订的关于基金管理人向基金提供日常运营及投资管理服务的协议。如果基金管理人与普通合伙人为同一主体，则无须签订委托管理协议。委托管理协议主要约定基金管理人的职责、义务和权利、管理费、违约责任及其他内容。委托管理协议是基金运作过程中签订的最重要的协议，但是，由于普通合伙人或执行事务合伙人与基金管理人均为关联主体，双方对委托管理协议的内容反而不够关注。

5.2.4 账户监督协议

根据《私募投资基金募集行为管理办法》的要求，募集机构或相关合同约定的责任主体应当开立私募投资基金募集结算资金专用账户，用于统一归集私募投资基金募集结算资金、向投资者分配收益、给付赎回款项以及分配基金清算后的剩余基金财产等，确保资金原路返还。募集机构应当与监督机构签署账户监督协议，明确对私募投资基金募集结算资金专用账户的控制权、责任划分及保障资金划转安全的条款。监督机构应当按照法律法规和账户监督协议的约定，对募集结算资金专用账户实施有效监督，承担保障私募投资基金募集结算资金划转安全的连带责任。因此，私募投资基金通常在商业银行或证券公司开立募集结算资金专用账户，并与其签订账户监管协议。账户监管协议一般使用商业银行或证券公司的格式文本。

5.2.5 资金托管协议

根据《私募投资基金监督管理暂行办法》的要求，除基金合同另有约定外，私募投资基金应当由基金托管人托管。基金合同约定私募投资基金不进行托管的，应当在基金合同中明确保障私募投资基金财产安全的制度措施和纠纷解决机制。根据《备案须知》的要求，契约型私募投资基金应当由依法设立并取得基金托管资格的托管人托管；私募资产配置基金应当由依法设立并取得基金托管资格的托管人托管；私募投资基金通过公司、合伙企业等特殊目的载体间接投资底层资产的，应当由依法设立并取得基金托管资格的托管人托管。根据私募投资资基金募集实践，募集资金账户监管和基金资金托管一般为同一机构，且如果私募投资基金不进行托管，募集资金账户监督机构就不接受委托，导致的结果是私募投资基金均需要进行托管。私募投资基金的募集资金通常均由商业银行托管。

由于 2018 年出现了部分私募投资基金管理人失联、跑路现象，基金业协会与中国银行业协会关于商业银行的托管职责与义务曾发生过争论。基金业协会在《备案须知》中要求托管人严格履行《证券投资基金法》第三章规定的法定职责，不得通过合同约定免除其法定职责。基金合同和托管协议应当按照《证券投资基金法》《私募投资基金监督管理暂行办法》等法律法规和自律规则明确约定托管人的权利义务、职责。在管理人发生异常且无法履行管理职责时，托管人应当按照法律法规及合同约定履行托管职责，维护投资者合法权益。托管人在监督管理人的投资运作过程中，发现管理人的投资或清算指令违反法律法规和自律规则以及合同约定的，应当拒绝执行，并向中国证监会和基金业协会报告。而中国银行业协会于 2019 年 3 月 18 日发布《商业银行资产托管业务指引》，对商业银行接受委托进行资金托管的行出作出规范指引，明确了商业银行的托管职责包括：①开立并管理托管账户；②安全保管资产；③执行资金划拨指令，办理托管资产的资金清算及证券交收事宜；④对托管资产的资产、负债等会计要素进行确认、计量，复核受托人或管理人计算的托管资产财务数据；⑤履行投资监督和信息披露职责；⑥保管托管业务活动的记录、账册、报表等相关资料；⑦法律法规明确规定的其他托管职责。《商业银行资产托管业务指引》同时明确，除非法律法规另有规定或托管合同另有约定，否则商业银行的托管职责不包括：①投资者的适当性管理；②审核项目及交易信息真实性；③审查托管产品以及托管产品资金来源的合法合规性；④对托管产品本金及收益提供保证或承诺；⑤对已划出托管账户以及处于托管银行实际控制之外的资产的保管责任；⑥对未兑付托管产品后续资金的追偿；⑦主会计方未接受托管银行的复核意见进行信息披露产生的相应责任；⑧因不可抗力，以及由于第三方（包括但不限于证券交易所、期货交易所、中国证券登记结算公司、中国期货市场监控中心等）发送或提供的数据错误及合理信赖上述信息操作给托管资产造成的损失；⑨提供保证或其他形式的担保；⑩自身应尽职责之外的连带责任。

5.2.6　外包服务协议

根据私募基金管理人的具体情况，私募基金管理人可能将部分职责外包给基金服务机构，包括但不限于基金份额登记、基金估值核算、信息技术系统服务等，从而需签订外包服务协议。外包服务协议须与在基金业协会登记的服务机构签署，并满足《私募投资基金服务业务管理办法》相关要求。

第六章

政府投资基金

6.1 政府投资基金概述

政府投资基金也称为政府引导基金、政府出资产业投资基金，是指包含政府出资，主要投资于非公开交易企业股权的股权投资基金和创业投资基金。我国政府投资基金经历了从无到有、快速发展壮大的过程，目前已经是私募投资基金市场的最主要出资人之一。

6.1.1 发展历程

1999 年，上海市政府批准成立了上海创业投资有限公司，并在2000—2001 年间投资设立了一系列具有基金性质的机构，这些机构的设立与运作是我国政府出资引导创业投资的最早尝试。

2002 年，中关村创业投资引导基金成立。它成立的目的就是通过财政资金的杠杆放大作用，搭建中关村国家自主创新示范区的股权投资平台，有效对接科技与资本，促进科技成果转化。

2005 年，国家发改委等十部委发布了《创业投资企业管理暂行办法》，明确了国家和地方政府可以设立创业投资引导基金，引导资金进入创业，自此私募股权投资基金和创业投资基金逐步繁荣。2007年，财政部、科技部制定了《科技型中小企业创业投资引导基金管理暂行办法》，规定了科技型中小企业创业投资引导基金专项用于引导创业投资机构向初创期科技型中小企业投资。

2008年10月，由国家发改委、财政部、商务部联合制定的《关于创业投资引导基金规范设立与运作的指导意见》获国务院批准，并以国务院办公厅名义发布后，为政府引导基金的组织和设立明确了法律基础，为各级地方政府设立引导基金提供了操作指南。

2011年8月，财政部、国家发改委制定了《新兴产业创投计划参股创业投资基金管理暂行办法》，明确提出了中央财政参股基金应集中投资于节能环保、信息、生物与新医药、新能源、新材料、航空航天、海洋、先进设备制造、新能源汽车、高技术服务业等战略性新兴产业和高新技术以改造提升传统产业领域。该办法的颁布对引导基金的投资范围进行了划定，有利于推动地方战略性新兴产业的发展以及中小型创业企业的发展，发挥政府资金的杠杆放大作用。

2015年11月，财政部颁布了《政府投资基金暂行管理办法》；2016年底，国家发改委颁布了《政府出资产业投资基金管理暂行办法》。这两个办法对政府引导基金的设立、运作、退出和管理进行了完整规定，为政府引导基金的规范发展提供了法律依据。

根据投中研究院发布的《2021年政府引导基金专题研究报告》，截至2021年底，国内已设立1 437只政府引导基金，自身规模累计达2.466 6万亿元人民币。

6.1.2　分类

根据投中研究院发布的《2021年政府引导基金专题研究报告》，按引导基金的级别来看，截至2021年底，国家级政府引导基金数量占整体数量的比重最低，仅为1.60%；但是自身规模占整体规模的比重达8.29%，单只基金平均规模最大。市级政府引导基金数量为783只，占整体数量的比重为54.49%，自身规模为10 678亿元，占整体规模的比重为 43.33%，均为最高。区县级政府引导基金平均规模最小。值得注意的是，2021 年新设立基金以直投运作模式为主，更加符合地市级、区县级引导基金的实际运作需求，过度追求资金规模放大效应反而容易造成基金运作效率降低。同时，部分下级政府引导基金逐渐申请上级政府引导基金的出资，形成了上下联动模式。

按投资范围的不同，政府引导基金可分为两大类：政府引导基金和政府产业直投基金。其中，政府引导基金主要作为母基金的形式投向子基金，以放大政府资金的杠杆并提高其使用效率，引导社会资本投向特定产业或特定区域的企业，此为主流；政府产业直投基金则直接投向重点产业领域的企业，如国企改革、集成电路、先进制造等。

6.1.3　主要特点

（1）资金来源。

政府引导基金的资金来源以支持创业投资企业发展的财政性专项资金为主，同时会撬动一部分社会资本；而其他私募基金的资金来源更为多元，包括政府引导基金、高净值个人、企业自有资金、家族办公室、养老基金、保险资金、主权基金等。

（2）投向。

如上所述，政府引导基金一般以投向其他私募投资基金为主，少量政府引导基金直接投资项目公司；而其他私募投资基金以直接投资项目公司为主，亦有少量的市场化母基金。

（3）管理模式。

政府引导基金分为中央级基金和地方级基金，二者的管理方式不同。中央级基金一般通过招标方式确定专业基金管理人，其后便由该管理人负责管理，例如中金启元国家新兴产业创业投资引导基金；地方级基金一般会在地方政府层面设立引导基金管理委员会作为基金的最高投资决策机构，由各部门指定人员构成，对基金投资项目进行决策，然后成立基金管理公司，委托地方国有投资公司或聘用第三方基金管理公司负责基金的日常管理，而其他私募投资基金一般直接由基金管理公司为基金设立投资决策委员会，并负责基金的日常管理。

（4）目标。

政府引导基金的投资目标是鼓励引导资金投向特定领域、行业或地域，投资收益并非其唯一目标；而其他私募投资基金一般以取得最大投资收益为目标。

6.2　政府投资基金的相关法律规定

政府投资基金应主要适用财政部颁布的《政府投资基金暂行管理办法》和国家发改委颁布的《政府出资产业投资基金管理暂行办法》。这两个文件对政府投资基金的设立、运作、终止和退出、信息登记进行了全面规定，其主要内容如下：

（1）设立。由财政部门或财政部门会同有关行业主管部门报本级政府批准，各级财政部门一般应在创新创业、中小企业发展、产业转型升级和发展、基础设施和公共服务、住房保障、生态环境、区域发展、战略性新兴产业和先进制造业等领域设立投资基金。

（2）运作。政府投资基金的募资、投资、投后管理、清算、退出等也通过市场化运作，财政部门一般不参与基金日常管理事务，而是选定专业管理机构进行管理。基金管理人应符合以下条件：①在中国大陆依法设立的公司或合伙企业，实收资本不低于1 000万元人民币；②至少有3名具备3年以上资产管理工作经验的高级管理人员；③产业投资基金管理人及其董事、监事、高级管理人员及其他从业人员在最近三年无重大违法行为；④有符合要求的营业场所、安全防范设施和与基金管理业务有关的其他设施；⑤有良好的内部治理结构和风险控制制度。

政府投资基金应投资于：①未上市企业股权，包括以法人形式设立的基础设施项目、重大工程项目等未上市企业的股权；②参与上市公司定向增发、并购重组和私有化等股权交易形成的股份；③经基金章程、合伙协议或基金协议明确或约定的符合国家产业政策的其他投资形式。对单个企业的投资额不得超过基金资产总值的20%，且不得从事下列业务：①名股实债等变相增加政府债务的行为；②公开交易类股票投资，但以并购重组为目的的除外；③直接或间接从事期货等衍生品交易；④为企业提供担保，但为被投资企业提供担保的除外；⑤承担无限责任的投资。

特别地，政府投资基金为更好地发挥引导作用，可以对其他投资者适当让利。政府投资基金实行强制托管制度，必须由境内商业银行进行托管。

（3）终止和退出。政府投资基金一般在存续期满后终止，在出资人监督下进行清算。政府对政府投资基金的出资部分一般在存续期后退出，如提前达到预期目标，可通过股权回购机制等方式适时退出；如出现下列情形，可以直接提前退出：①投资基金方案确认后超过一年，未按规定程序和时间要求完成设立手续的；②政府出资拨付投资基金账户一年以上，基金未开展投资业务的；③基金投资领域和方向不符合政策目标的；④基金未按章程约定投资的；⑤其他不符合章程约定情形的。

政府出资退出时，应当按照章程约定的条件退出；章程中没有约定的，应聘请具备资质的资产评估机构对出资权益进行评估，作为确定投资基金退出价格的依据。此处并未明确约定政府出资退出的形式，应包括转让基金份额、回购基金份额等形式。

上述规定是针对政府对于政府投资基金的退出，而非政府投资基金从被投标的公司的退出。如果政府投资基金构成《企业国有资产交易监督管理办法》项下规定的"国有及国有控股企业"或"国有实际控制企业"，那么政府投资基金对外转让标的公司股权时，根据相关规定和政策导向，我们认为原则上无须履行资产评估和进场交易程序，原因在于：

首先，《企业国有资产交易监督管理办法》第六十六条明确规定，"政府设立的各类股权投资基金投资形成企业产（股）权对外转让，按照有关法律法规规定执行。"因此，我们认为，政府投资基金转让标的公司的股权，应当优先适用针对政府投资基金的相关规定，包括上述《政府投资基金暂行管理办法》和《政府出资产业投资基金管理暂行办法》等。该等规定均未要求政府投资基金转让标的公司的股权时履行资产评估和进场交易程序，而是强调其应进行"市场化运作"，并履行相应的特殊报告义务（包括但不限于投资信息的报告）。

其次，2018年国务院常务会议决定推动政府股权基金投向种子期、初创期科技企业。创业创新团队可约定按投资本金和同期商业贷款利息，回购政府投资基金所持股权。显然，该等决定与一般的国有企业产权转让需要履行资产评估和进场交易程序的要求不符，可以理解为中央政府表达其对政府投资基金转让标的公司股权无须履行该等程序的豁免态度。这在实操中必然会影响各级国资监管机构的监管态度和实践。

最后，各级地方政府相继出台规定，明确了政府投资基金退出标的公司原则上可以不履行资产评估和进场交易程序，可直接按照章程或协议约定的退出方式进行退出（包括主动转让股权或者为履行约定而被动退出）；也有一部分地方政府在其出台的相关规定中进一步要求，如果章程或协议中未进行相关约定，则政府投资基金需要履行相应的资产评估和进场交易程序，方可实现退出。

（4）信息登记。政府投资基金应在发改委的信用信息登记系统进行登记，由省级发改委和国家发改委根据权限划分（政府出资额为 50 亿元及以上）进行合规性审查。

第七章

外资基金

7.1 外资基金的概念和发展历程

7.1.1 外资基金的概念

外资基金可以分为单纯的境外基金以及中国外资基金两个概念，而中国外资基金根据募集来源又可以分为外资外币基金和外资人民币基金。外国 PE/VC 等资产管理机构在国内设立外资人民币基金，主要通过以下三种形式：（1）外商投资创业投资企业；（2）合格境外有限合伙人（QFLP）；（3）人民币合格境外有限合伙人（RQFLP）。其中，外商投资创业投资企业系早期境外机构在国内发起设立外资人民币基金的一个主要方式，其政策依据为 2003 年 1 月 30 日首次发布、2015 年 10 月修正的《外商投资创业投资企业管理规定》。但随着 QFLP 和 RQFLP 试点制度在全国范围内逐步得到推广，外商投资创业投资企业在实践中已经不再采用外国 PE/VC 等资产管理机构青睐的开展境内股权投资的方式。关于 QFLP 和 RQFLP 试点制度，我们将在下文具体展开。

7.1.2 外资基金的发展历程

外资基金，特别是其中的中国外资基金，在我国已经有了长足的发展，其发展过程可以分为三个主要阶段。

第一阶段：萌芽期（2000—2006 年）。

20 世纪初，我国的互联网领域企业开始高速发展。由于该等领域的企业通常难以符合当时国内公开上市的标准，因而它们开始寻求境内外资本的帮助。在这个阶段，以新浪为首的互联网企业获得了境外基金的帮助，并得以进入高速发展阶段。

第二阶段：调整期（2006—2009 年）。

外资基金对我国各领域的活跃投资引起了相关政府部门的关注，因而，随着我国对外资私募投资基金的监管日益严格，外资基金开始进入调整和缓慢发展期。此外，由于我国进入经济发展的高速通道，境内资本开始聚集，并借鉴境外私募投资基金的模式，发展出了初步的境内私募投资基金，这也在一定程度上挤占了原本被外资基金垄断的投资领域，加剧了外资基金的投资暂缓。

第三阶段：规范期（2009 年至今）。

随着我国相关部门出台了一系列规范化的政策，外资基金的设立和发展受到了激励，进而吸引了一批境外成规模的外资基金来我国进行投资，并且外资基金也开始采用各类变通的方式开展投资，如通过在境内设立人民币基金的方式进行投资。

7.2　主要案例

近 20 年来，在我国新兴行业的发展和资本化过程中，均可以看到外资基金的身影。在借助外资基金丰富的资本运作经验和资源的情况下，我国大批民营企业走上了高速发展的道路，完成了转型或者资本化运作。而与此同时，外资基金也从这些投资中获取了巨大的回报，这从投资界巨头红杉资本、KKR 的经典投资案例中可见一斑。

7.2.1　红杉资本投资中通快递

红杉资本于 1972 年在美国成立。红杉资本中国基金（以下简称
"红杉中国"）于 2005 年在中国设立，专注于科技/传媒、医疗健康、
消费品/现代服务、工业科技四个领域的投资机遇。16 年来，其投资
了近 600 家具有鲜明的技术特征和创新的商业模式，且具备高成长性
和很大发展潜力的企业。

在红杉中国与中通快递进行接触的时候，中通快递已经是中国知
名的快递行业先驱。自 2011 年起，红杉中国开始与中通快递的实际控
制人及主要股东接洽，商议投资相关事宜。

作为中通快递最早的外部机构投资人之一，红杉中国于 2013 年 5
月通过股权转让的方式投资了中通快递，当时中通快递的估值约为 5
亿美元，红杉中国以 3 170 万美元取得了中通快递 10％的股权。2014
年红杉中国追加了投资。此后，红杉中国又于 2015 年联合华平资本一
同再次投资中通快递。

2016 年 10 月，中通快递在美国纽交所挂牌上市，红杉资本作为
其最大机构股东，在中通快递的上市过程中也起到了至关重要的
作用。[①]

7.2.2　KKR 投资青岛海尔

KKR（Kohlberg Kravis Roberts & Co. L. P. ）为一家根据美国特
拉华州法律设立和存续的有限合伙企业，其于 1976 年由 Jerry Kohl-
berg、Harry Kravis 和 George Roberts 创立，是业界公认的私募股权

---

① 国育民. 私募股权对快递企业的投资风险控制研究——以红杉资本投资中通快递为
例. 烟台：山东工商学院，2019.

投资基金行业的领路人之一。KKR 自 2005 年开始布局亚洲市场，并于 2005 年设立中国香港办公室。自 2005 年至今，其投资的领域包括环境服务、食品安全、金融服务和医疗健康服务等。截至 2017 年底，KKR 在亚洲总共有四只投资基金，其中包括 2010 年募集的针对中国市场的中国成长基金。

2012 年底，青岛海尔（600690）开始计划转型，转型的方向为由一家传统家电企业向网络化平台型企业发展。在这个过程中，青岛海尔将目光投向了外部机构投资者，希望寻求战略和资源的整合与开拓，以便更顺利地完成转型。

2013 年，经过几轮谈判与协商，青岛海尔以每股 11.29 元的价格向 KKR 定向增发了总计 299 545 500 股股份，募集资金达 33.82 亿元。

根据双方达成的战略合作协议，双方的合作主要集中在如下几个领域①：

（1）战略定位。为加速将青岛海尔打造成为具有国际一流创新能力的全球行业引领者，KKR 与青岛海尔就青岛海尔的发展战略定位进行充分交流与研讨，共同提出建议方案。

（2）物联网智慧家电。在物联网智慧家电领域，KKR 与青岛海尔合作，以进一步推动青岛海尔在物联网智慧家电领域的理念提升和产品优化。

（3）管理绩效考核机制。KKR 与青岛海尔合作，基于青岛海尔的企业文化和目标以及人力资源、绩效管理的既定政策和目标，并通过青岛海尔董事会、薪酬与考核委员会及联合工作小组的例行会议向青岛海尔提出建议方案，协助青岛海尔有效实施。

（4）资本市场、资本结构优化与资金运用。在遵守适用法律、法

---

① 上市公司公告：青岛海尔股份有限公司非公开发行 A 股股票预案，2013.9。

规和监管要求的前提下，在资本市场、资本结构优化与资金运用领域，KKR 支持和协助青岛海尔通过积极主动地使用自由现金流和调动资本杠杆，在确保青岛海尔正常生产、运营及投资所需的前提下，将资金应用于业务拓展、分红、回购股份、并购等，以提高长期每股盈利和增长。

（5）海外业务。在青岛海尔的海外业务发展过程中，KKR 根据青岛海尔的战略发展规划和要求，协助青岛海尔在全球寻找适合青岛海尔的海外业务机会。

（6）其他运营提升。KKR 与青岛海尔共同努力，发现在运营方面可以加以改进的潜在领域，包括新产品开发、采购、品牌策略、市场营销和渠道管理。

（7）其他合作。为了进一步深化双方全方位的战略合作，在签署战略合作协议后，双方进一步探讨其他战略合作事项，例如管理层交流、引荐优秀人才、人员培训及支持等。

之后青岛海尔的股价一路上涨，自 2017 年底开始，KKR 开始抛售其已经满锁定期限的股权，经过几轮抛售，至 2018 年中，KKR 就已套现了将近 50 多亿元，至此，KKR 交出了一份完美的投资答卷。

7.3　QFLP／RQFLP

7.3.1　QFLP 的由来

2008 年发布（目前已失效）的《国家外汇管理局综合司关于完善外商投资企业外汇资本金支付结汇管理有关业务操作问题的通知》（以下简称 142 号文）规定："外商投资企业资本金结汇所得人民币资金，应当在政府审批部门批准的经营范围内使用，除另有规定外，结汇所得人民币资金不得用于境内股权投资。"142 号文限制了外商投资股权投资基金的资本金结汇再投资。为解决 142 号文中规定的外商投资股权投资基金的资本金结汇不得用于境内股权投资的问题，部分地区（北京、上海、天津、重庆及深圳等地）出台了合格境外有限合伙人（Qualified Foreign Limited Partner）试点制度，简称 QFLP 制度，允许境外机构投资者在通过资格审批和其外汇资金的监管程序后，将境外资本兑换为人民币资金，投资于境内股权投资基金。据统计，现开展 QFLP 试点的城市（区）已达 15 个，包括北京、深圳、上海、广州、海南、珠海、天津、福建平潭综合实验区、贵州、青岛、厦门、苏州工业园区、河北雄安新区、广西自贸区南宁片区、沈阳自贸区。2020 年海南出台了 QFLP 试点政策，因其"免联审""零门槛"等新亮点，引发了业界普遍关注。

2014 年发布（目前已失效）的《国家外汇管理局关于在部分地区开展外商投资企业外汇资本金结汇管理方式改革试点有关问题的通知》（以下简称 36 号文）规定试点地区外商投资企业外汇资本金结汇暂不适用 142 号文。2015 年发布（目前已部分失效）的《关于改革外商投资企业外汇资本金结汇管理方式的通知》（以下简称 19 号文）将 36 号文所确定的试点地区扩大到了全国，进一步明确了结汇资金的使用和监管，同时引入了意愿结汇的相关政策。根据《国家外汇管理局关于改革和规范资本项目结汇管理政策的通知》以及 19 号文的规定，允许以投资为主要业务的外商投资企业（包括外商投资性公司、外商投资创业投资企业和外商投资股权投资企业），在其境内所投资项目真实、合规的前提下，按实际投资规模将外汇资本金直接结汇或将结汇待支付账户中的人民币资金划入被投资企业账户。2019 年国家外管局发布的《国家外汇管理局关于进一步促进跨境贸易投资便利化的通知》明确了在投资性外商投资企业（包括外商投资性公司、外商投资创业投资企业和外商投资股权投资企业）可依法依规以资本金开展境内股权投资的基础上，允许非投资性外商投资企业依法以资本金进行境内股权投资。不过投资过程中资本金结汇的实操细节及尺度因地区不同而存在差异及不确定性。基于此，QFLP 试点制度仍具有一定优势（既可直接投资，亦可募集资金进行投资）。

不同试点地区的 QFLP 制度各不相同，本书主要介绍上海地区 QFLP 制度的规定与要求。

上海市金融服务办公室、上海市商务委员会与上海市工商行政管理局于 2010 年 3 月与 12 月联合发布《关于本市开展外商投资股权投资企业试点工作的若干意见》与《关于本市开展外商投资股权投资企业试点工作的实施办法》，对 QFLP 试点企业资质要求、资格申请、投资限制与监督管理等事项进行了规范。2021 年 5 月，上海市人民政府办公厅印发《关于加快推进上海全球资产管理中心建设的若干意见》，推动参与 QFLP 试点的外资机构管理境内人民币基金，鼓励符合条件的内资机构参与 QFLP 试点，推进 QFLP 试点机构开展境内非上市公司股权、上市公司定向增发和夹层基金、特殊资产、私募股权投资基金、创业投资基金等投资。

QFLP 的监管机构为上海市人民政府成立外商投资股权投资企业试点工作联席会议（以下简称联席会议），成员单位包括上海市金融办、市商务委、市工商局、市发展改革委、市财政局、市地税局、市住房保障和房屋管理局、市政府法制办、外汇局上海市分局、上海银监局、上海证监局和浦东新区人民政府等。

联席会议负责组织有关部门制定和落实各项政策措施，推进本市外商投资股权投资企业相关试点工作，协调解决试点过程中的有关问题。联席会议办公室设在市金融办。

市金融办承担联席会议的日常工作，为 QFLP 主管部门；市商务委负责公司制外商投资股权投资管理企业设立审批及外商投资股权投资企业在沪投资审批工作；市工商局负责外商投资股权投资企业和外商投资股权投资管理企业注册登记工作；外汇局上海市分局负责相关外汇管理事宜；联席会议其他成员单位根据各自的职责负责推进本市外商投资股权投资企业相关试点工作。

外商投资股权投资管理企业注册资本（或认缴出资）应不低于200万美元，出资方式限于货币形式。注册资本（或认缴出资）应当在营业执照签发之日起3个月内到位20％以上，余额在2年内全部到位。外商投资股权投资企业注册资本应不低于1 500万美元。

设立外商投资股权投资管理企业或外商投资股权投资企业需向市金融办申请，市金融办受理后召集联席会议及相关单位进行评审并审定试点企业。获得试点的外商投资股权投资管理企业需在6个月内完成工商登记，然后凭工商登记材料至外汇局办理外汇登记、开户等外汇手续。

根据私募投资基金监管要求，外商投资股权投资管理企业需在基金业协会进行登记，外商投资股权投资企业需在基金业协会进行备案。

7.3.2 RQFLP

RQFLP 的全称为 "Renminbi Qualified Foreign Limited Partner"，即人民币合格境外有限合伙人。RQFLP 试点是在推广离岸人民币使用的国家政策下对 QFLP 试点制度的扩展和延伸。RQFLP 基金与 QFLP 基金最主要的区别在于，RQFLP 基金的境外投资人（或至少部分境外投资人）以离岸人民币资金（而非美元等外币资金）投资于外商投资股权投资企业。RQFLP 试点制度在促进人民币国际化，为境外人民币回流创建新渠道的同时，对完善我国多层次金融市场体系的建设也起到了非常重要的作用。

第八章

险资基金

8.1 险资基金概述

顾名思义，险资基金是指保险资金投资的私募投资基金，也就是保险资金间接投资的主要方式。自 2010 年以来，保险监管机构不断发布保险资金投资私募股权的政策，降低保险资金投资私募股权的门槛，拓宽保险资金投资私募股权的范围，放松保险资金投资私募股权的比例限制。

2012 年 7 月，中国保监会（已与中国银监会合并改组为中国银保监会）发布《关于保险资金投资股权和不动产有关问题的通知》，明确了保险资金投资的股权投资基金包括成长基金、并购基金、新兴战略产业基金和相应母基金；将投资未上市企业股权、股权投资基金账面余额由两项合计不高于本公司上季末总资产的 5％调整为 10％。

2014 年 8 月，国务院发布《国务院关于加快发展现代保险服务业的若干意见》，允许专业保险资产管理机构设立夹层基金、并购基金、不动产基金等私募投资基金。

2014 年 12 月，中国保监会发布《中国保监会关于保险资金投资创业投资基金有关事项的通知》，明确保险资金可以投资创业投资基金。

2015 年 9 月，中国保监会发布《中国保监会关于设立保险私募基金有关事项的通知》，支持保险资金设立成长基金、并购基金、新兴战略产业基金、夹层基金、不动产基金、创投基金及其母基金。

2018 年 10 月，中国银保监会发布《保险资金投资股权管理办法（征求意见稿）》，扩大了保险资金允许的股权投资的行业范围限制，降低了保险资金可投资私募基金管理人的准入门槛，取消了对未上市企业股权投资的比例限制，放宽了险资对同一私募投资基金的账面余额限制。目前该征求意见稿征求意见期限已过，但尚未发布正式版。

2020 年 7 月，中国银保监会发布《中国银保监会办公厅关于优化保险公司权益类资产配置监管有关事项的通知》，进一步放宽了保险机构权益类资产配置的比例。

2020 年 11 月，中国银保监会发布《中国银保监会关于保险资金财务性股权投资有关事项的通知》，取代《保险资金投资股权暂行办法》《关于保险资金投资股权和不动产有关问题的通知》《保险资金境外投资管理暂行办法实施细则》关于保险资金直接股权投资行业范围的条款，进一步放宽了保险资金直接股权投资限制。

2021 年 12 月，中国银保监会发布《中国银保监会关于修改保险资金运用领域部分规范性文件的通知》，进一步放宽了保险资金投资限制。

8.2　险资基金投资的相关法律规定

保险资金投资私募投资基金的模式包括保险机构作为投资人投资私募投资基金、保险机构发起设立私募投资基金两种方式。

8.2.1　保险机构作为投资人投资私募投资基金

（1）资格条件。

根据《保险资金投资股权暂行办法》及《关于保险资金投资股权

和不动产有关问题的通知》等的规定，保险公司投资股权投资基金，发起设立并管理该基金的投资机构，应当符合下列条件：

①具有完善的公司治理、管理制度、决策流程和内控机制；

②注册资本或认缴资本不低于 1 亿元，已建立风险准备金制度；

③投资管理适用中国法律法规及有关政策规定；

④具有稳定的管理团队，拥有不少于 10 名具有股权投资和相关经验的专业人员，已完成退出项目不少于 3 个（指该机构专业人员作为投资主导人员，合计退出的项目数量），其中具有 5 年以上相关经验的不少于 2 名，具有 3 年以上相关经验的不少于 3 名，且高级管理人员中，具有 8 年以上相关经验的不少于 1 名；拥有不少于 3 名熟悉企业运营、财务管理、项目融资的专业人员；

⑤具有丰富的股权投资经验，管理资产余额不低于 30 亿元（指在中国境内以人民币计价的实际到账资产和资金的余额），且历史业绩优秀，商业信誉良好；

⑥具有健全的项目储备制度、资产托管和风险隔离机制；

⑦具有科学的激励约束机制和跟进投资机制，并有效执行；

⑧接受中国银保监会涉及保险资金投资的质询，并报告有关情况；

⑨最近三年未发现投资机构及主要人员存在重大违法违规行为；

⑩中国银保监会规定的其他审慎性条件。

根据《保险资金投资股权暂行办法》及《中国保监会关于保险资金投资创业投资基金有关事项的通知》等的规定，保险资金可以投资创业投资基金。保险资金投资创业投资基金的基金管理机构应当符合下列条件：

①依法设立，公司治理、内控机制和管理制度健全有效，具有 5 年以上创业投资管理经验，历史业绩优秀，累计管理创业投资资产规模不低于 10 亿元；

②为创业投资基金配备专属且稳定的管理团队，拥有不少于 5 名专业投资人员，成功退出的创业投资项目合计不少于 10 个，至少 3 名专业投资人员共同工作满 5 年；投资决策人员具备 5 年以上创业投资管理经验，其中至少 2 人具有 3 年以上企业管理运营经验；

③建立激励约束机制、跟进投资机制、资产托管机制和风险隔离机制，管理的不同资产之间不存在利益冲突；

④接受中国银保监会涉及保险资金投资的质询，并报告有关情况；

⑤最近三年不存在重大违法违规行为。

中国保险资产管理业协会（以下简称保险资管协会）自 2020 年起对保险资金投资的私募基金管理人进行年度评价，2021 年度对 100 多家私募基金管理人的年度评价结果显示：A 类（80 分及以上）100 家，B 类（70~80 分）37 家，C 类（60~70 分）1 家，D 类（60 分以下）2 家。

（2）投资标的。

根据《保险资金运用管理办法》的规定，保险资金可以投资创业投资基金等私募投资基金。这里所称创业投资基金是指依法设立并由符合条件的基金管理机构管理，主要投资创业企业普通股或者依法可转换为普通股的优先股、可转换债券等权益的股权投资基金。

根据《保险资金投资股权暂行办法》《关于保险资金投资股权和不动产有关问题的通知》及《关于修改保险资金运用领域部分规范性文件的通知》等的规定，保险资金投资的股权投资基金应具有确定的投资目标、投资方案、投资策略、投资标准、投资流程、后续管理、收益分配和基金清算安排；交易结构清晰，风险提示充分，信息披露真实完整；已经实行投资基金托管机制，募集或者认缴资金规模不低于 5 亿元，具有预期可行的退出安排和健全有效的风控措施，且在监管机构规定的市场交易，具体包括成长基金、并购基金、新兴战略产业基金和以股权投资基金为投资标的的母基金。其中，并购基金的投资标的可以包括公开上市交易的股票，但仅限于采取战略投资、定向增发、大宗交易等非交易过户方式，且投资规模不高于该基金资产余额的20％。新兴战略产业基金的投资标的可以包括金融服务企业股权、养老企业股权、医疗企业股权、现代农业企业股权以及投资建设和管理运营公共租赁住房或者廉租住房的企业股权。母基金的交易结构应当简单明晰，不得包括其他母基金。

根据《中国保监会关于保险资金投资创业投资基金有关事项的通知》的规定，保险资金投资的创业投资基金，应当不是基金管理机构管理的首只创业投资基金，且符合下列条件：①所投创业企业在境内依法设立，符合国家产业政策，具有优秀的管理团队和较强的成长潜力，企业及主要管理人员无不良记录；②单只基金募集规模不超过5亿元；③单只基金投资单一创业企业股权的余额不超过基金募集规模的10％；④基金普通合伙人（或基金管理机构）及其关联方、基金主要管理人员投资或认缴基金余额合计不低于基金募集规模的3％。

保险资金投资的私募投资基金的投资方向或者投资标的应符合下列条件：①依法登记设立，具有法人资格；②符合国家产业政策，具备国家有关部门规定的资质条件；③股东及高级管理人员信用记录和商业信誉良好；④产业处于成长期、成熟期或者是新兴战略产业，或者具有明确的上市意向及较高的并购价值；⑤具有市场、技术、资源、竞争优势和价值提升空间，预期能够产生良好的现金回报，并有确定的分红制度；⑥管理团队的专业知识、行业经验和管理能力与其履行的职责相适应；⑦未涉及重大法律纠纷，资产产权完整清晰，股权或者所有权不存在法律瑕疵；⑧与保险公司、投资机构和专业机构不存在关联关系，监管规定允许且事先报告和披露的除外；⑨中国银保监会规定的其他审慎性条件。保险资金不得投资不符合国家产业政策、不具有稳定现金流回报预期或者资产增值价值，高污染、高耗能、未达到国家节能和环保标准、技术附加值较低等企业股权，不得投资设立或者参股投资机构。保险资金投资保险类企业股权，可不受第②④⑤⑧项限制。

（3）监管比例。

根据《中国保监会关于加强和改进保险资金运用比例监管的通知》及《中国银保监会办公厅关于优化保险公司权益类资产配置监管有关事项的通知》，可按照保险公司上季度末的综合偿付能力充足率将其分为不同的梯度，具体如下：

上季度末的综合偿付能力充足率	权益类资产的账面余额不高于本公司上季度末总资产的比率
不足 100％的	10％
100％以上（含此数，下同）但不足 150％的	20％
150％以上但不足 200％的	25％
200％以上但不足 250％的	30％
250％以上但不足 300％的	35％
300％以上但不足 350％的	40％
350％以上的	45％

保险公司存在以下情形之一的，权益类资产投资余额不得高于本公司上季末总资产的 15％：①人身保险公司上季度末责任准备金覆盖率不足 100％；②最近一年资金运用出现重大风险事件；③资产负债管理能力较弱且匹配状况较差；④具有重大风险隐患或被银保监会列为重点监管对象；⑤最近三年因重大违法违规行为受到中国银保监会处罚；⑥银保监会规定的其他情形。投资单一权益类资产的账面余额，不高于本公司上季末总资产的 5％。投资单一法人主体的余额，合计不高于本公司上季末总资产的 20％。保险公司投资单一上市公司股票的股份总数，不得超过该上市公司总股本的 10％，中国银保监会另有规定或经中国银保监会批准的除外。单一法人主体是指保险公司进行

投资而与其形成直接债权或直接股权关系的具有法人资格的单一融资主体。

根据《中国保监会关于保险资金投资创业投资基金有关事项的通知》的规定，保险公司应当强化分散投资原则，投资创业投资基金的余额纳入权益类资产比例管理，合计不超过保险公司上季度末总资产的 2%，投资单只创业投资基金的余额不超过基金募集规模的 20%。

根据《保险资金投资股权暂行办法》及《关于保险资金投资股权和不动产有关问题的通知》等的规定，保险公司投资同一投资基金的账面余额，不超过该基金发行规模的 20%；保险集团（控股）公司及其保险子公司，投资同一股权投资基金的账面余额，合计不高于该基金发行规模的 60%，保险公司及其投资控股的保险机构比照执行。其中，账面余额不包括保险公司以自有资金直接投资的保险类企业股权。

8.2.2　保险机构发起设立私募投资基金

（1）资格条件。

根据《中国保监会关于设立保险私募基金有关事项的通知》的规定，保险资金设立私募投资基金，应当事先确定发起人和基金管理人。发起人和基金管理人的名称、高级管理人员、主要股东和实际控制人不得随意变更。确需变更的，应当遵循相关规定并履行决策程序。

保险资金设立私募投资基金，发起人应当由保险资产管理机构的下属机构担任，主要负责发起设立私募投资基金、确定基金管理人、维护投资者利益并承担法律责任，是通过私募投资基金开展投资业务的载体。发起人应当通过制度设计，与相应的保险资产管理机构划清权利和责任边界，确保法律意义上的独立运作；应当通过合同约定，与投资人明确权利责任界定，确保投资风险充分披露。

基金管理人可以由发起人担任，也可以由发起人指定保险资产管理机构或保险资产管理机构的其他下属机构担任，主要负责资金募集、投资管理、信息披露、基金退出等事宜，是私募投资基金的投资管理机构。

保险资金设立私募投资基金，基金管理人由保险资产管理机构担任的，应当具备相应的投资管理能力，且实际投资的项目不少于3个。

保险资金设立私募投资基金，基金管理人由保险资产管理机构下属机构担任的，应当符合下列条件：

①保险资产管理机构及其关联的保险机构在下属机构的股权占比合计应当高于30%；

②具有稳定的管理团队，核心决策人员不少于3名，且具有8年以上相关经验；团队成员已完成退出项目合计不少于3个；

③具有独立的、市场化的管理运作机制，包括但不限于股权激励机制、收益分成机制、跟投机制等；

④中国银保监会规定的其他审慎性条件。

保险资金设立的私募投资基金，应当符合下列条件：

①已完成立项的储备项目预期投资规模应当至少覆盖拟募集规模的20%；

②配备专属投资管理团队，投资期内具有3年以上相关经验的专属投资管理人员不少于3名；

③明确约定投资策略、投资方式、投资领域、投资限制、共同投资、投资集中度、投资流程、决策流程、投后管理、退出机制等；

④建立由主要投资人组成的投资顾问委员会，重点处理关联交易，利益冲突等事项；

⑤建立托管机制，托管机构符合规定条件。

保险资产管理机构、其关联的保险机构不得为私募投资基金提供担保，不得以任何方式为私募投资基金的投资收益或赔偿投资损失向私募投资基金的投资者作出承诺。

（2）投资标的。

根据《中国保监会关于设立保险私募基金有关事项的通知》的规定，保险资金可以设立私募投资基金，范围包括成长基金、并购基金、新兴战略产业基金、夹层基金、不动产基金、创业投资基金和以上述基金为主要投资对象的母基金。

保险资金设立私募投资基金，投资方向应当是国家重点支持的行业和领域，包括但不限于重大基础设施、棚户区改造、新型城镇化建设等民生工程和国家重大工程；科技型企业、小微企业、战略性新兴产业等国家重点支持企业或产业；养老服务、健康医疗服务、保安服务、互联网金融服务等符合保险产业链延伸方向的产业或业态。

（3）监管比例。

根据《中国保监会关于设立保险私募基金有关事项的通知》的规定，保险资金设立私募投资基金，可以向保险机构和其他合格投资者募集。保险资金投资该类基金，投资比例遵循《中国保监会关于加强和改进保险资金运用比例监管的通知》的相关规定。

（4）注册登记。

根据《关于设立保险私募基金有关事项的通知》等的规定，保险资金设立私募投资基金实行注册制，设立方案在相应的决策机构审议通过后，由保险资产管理机构或者基金发起人向中国银保监会或者其指定机构申请办理相关手续；涉及新设发起人或基金管理人的，执行《保险资金投资股权暂行办法》的有关规定。为进一步提高保险私募投资基金注册效率，2019年中国银保监会保险资金运用监管部印发《关于股权投资计划和保险私募基金注册有关事项的通知》，将保险私募投资基金注册工作交由保险资管协会办理。

为持续深入落实"放管服"改革工作部署，推动优化营商环境，进一步推进保险资金运用市场化改革，持续加强保险资产管理机构产品事中事后监管，在充分听取行业机构意见和建议的基础上，中国银保监会发布了《中国银保监会办公厅关于资产支持计划和保险私募基金登记有关事项的通知》，保险资管协会同日发布了《保险私募基金登记管理规则》，规定保险机构发起设立的私募投资基金实行登记制度。

第九章

并购基金

9.1 并购基金概述

9.1.1 中国并购基金发展

作为私募投资基金的一种，并购基金在基金的组织架构和形式上与一般的私募投资基金相似度较高，然而并购基金组成以后的投资方式却有别于其他私募投资基金，其关注点在于对目标企业进行并购和重组。

20世纪末的国企改革为市场提供了大量收购目标，《中华人民共和国外资企业法》（以下简称《外资企业法》）等法律法规放宽了外资在中国的投资限制，受此影响2000年之后外资并购基金趁机涌入中国，寻求发展机会。2003年，弘毅投资的成立标志着本土并购基金逐步崛起。

2004年之后，并购基金在中国快速发展，并在2008年达到阶段高峰。2004年6月，新桥投资以12.53亿元人民币收购深圳发展银行17.89％的控股股权，这是并购基金在中国进行的第一起典型并购。2005年10月，凯雷集团宣布将以3.75亿美元收购徐工机械85％的股份，虽然此项交易在3年后宣告失败，但其使并购基金在国内市场引起了极大关注。2007年12月，厚朴基金募集成立。厚朴基金采用国际标准的合伙制模式,募得 25 亿美元,大幅超过原计划的 20 亿美元,基金定位于中国企业并购重组领域的收购。这些大型并购基金项目将在美国市场发展成熟的并购基金完全引入了中国市场。2008 年以后,在市场环境和政策环境的影响下并购基金在国内的发展更加引人注目。

近年来,高瓴资本几次并购出手均令市场震惊,包括 2017 年联合鼎晖组成财团以 469 亿元人民币对百丽国际私有化,2019 年以 416 亿元人民币收购格力电器控股权,2021 年以 340 亿元人民币收购飞利浦集团的家电业务。

9.1.2 中国并购基金与欧美并购基金的主要区别

(1)主流模式不同。

在欧美成熟市场,并购基金的主流模式为控股型并购,获取标的企业控制权是并购投资的前提。国外企业股权相对比较分散,职业经理人市场比较成熟,当企业发展面临困难或遇到好的市场机会时,股东出售意愿较强,并购人较易获得目标企业的控制权。控股型并购需要对标的企业进行全方位的经营整合,因此对并购基金的管理团队要求较高。

中国也有越来越多通过投资获得控制权的并购基金,但并购基金的主流模式还是参股型并购,即不取得对目标企业的控制权,而是通过提供股权融资的方式,协助产业资本主导、参与对目标企业的整合重组。

(2)发起主体和并购目的不同。

在欧美市场,并购基金主要由大型私募投资基金管理机构发起,并购基金收购的企业多是价值被低估的上市企业或其他企业,目的是通过收购目标公司进一步重组资产或业务,解决企业在资本结构、经营效率上的问题，持有时间通常会较长，最终通过对外出售实现溢价退出。

在中国特色的"上市公司＋PE"模式下，并购基金主要由上市公司大股东主导发起，最初作为并购支付工具产生，具有较强的"过桥收购"属性，并且通常以上市公司作为收购目标公司的优先退出渠道，持有时间通常较短。并购一方面在于套取一、二级市场之间的估值差，另一方面则是基于完善产业价值链的外延性并购。除此之外，我国还存在由 PE 机构发起，目的是参与国有企业混合改制的并购基金。

（3）资金来源不同。

在欧美，并购基金募资均包含股权融资和债权融资，部分还安排了夹层融资，主要资金来源于高收益债券。股权融资仅占募资总额中的很小比例，部分并购基金的杠杆甚至高达 10 倍以上。过高的财务杠杆会加重收购后目标公司的债务负担。

中国由于利率尚未完全市场化，缺少高收益债券等融资工具，因此无法参照欧美依靠发行垃圾债券提升财务杠杆。国内并购基金通常会对不同出资进行结构化安排，利用上市公司或地方政府的信用放大资金杠杆，以此引入金融资本和产业资本参与并购基金。随着《资管新规》的推出，并购基金结构化安排也受到限制，并购贷款则成为主流债务融资手段。

（4）退出渠道不同。

美国并购基金的退出方式灵活。在重组改革后，溢价出售标的公司股权是最基本的退出模式。对于分拆后更具市场吸引力的标的公司，并购基金会选择分拆出售；对于私有化退市的收购对象，还会采取再次上市的方式寻求退出。

而国内并购基金主要依赖于合作的上市公司来实现并购退出，途径相对单一。

（5）获利途径及并购整合方面不同。

从获利途径来看，中国并购基金主要通过国内一二级市场估值差、境内与境外资本市场估值差进行套利，较少体现出对目标公司重组和经营优化所创造的价值。欧美并购基金主要针对经营成熟的上市公司开展，通过并购整合以及多手段、多工具运用来提升标的企业的价值，从而实现投资收益。目前，新一代明星基金公司也在对目标公司进行管理赋能，以优化其经营，提高其价值。

9.2 并购基金投资模式具体分析

在我国，并购基金主要有两种模式。第一种模式是基于价值发现的控股型并购基金，这类并购基金专注于企业并购投资，通过收购目标企业的股份或资产，获得目标企业的控制权或参股权，对目标企业进行整合、重组及运营等一系列操作，待企业经营改善或实现企业价值增值后，通过上市、转售或管理层回购等方式出售其所持股份实现资产退出，从而获取投资收益的金融资本。基金会协助或参与改善被投资企业的经营管理，提升其资产效率。第二种模式是上市公司参与的"上市公司＋PE"型并购基金。在这种模式下，并购基金帮助上市公司实现境内行业整合以及跨国并购。其中上市公司一般是行业龙头企业，具有横向或者纵向调整产业结构的能力。并购基金作为产业资本进行跨境收购的重要合作伙伴，利用资金优势和对境内外资本市场和法律环境的熟悉，参与产业资本行业整合和跨国并购。同样，在政府主导的行业整合、国有企业行政重组、国企改制或主辅分离过程中的并购交易也经常会利用"上市公司＋PE"的形式进行有效融资。这种模式是国内并购基金发展的重要形式。

9.2.1 基于价值发现的控股型投资

基于价值发现进行控股权收购的并购基金是传统的并购基金形式。这种形式对并购基金的行业分析能力、投后管理能力等素质提出了较高的要求。并购基金需要通过对所在行业的深刻理解以及对行业特点和阶段的精确把握，发现行业中的优秀企业。对标的公司获得控股权后，并购基金将挖掘价值低估企业，或剥离低效或相关度较低的资产使企业的资产价值实现最大化，达到提升企业价值，进一步协助企业提升竞争力，增加股份出售机会，从而获利退出的目的。图9-1展示了控股型并购基金操作模式。

图 9-1 控股型并购基金操作模式

控股型并购基金能最大限度地提高并购效率和资金使用效率，是美国并购基金的主流模式，其通常具有三个重要特征：第一，并购标的控制权的获取是控股型并购基金开展后续整合工作的前提。国外企业经历了较长的发展历史，股权相对比较分散，主要依靠职业经理人管理运营。当企业发展面临困难或遇到好的市场机会时，股东出售意愿较强，并购人较易获得目标企业的控制权。第二，杠杆收购是控股型并购基金通常采用的运作手段。国外成熟的金融体系为控股型并购基金提供了垃圾债券、优先贷款、夹层融资等多样化融资工具，使并购基金杠杆率得以数倍甚至数十倍地提高，投资规模和收益率随之获得提升。第三，拥有具有卓越的企业整合能力的管理团队是控股型并购基金能够主导标的企业后期整合的有力保障。控股型并购基金的管理团队通常包括资深职业经理人和管理经验丰富的企业创始人，这使得基金在完成企业并购后有能力积极主导企业的一系列整合重组，并通过长期运作提高企业效益。

在我国，市场经济的现有发展阶段和特殊国情导致目前按市场化方式较难获得企业控制权。同时，由于资本市场发展程度有限，可供选择的融资工具较少，目前从事并购交易的基金发展时间较短，普遍缺乏参与企业和行业整合的能力，这些都影响了控股型并购基金的运作。

9.2.2　"上市公司＋PE"型并购基金

在 PE 的发展历史中，资金退出始终是机构最为关心的问题之一。为此，部分 PE 机构开始尝试"上市公司＋PE"的模式。

在上市公司与 PE 的这对组合中，双方各取所需。对上市公司来说，这是利用 PE 寻找并购重组的机会，比如向产业上下游布局延伸；对 PE 来说，则是在资产达到上市公司要求后，通过优先出售给上市公司实现资金退出。

市场普遍认为，"上市公司＋PE"模式的雏形，是上市公司大康农业（原名大康牧业）和 PE 机构浙江天堂硅谷一起尝试探索出来的。

据当时披露的信息，2011 年大康牧业和浙江天堂硅谷共同发起设立天堂硅谷大康产业发展合伙企业（简称"天堂大康"），具体出资比例是：大康牧业和浙江天堂硅谷（最后实际出资人是浙江天堂硅谷全资子公司）各出资 3 000 万元，其余 80％资金向社会自然人和机构投资者募集，由浙江天堂硅谷来负责。

双方的合作定位十分清晰。浙江天堂硅谷作为 PE，利用资源寻找项目，大康牧业作为上市公司利用其专业性来"把关"。双方的核心诉求很明确，大康牧业借助 PE 资源完成在畜牧业的整合，浙江天堂硅谷获得未来股权退出的超额收益，显然大康牧业是实现这一目标的关键合作方。这也被市场称为"上市公司＋PE"1.0 版本。

但很多人未曾注意的是，天堂大康项目因各种原因未能被大康牧业并入上市公司，浙江天堂硅谷的退出自然没有成功，双方为此甚至一度"对簿公堂"。不过颇具戏剧性的是，2016 年浙江天堂硅谷和大康牧业共同发起了 50 亿元的国际农业产业并购基金，双方算是"握手言和"了，而该并购基金依旧是采取"上市公司＋PE"的模式。

此后几年中，在"上市公司＋PE"的模式下，PE 与上市公司不断调整自己的定位。

从 PE 机构的角度来说，如果只将上市公司作为资金退出渠道，合作双方就从伙伴变为了利益对手。因此在"上市公司＋PE"2.0 版本中，PE 机构不仅战略入股，还要提供并购方案设计、财务和法律尽职调查、资本市场日常咨询等多种服务。

近两年，也有部分 PE 机构因为各种原因，比如自有资金不足，或为了摆脱入股后的利益冲突以及内幕交易的嫌疑，只提供金融服务，即只扮演上市公司的并购顾问的角色。与此同时，上市公司的角色定位也在发生调整：一种是，和大康牧业类似，上市公司从自身战略出发，与 PE 机构合作成立产业基金，即当前比较热门的"产业＋资本"模式，在上市公司所处行业内进行投资，完成对上市公司上下游产业链的整合；另一种是，上市公司只作为财务投资人，和上市公司买房一样，仅仅是为了日后出售以获得投资收益。

清科研究中心的数据显示，2016 年至 2020 年上半年，我国上市公司参与的私募股权投资基金的数量与规模整体呈下降趋势（见图 9-2）。

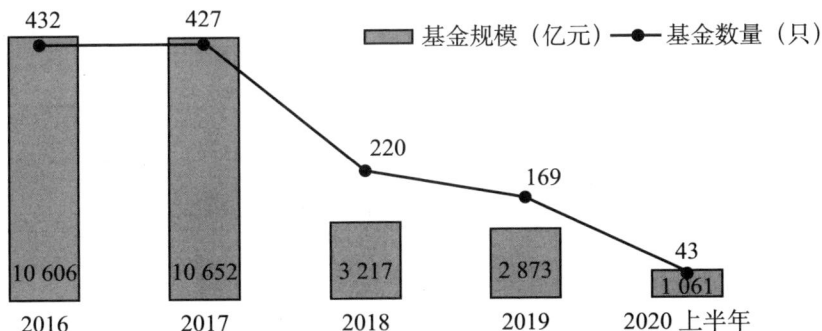

图 9-2　2016 年至 2020 年上半年上市公司参与的私募股权投资基金的数量与规模

　　2021 年上半年，受疫情等多方面因素影响，上市公司参与私募股权投资的积极性进一步下降，仅有 43 家上市公司选择投资私募股权投资基金。根据清科研究中心的统计，上述 43 只私募股权投资基金中，上市公司作为纯财务投资人的有 6 只基金，专业投资机构作为管理人的有 4 只，余下的 33 只"上市公司＋PE"产业基金中，仅有 5 家上市公司承担了管理人或 Co-GP 的角色。

　　另一组数据也显示，2016—2019 年，医药生物行业公司参与私募股权投资基金数量都是第一名。

　　当前，从政策层面看，管理层对"上市公司＋PE"这种模式还是支持的。2019 年 10 月，修改后的《上市公司重大资产重组办法》出台，取消了重组上市认定标准中的"净利润"指标，缩短了"累计首次原则"计算期间至 36 个月；恢复了重组上市配套融资，重点引导社会资金向具有自主创新能力的高科技企业集聚等。

　　但需要指出的是，管理层绝不是鼓励类似乐视、暴风影音这样的题材炒作，而是希望 PE 机构通过产业并购真正"反哺"上市公司，帮助龙头企业进一步做大做强。从这个意义上说，"上市公司＋PE"模式的关键并不在于数量，而是在于质量。

私募投资基金投资

第十章

私募投资基金投资尽职调查

10.1　私募投资基金投资的主要流程

私募投资基金投资的主要流程包括七步，分别为：初步接触、项目入库、立项、尽职调查、投资决策、交易文件谈判和交割。

（1）初步接触。

初步接触阶段一般为期1~4周。所需完成的事项包括搜集项目商业计划书，对创始人和融资负责人进行首次拜访（拜访可以采取电话或者面谈的方式）。

（2）项目入库。

项目入库阶段一般为期1~2周。在该阶段，项目组需要对经初步接触有意向继续深入跟进的项目提交入库报告。入库报告交至入库委员会进行审核，审核通过方可进入立项阶段。

（3）立项。

立项阶段一般为期2~4周。在该阶段，项目组首先会对入库项目进行初步的尽职调查，包括管理层访谈、专家访谈和商业尽职调查。基于尽职调查结果，接下来会进行投资意向书的谈判和签署。此外，初步尽职调查结束后，项目组需要根据所获得的信息提交相关材料，包括财务模型、立项报告和访谈纪要。财务模型是对项目进行估值的工具，其估值逻辑要清晰地展现出来。一般来说，估值逻辑自底向上，将每个版块各自的估值汇总为总的估值。其中，针对不同情形的回报测算是重点。此外，还要注意分析不同情况下的极端情形。立项报告主要包括投资分析、行业分析和公司分析三方面。访谈笔录是重要的立项和投决材料，要记录翔实，保存完备。最后，在投委会上对项目进行表决，决定是否立项。

（4）尽职调查。

尽职调查一般为期4～6周。在该阶段，项目组会对项目公司进行全面深入的调查，具体包括财务尽职调查（FDD）、法律尽职调查（LDD）、背景调查和进一步的商业调查，并根据情况补充进行专家访谈。

（5）投资决策。

投资决策一般为期1周左右。在该阶段，项目组需要总结尽职调查中发现的问题，对立项问题进行回答，还需对前期的文字材料进行更新完善，提交更新版的投资决策报告、更新版的财务模型和汇总的访谈纪要。投资决策报告包括：项目概要、尽调情况总结、投委会意见落实情况、行业公司投资分析和初步的管理提升计划。关于财务模型，随着尽职调查和访谈不断深入，项目信息也逐渐完备，可以对财务模型进行更新和完善。最后，在投委会上对项目进行表决，决定是否投资。

（6）交易文件谈判。

交易文件谈判一般为期2～4周。在基金决定继续进行投资后，项目组会根据投资意向书及尽职调查情况进一步与项目公司及其创始人进行谈判，定稿并签署交易文件。

（7）交割。

交割一般为期2～4周。在该阶段，项目基本完成，主要任务是根据相关交易文件的约定实现交割条件，完成打款及股份变更。关于打款，需由财务、风控、法务部门同事对付款先决条件共同予以确认后才可打款。打款完成后，还需对项目进行投后管理。

10.2　业务尽职调查与财务尽职调查

10.2.1　业务尽职调查

在私募投资基金投资过程中，对项目的尽职调查的业务部分十分重要，是后续财务尽职调查和估值的基础。一般私募投资基金对标的项目业务部分的尽职调查主要由投资经理负责。

（1）业务尽职调查流程。

首先，通过初步管理层访谈或者财务总监访谈，初步了解项目公司的情况；其次，收集文件，要求项目公司提供业务的相应文件材料，包括但不限于业务合同、技术文档、供应商与客户资料等；再次，审阅文件，视项目具体情况访谈行业专家和项目公司控股股东、实际控制人、董监高（董事、监事及高级管理人员）、部门负责人、关联方、供应商、客户等；最后，根据项目进展情况，准备补充清单和文件；最后撰写业务尽职调查报告。

（2）业务尽职调查方法。

业务尽职调查的主要方法包括：①收集审阅文件资料。即要求项目公司提供业务的相应文件材料，并通过审阅、比对项目公司提供的文件材料，发现项目公司业务方面的隐藏问题。②访谈。视不同项目情况，业务尽职调查一般需要访谈行业专家，以及项目公司控股股东、实际控制人、主要股东、董事、高级管理人员、部门负责人、普通员工、关联方、供应商、客户等。③走访，视不同项目情况，业务尽职调查需要实地走访项目公司，观察项目公司业务的真实状况。④与其他中介机构交叉核对。一般而言，某一项目的尽职调查不仅包括业务尽职调查，还可能包括财务尽职调查、法律尽职调查、资产评估等其他中介机构尽职调查，此时，与其他中介机构保持沟通有助于业务尽职调查顺利完成。

（3）业务尽职调查的范围和要点。

业务尽职调查的主体范围包括项目公司及其子公司控股股东及实际控制人、董监高，主要内容涉及行业前景、业务概况和盈利能力三方面，具体包括所属行业性质、行业增长趋势、行业整体规模、业务独立性、竞争优势、产品和服务、业务流程、业务模式、业务变化情况、持续盈利能力、盈利能力的依赖性、盈利预测等方面。

10.2.2 财务尽职调查

私募投资基金投资过程中对项目的财务情况的调查，是尽职调查的重要部分。对财务情况的调查一般由内部的财务分析人员进行，或者聘请外部会计师事务所进行独立财务尽职调查。

财务尽职调查的基本流程、方法、范围与业务尽职调查类似，此处不予赘述。财务尽职调查的主要内容包括会计政策和估计、税务处罚、财务指标勾稽关系、收入与成本费用的配比性、非经常性损益、资产减值准备、成本的归集、股份支付、资产负债率等方面。

10.3 法律尽职调查

私募投资基金投资过程中对项目的尽职调查的法律部分也至关重要，私募投资基金一般是聘请外部律师事务所进行独立的法律尽职调查。

10.3.1　法律尽职调查的流程

法律尽职调查的基本流程为：第一，律师通过网络公开渠道查询项目公司基本情况，与委托方确认交易基本架构，据此准备初步法律尽职调查清单；第二，项目公司根据初步法律尽职调查清单准备文件材料；第三，律师审阅项目公司提供的文件材料，并视情况安排与项目公司管理层、控股股东、实际控制人进行访谈，实地走访项目公司、主管部门等；第四，律师准备补充尽职调查清单，项目公司准备补充文件材料；第五，律师撰写法律尽职调查报告、备忘录或法律意见书。

10.3.2　法律尽职调查方法

法律尽职调查的主要方法包括：①收集审阅文件资料。这是法律尽职调查最基本、最核心也是最重要的方法，律师往往通过审阅、比对项目公司提供的文件材料，发现项目公司的隐藏问题。②网络公开检索。随着我国社会信用体系建设和政府信息公开逐步完善，这种方法变得越来越重要，使得我们在与项目公司真正接触前就可以通过网络公开检索了解到项目公司各个方面的信息，包括工商信息、股权结构、业务资质、知识产权、行政处罚、诉讼信息等。③管理层访谈。视不同项目情况，法律尽职调查一般需要访谈项目公司控股股东、实际控制人、主要股东、董事、高级管理人员、部门负责人等；④主管机关走访。视不同项目情况，法律尽职调查可能需要走访项目公司所在地的工商、税务、国土、住建、商标、专利、环保、质监、法院、仲裁委及行业主管机关。⑤与其他中介机构交叉核对。一般而言，某一项目的尽职调查不仅包括法律尽职调查，还可能包括财务尽职调查、业务尽职调查、资产评估等其他中介机构尽职调查，此时，与其他中介机构保持沟通不仅可能令法律尽职调查事半功倍，而且可能弥补法律尽职调查的盲区，从而更好地完成法律尽职调查任务。

10.3.3 法律尽职调查的范围和要点

根据我们以往的项目经验，私募投资基金投资项目法律尽职调查的主体范围包括项目公司及其子公司、控股股东及实际控制人、董监高，主要内容包括公司设立变更，股权结构与历次融资，业务资质，重大合同，动产及不动产，知识产权，劳动人事，财务税务，关联交易与同业竞争，环保、消防与安全，诉讼、仲裁或处罚等方面。下面就各主体的主要尽职调查内容所需关注的要点进行简要介绍。

（1）公司设立变更。

对于项目公司的设立，主要关注是否取得适格主管部门审批、出资是否合法、是否依法取得工商登记及其他登记证照等。其中主管部门审批包括国有企业设立时的国资部门审批、外商投资企业设立审批以及行业部门审批等，特别是对于设立时间较早的外商投资企业，由于当时仍实行审批制且对审批级别有严格规定，需对外商投资企业设立时的审批情况予以格外关注。另外，还需要关注的要点即出资是否合法。此前的《公司法》对注册资本额、实缴出资、出资形式、出资期限等均有相关限制规定，对项目公司进行尽职调查时需要根据当时有效的《公司法》予以核查，同时还要核查是否符合公司章程的约定。

对于项目公司的历次变更，主要关注是否及时进行变更登记、股权转让是否合法合规、增资减资是否履行法律规定、企业改制是否合法合规等。其中股权转让需要关注转让价格是否公允、价款是否支付完毕、是否已缴纳相关税费、新股东资格是否适格等；增资要关注是否存在溢价，是否以资本公积或未分配利润转增股本，增资款是否按时缴付，是否以实物、土地使用权或知识产权等资产进行增资等；减资则要重点关注减资的程序、减资的财务处理是否合规；企业改制为国有企业、集体企业的往往存在一些特有的问题，需要核查是否按照规定履行资产评估、职工安置、审批、进场交易等程序。另外，如果是涉及特定行业许可的项目公司，历次变更还需要关注是否及时取得行业部门的审批或备案。

（2）股权结构与历次融资。

无论是何种项目/交易，了解项目公司的控股股东、实际控制人、主要股东、股东之间的关系都是非常有必要的。此外，还要根据股东性质，确定公司、股权性质，决定交易流程、审批机关、权限等。

项目公司如果已进行过融资，法律尽职调查应收集项目公司历次融资的所有文件，审查是否存在特别约定，项目公司是否完成历次融资文件中约定的相关承诺与义务，以及此前投资人是否依约缴纳投资款，是否存在认股权证、可转换债券等。

同时，还需要关注创始人及团队的持股情况。创始人持股数量直接决定了其对项目公司的控制力以及履行回购义务及其他承诺的能力，而是否给予高级管理人员股权激励则会影响项目公司的持续发展。另外，创始人的持股比例有时也可能影响项目公司的境内外上市条件。

（3）业务资质。

根据项目公司的不同情况，需要核查其经营范围是否需取得许可资质，其实际经营业务是否符合经营范围及已取得的许可资质，已取得的许可资质是否在有效期内及已完成年检。除审核项目公司提供的相关许可资质证书外，我们还需要到有关主管部门网站进行核实。

确定项目公司需要哪些业务资质，一方面依赖于项目公司自行提供和披露，另一方面需要律师团队进行检索、研究和分析，可以参考同行业的上市公司披露的信息。

然而，在有些情况下，项目公司的业务需要取得的资质非常难以取得，如从事互联网视频平台业务需要取得信息网络传播视听节目许可证，申请该证需要国资控股，且国家新闻出版广电总局已经停止发放该证，所以项目公司要取得该证只能通过并购其他牌照公司的方式。此时，需要向投资方详细提示该等情况，并由其进行综合评判。

（4）重大合同。

项目公司重大合同一般包括一定金额以上尚未履行完毕的业务合同（销售合同与采购合同）及根据其性质对项目公司经营具有重大影响的尚未履行完毕的其他合同，包括但不限于战略合作协议、知识产权许可协议、资产收购协议等。对重大合同进行审阅是我们了解项目公司真实业务情况的重要途径。实务中往往根据项目公司日常经营涉及的合同金额划定尽职调查范围，一般需要覆盖项目公司各业务类型的前十大合同。

审阅重大合同主要关注：①取得合同的方式是否合法合规，例如属于必须经过招投标程序的项目合同是否经过了招投标、合同取得过程中是否存在商业贿赂等；②合同各方的经营范围、资质，典型的如医药企业的供应商和客户均需要具备资质；③合同的生效方式，即签署生效还是附条件或附期限生效；④是否约定了知识产权条款；⑤提前终止合同的情形、后果以及违约责任；⑥格式合同和格式条款；⑦签署合同对于公司资产和/或经营的限制，是否对拟议投资或交易存在限制；⑧法律选择和争议解决；⑨合同是否正常履行，是否存在争议，合同期限是否届满；等等。

（5）动产及不动产。

根据项目公司的不同情况，其拥有的动产可能包括生产设备、车辆、办公设备等，法律尽职调查应重点关注：①重要设备采购是否按合同约定支付了货款；②重要设备采购合同是否存在"所有权保留"条款；③设备是否存在抵押；④设备是否属于海关监管设备；⑤是否购置了相关保险。

关于项目公司拥有土地使用权、在建工程及房产的，应区分土地使用权和在建工程及房产分别予以关注，必要时需要实地走访并核对规划红线图等资料。对于土地使用权，应重点关注：①建设项目用地是否办理了农用地转建设用地及土地征用手续；②是否由经济开发区管理委员会签订了出让合同；③土地使用权出让是否经过了"招拍挂"程序；④是否办理了建设项目用地预审；⑤是否按期交纳了土地出让金及相应税款，是否存在土地出让金的返还；⑥是否按出让合同约定的时间开工建设；⑦是否按出让合同约定的土地用途使用土地；⑧是否为划拨土地出租、转让、抵押；⑨是否存在违规占地；⑩是否与当地政府签订投资合同及其中约定的投资强度、税收指标等是否完成。对于在建工程及房产，应重点关注：①是否取得建设用地规划许可证；②是否取得建设工程规划许可证；③是否取得施工许可证后再开工建设；④是否取得竣工验收文件后再投入使用；⑤是否办理了环境影响评价验收；⑥是否取得消防设计及验收批复；⑦是否取得房屋所有权证；⑧是否存在无证房产。

如项目公司租赁土地或房产，则应重点关注：①租赁土地或房产是否取得产权证书；②出租方是否为有权出租方；③租赁用途与规划用途是否相符；④租赁土地或房产是否已设置抵押；⑤是否办理了租赁备案登记。

（6）知识产权。

一般法律尽职调查主要关注项目公司的知识产权权属，至于其知识产权的新颖性和对项目公司业务的贡献等内容则属于业务尽职调查的范围。如果知识产权对项目公司的投资价值具有重要影响，例如生物医药企业、高新技术企业等，则可以聘请专业知识产权团队开展知识产权尽职调查。

对于著作权，法律尽职调查应重点关注：①软件著作权是否经登记；②软件是否属于委托开发成果；③软件著作权是否质押以及质押合同是否登记；④著作权使用许可合同中是否存在明显不公平的条款，是否办理了著作权使用许可合同备案手续。

对于商标，法律尽职调查应重点关注：①是否存在商标未经注册或未提出注册申请的情形；②是否存在注册事项变更而未进行相应变更登记的情形；③是否存在商标申请被驳回或其他可能导致商标被撤销的情形；④商标许可协议是否存在明显对项目公司不利的条款；⑤商标许可协议是否备案；⑥是否存在商标权属争议。

对于专利，法律尽职调查应重点关注：①专利是否自始无效；②专利是否嗣后因其他原因陷于无效；③是否存在专利保护期濒临届满的情形；④是否存在未按期缴纳专利费用的情形；⑤专利发明人是否均为公司在职员工，是否属于共有发明；⑥专利许可协议是否存在明显对项目公司不利的条款；⑦专利权实施许可合同是否经过备案；⑧专利权质押合同是否经过登记；⑨专利进出口是否取得相应许可证或完成合同登记；⑩是否存在专利权属争议、被确认无效或撤销的程序或诉讼。

对于专有技术，法律尽职调查应重点关注：①是否存在除专利以外的其他专有技术；②项目公司是否存在专有技术许可或转让的情形，是否有相关许可或转让协议；③涉及技术进出口的，是否遵循技术进出口的规定办理了技术进（出）口许可证或技术进（出）口合同登记；④是否存在相关技术咨询、服务协议；⑤是否存在关于专有技术的权属、技术服务等方面的纠纷、争议、程序或诉讼。

对于互联网域名，法律尽职调查应重点关注：①是否使用非自有域名，是否存在被他方注销的可能；②是否存在未按期缴纳域名管理费用的情形；③域名是否完成备案。

总体而言，还需要关注项目公司是否存在知识产权相关的侵权纠纷或者侵犯他人商业秘密的情况，是否存在核心技术员工与其他单位发生职务成果纠纷、竞业限制纠纷等问题。

另外，随着网络安全及数据隐私越来越重要，法律尽职调查还需要关注项目公司是否建立了完善的客户隐私保护制度、保密制度、信息安全制度等内部管理制度，以及防火墙、保密系统、加密系统等信息安全执行措施。

（7）劳动人事。

对于项目公司的劳动人事，主要关注：①是否与全体员工签署了书面劳动合同；②劳动合同内容是否合法合规，包括试用期是否符合法定标准、劳动合同解除条件是否超出法定范围、约定劳动者承担违约金是否超出法定范围等；③是否与员工签订了保密与竞业限制协议，包括竞业限制期限是否超过法定标准、是否向劳动者支付竞业限制补偿金等；④工资、工时、加班、福利制度是否符合法律规定；⑤是否依法组建工会及提取工会经费；⑥是否办理社会保险登记证和住房公积金缴存登记；⑦社会保险与住房公积金缴存基数、比例是否符合规定；⑧是否发生过工伤事故、劳动纠纷。

同时，对项目公司的创始人、高级管理人员及核心员工应予以重点关注，包括其劳动合同是否在有效期内、是否签署了知识产权归属及保密与竞业限制协议、是否存在对外投资与兼职、是否存在与前任雇主的竞业限制承诺等。随着我国个人破产制度开始在部分地区试点，私募基金投资法律尽职调查中还需要关注创始人的个人及家庭财产状况。

（8）财务税务。

项目公司的财务状况应是财务尽职调查的主要内容，律师作为财务方面的非专业人士，在进行法律尽职调查时应主要关注项目公司的财务基本状况以及财务报表与法律尽职调查相关部分的相互印证，例如从负债科目印证项目公司的借款情况，从其他应收款、其他应付款科目印证项目公司的关联交易情况等。另外，财务方面还要关注项目公司的贷款融资情况，包括贷款合同、抵押担保合同及其中的重要条款。

同样，由于律师并非税务专业人士，对项目公司的税务状况也主要关注其适用的税种和税率、是否享有税收优惠与政府补贴、享有的税收优惠与政府补贴是否合法合规、是否依法申报纳税、是否存在税务处罚等方面，而无法实质性核查其收付款与发票开具是否合法合规、是否全额缴清税款等内容。

（9）关联交易与同业竞争。

关联交易与同业竞争主要关注项目公司的独立性和持续经营能力。对于关联交易，首先需要确认关联方的范围，可以参考《企业会计准则第36号——关联方披露》、上市规则、《公司法》等规则划定最大的关联方的范围，通过发放关联方调查表、进行网络核查、参考审计报告等方式核查关联方。其次，需要关注关联交易定价是否公允、是否履行关联交易决策程序，防止项目公司通过关联交易虚增利润、提高估值，避免后续项目公司业绩重大滑坡。

同业竞争主要关注项目公司的控股股东、实际控制人是否在项目公司之外从事与项目公司相竞争的业务。这是因为，如果项目公司的控股股东、实际控制人与项目公司存在同业竞争，一方面可能导致项目公司商业利益受损，另一方面也是项目公司走向资本市场的障碍。因此，对存在同业竞争的情形，一般要求项目公司的控股股东、实际控制人承诺予以解决，将竞争业务并入项目公司或转让给第三方。进行法律尽职调查时核查同业竞争的范围包括控股股东、实际控制人、主要股东、董监高、与前述主体关系密切的家庭成员。

（10）环保、消防与安全。

项目公司如存在自建生产项目，需对其环保、消防与安全方面进行尽职调查。

对项目公司环保方面的法律尽职调查主要包括三个方面，即环境影响评价、环评验收和排污许可。《中华人民共和国环境影响评价法》规定了建设项目环境影响评价制度，因此项目建设均应按照《建设项目环境影响评价分类管理目录》中对应的分类编制相应的环境影响评价文件，并按规定履行审批或报告手续；2017 年新修订的《建设项目环境保护管理条例》已将环评验收改为备案制，由建设单位自行验收；2021 年 1 月 24 日颁布的《排污许可管理条例》正式在全国建立排污许可制度，纳入固定污染源排污许可分类管理名录的企业事业单位和其他生产经营者应当按照规定的时限申请并取得排污许可证，且应缴纳排污费用。

2019 年，中共中央办公厅、国务院办公厅印发《关于深化消防执法改革的意见》，决定取消公众聚集场所投入使用、营业前消防安全检查，取消一般建设工程消防验收和备案。2020 年 4 月，住房和城乡建设部发布《建设工程消防设计审查验收管理暂行规定》，系统规定了特殊建设工程的消防设计审查、消防验收及其他建设工程的消防验收备案、抽查制度。2021 年 4 月修正的《中华人民共和国消防法》规定，公众聚集场所投入使用、营业前消防安全检查实行告知承诺制度。

安全方面尽职调查主要是指对生产型企业的产品标准、生产安全等方面的基本情况的尽职调查，主要由业务尽职调查团队负责，法律尽职调查也需要关注企业是否发生过安全生产事故、是否被安监部门处罚过等事项。

（11）诉讼、仲裁或处罚。

项目公司合法合规经营的红线可能就是诉讼、仲裁或处罚。其中诉讼、仲裁方面主要关注项目公司作为被告、被申请人的未决案件，要关注案由、标的额、对方当事人、基础背景、争议点、各自理据、对项目公司的影响等；而对于已决案件，则主要关注是否已履行完毕。

对项目公司的任何行政处罚均意味着项目公司某一方面的经营不合规，应予以重点关注，并跟进是否已整改、对处罚内容是否履行完毕等。

另外，还需要关注对项目公司创始人、董事、监事和高级管理人员的诉讼、仲裁与行政处罚，因为这可能会影响该等人员的任职资格。

第十一章

投资协议的主要条款

11.1　投资意向书

在确定初步投资意向之后，为了尽快锁定交易机会，私募股权投资基金通常会与被投企业签署一份投资意向书（Term Sheet，TS）。由于在签署投资意向书阶段，交易各方还未相互深入了解，且投资方尚未完成尽职调查工作，交易各方对是否需要进行本次交易还未非常明确，因此，各方往往更愿意将投资意向书作为一个意向性文件，即明确其仅以书面形式确定交易各方的交易意愿，为进一步协商和正式的投资协议的签署做准备。在实际操作中，一般会通过约定"非约束条款"进行明确，即交易各方通过在投资意向书中约定非约束条款，确定除了部分条款（通常为"交易费用条款""保密条款""排他期条款""适用法律和争议解决条款"）以外，其余条款对投资意向书签署各方均不具有法律上的约束力。该等非约束条款明确了交易各方不具有受到约束的意思表示，即，将投资意向书的性质限定为意向性文件而非合同性文件。

当然，在投资过程中，如果交易各方希望投资意向书有更强的约束性，可以增加接受投资承诺条款。典型的接受投资承诺条款如下：除非交易各方同意在正式的投资协议中对投资意向书所列条款进行调整，否则投资意向书签署后，如任一方最终拒绝按照投资意向书所约定的内容签署投资协议，则守约方有权要求拒绝方连带地向其支付一定金额的违约金。鉴于此，投资意向书的条款具有一定的灵活性，投资意向书中的相关条款可以根据项目性质、交易各方的商业需求进行调整。

除了上文提到的非约束条款外，投资意向书作为交易各方达成交易的基础性磋商文件，一般还应当包含投资协议中的实质性条款，具体应当包括：与交易相关的基本条款（包括但不限于投资方式、投资前的估值及投资金额、投资前及投资后的股权比例、投资的主要先决条件）；公司治理条款（包括但不限于重大事项保护、股东会及董事会的职权范围、创始人的股权锁定和全职工作承诺等）；投资人优先权条款（包括但不限于优先购买权、跟售权、强制出售权、反稀释和增资优先认购权、回购权、一票否决权、知情权和检查权、优先清算权等）；等等。

11.1.1 与交易相关的基本条款

投资意向书作为前期意向性文件，在与交易相关的基本条款中，一般首先要确定交易方式，即需要确定是以增资的方式还是股权转让的方式或者两者结合的方式进行交易。如果是比较复杂的交易，各方也会在投资意向书中约定交易的基本步骤或者交易前的重组安排等，此外，还需要约定交割付款的基本安排。

此外，进一步确定投资前后的估值及投资金额。根据《资产评估执业准则——企业价值》第十七条的规定，评估企业价值时，应当根据评估目的、评估对象、价值类型、资料收集等情况，选择适用以下三类评估方法：收益法、成本法（资产基础法）、市场法。一个投资项目的投资估值往往是结合多种估值方法及进行商业谈判后确定的结果。

（1）收益法。

企业价值评估中的收益法，是指将预期收益资本化或者折现，从而确定评估对象价值的评估方法。资产评估专业人员应当结合被评估单位的企业性质、资产规模、历史经营情况、未来收益可预测情况、所获取评估资料的充分性，恰当考虑收益法的适用性。

（2）成本法（资产基础法）。

企业价值评估中的资产基础法，是指以被评估单位评估基准日的资产负债表为基础，合理评估企业表内及可识别的表外各项资产、负债价值，从而确定评估对象价值的评估方法。

（3）市场法。

企业价值评估中的市场法，是指对评估对象与可比上市公司或者可比交易案例进行比较，从而确定评估对象价值的评估方法。资产评估专业人员应当根据所获取的可比上市公司经营和财务数据的充分性和可靠性、可收集到的可比企业数量，考虑市场法的适用性。根据私募投资基金投资项目的目的的不同，市场法又可以分为市盈率估值法、市净率估值法及市盈率相对盈利增长率估值法，具体如下：

①市盈率估值法。市盈率估值法也被称为 PE 估值法，是目前最常见的估值方法之一，其公式为：PE（平均市盈率）＝公司每股价格/公司每股收益。根据这一公式，市盈率与公司的估值成正比，即市盈率越低，公司的估值越低。一般来说，平均市盈率为 14～20 是比较合理的水平。由于市盈率的公式中未考虑公司的净资产、业绩增速等其他因素，而仅考虑了公司处于比较稳定的发展状态下这一种情形，因此 PE 估值法更加适合盈利水平和经营状况比较稳定的大公司。而对于未实现盈利、盈利增速极高、盈利逐年下降或者周期性较强的公司来说，由于每股收益处于异常状态，PE 估值法可能失效。

②市净率估值法。市净率估值法也被称为 PB 估值法，其公式为：PB（平均市净率）＝公司每股价格/公司每股净资产。一般情况下，市净率与投资风险成正比，市净率越高，投资风险越大；反之，市净

率越低，投资风险越小。由于市净率估值法的公式中不包含公司盈利，因此，相较于市盈率估值法，市净率估值法更加适用于周期性较强或盈利能力不稳定的公司。但是市净率估值法也存在一定的局限性，例如，不同的会计处理方式会致使计算出的公司每股净资产存在较大差异，而且如果公司进行过并购交易，那么公司最终的每股净资产中应当扣除因并购交易而产生的商誉。此外，由于市净率估值法依赖公司的净资产，所以不适用于那些无法通过资产反映公司价值的公司，例如轻资产的公司，或者一些将研发成本费用化的公司。

③市盈率相对盈利增长率估值法。市盈率相对盈利增长率估值法也被称为PEG估值法，其公式为：PEG（市盈率相对盈利增长率）＝PE/盈利增长率。根据该公式，PEG与投资价值成反比，PEG越低，说明市盈率越低或者盈利增长率越高。由于市盈率相对盈利增长率估值法的公式中包含PE值，因此，当公司的盈利不稳定时，即当公司处于未实现盈利、盈利增速极高、盈利逐年下降或者周期性较强的状态时，市盈率相对盈利增长率估值法可能失效。此外，由于该公式中未包含公司的净资产，在使用该公式时，建议同时参考市净率估值法，以确定投资风险。由于该公式中包含了盈利增长率，因此，市盈率相对盈利增长率估值法比较适用于一些处于上升期的新兴市场公司。

另外，投资意向书一般还会约定主要的先决条件，例如根据前期了解到的情况必须在投资前予以解决的事项或者取得的批准或完成的重组等，并且也会约定兜底性表述如类似交易其他惯常的先决条件以及根据尽职调查结果增加的先决条件，具体见本章11.2.2"先决条件"。

11.1.2　公司治理条款

公司治理条款一般与投资人权利中的委派董事或观察员的权利、

投资人的一票否决权息息相关，也与创始人的股权锁定与全职工作承诺、团队股权激励等相关。具体内容请详见本章 11.3"股东协议"。

11.1.3　投资人优先权条款

投资意向书中所涉及的投资人优先权条款，是投资协议中投资人优先权条款的基础。有的投资意向书会采用简略式表述，即投资人享有类似交易惯常的优先权利，而具体的优先权利内容将在后续投资文件中约定；有的投资意向书采用详式表述，即直接将投资人的优先权利的核心内容列入投资意向书。具体内容请详见本章 11.3"股东协议"。

11.2　增资协议或股权转让协议

11.2.1　本次交易

增资协议或股权转让协议中最重要的内容即确定本次交易，本次交易的条款中需要确定交易方式、投资金额、投资估值、投后持股比例、是否分步骤交易等核心内容。项目公司的律师一般需要制作资本结构表（Capitalization Table）来准确反映交易前后项目公司的资本结构变化。

表 11－1 为一个最简单的第一次融资前后的资本结构表示例，供读者参考。

表 11－1　资本结构表示例 1

投资前			投资后		
股东	出资额（元）	股权比例	股东	出资额（元）	股权比例
创始人 A	600 000	60％	创始人 A	600 000	50％
创始人 B	200 000	20％	创始人 B	200 000	16.67％
创始人 C	200 000	20％	创始人 C	200 000	16.67％

续表

投资前			投资后		
股东	出资额（元）	股权比例	股东	出资额（元）	股权比例
投资人 A	0	0	投资人 A	200 000	16.67%
合计	1 000 000	100%	合计	1 200 000	100%

本项目公司投资前注册资本为 100 万元，各方协商确认项目公司投资前估值为 1 000 万元，则每一元注册资本的价格为 10 元。投资人 A 投资 200 万元，取得 20 万元注册资本，占投资后项目公司注册资本的 16.67%。此时，项目公司的投后估值为 1 200 万元，投资人 A 支付的投资价款超出注册资本的 180 万元进入项目公司的资本公积金。

后续项目公司进行下一轮融资时，可能会应投资人 B 的要求同步进行员工股权激励（ESOP），则该等交易的前后简化的资本结构表如表 11 - 2 所示。

表 11 - 2　资本结构表示例 2

投资前			投资后		
股东	出资额（元）	股权比例	股东	出资额（元）	股权比例
创始人 A	600 000	50%	创始人 A	600 000	35.29%
创始人 B	200 000	16.67%	创始人 B	200 000	11.76%
创始人 C	200 000	16.67%	创始人 C	200 000	11.76%
ESOP	0	0	ESOP	200 000	11.76%
投资人 A	200 000	16.67%	投资人 A	200 000	11.76%
投资人 B	0	0	投资人 B	300 000	17.65%
合计	1 200 000	100%	合计	1 700 000	100%

本项目公司投资前注册资本为 120 万元，各方协商确认项目公司此时投资前估值为 2 400 万元，则每一元注册资本的价格为 20 元。投资人 B 投资 600 万元，取得 30 万元注册资本，同时，项目公司同步增发 20 万元员工股权激励。投资人 B 占投资后项目公司注册资本的 17.65%。此时，项目公司的投后估值为 3 000 万元，投资人 A 支付的投资价款超出注册资本的 570 万元进入项目公司的资本公积金。

下面再提供一个项目公司创始人进行股权转让的资本结构表示例（见表 11 - 3），如果有更复杂的项目情况，读者可以结合这三种最基本的案例进行推演。

表 11 - 3　资本结构表示例 3

投资前			投资后		
股东	出资额（元）	股权比例	股东	出资额（元）	股权比例
创始人 A	600 000	35.29％	创始人 A	600 000	35.29％
创始人 B	200 000	11.76％	创始人 B	100 000	5.88％
创始人 C	200 000	11.76％	创始人 C	100 000	5.88％
ESOP	200 000	11.76％	ESOP	200 000	11.76％
投资人 A	200 000	11.76％	投资人 A	200 000	11.76％
投资人 B	30 0000	17.65％	投资人 B	30 0000	17.65％
投资人 C	0	0	投资人 C	200 000	11.76％
合计	1 700 000	100％	合计	1 700 000	100％

本项目公司投资前注册资本为 170 万元，各方协商确认项目公司投资前估值为 5 000 万元，则每一元注册资本的价格为 29.41 元。投资人（以 588.24 万元向创始人 B 和创始人 C 合计购买 20 万元注册资本，占投资后项目公司注册资本的 11.76％。此时，项目公司的投后估值仍为 5 000 万元，投资人支付的投资价款进入转让方账户，项目公司未收到融资金额。

另外，与本次交易相关的条款为"交易步骤"，即，是一次性交易还是分步骤交易。一般情况下，私募投资基金投资项目均为一次性交易，即私募投资基金直接认缴一定金额增资或者受让一定金额股权；而有的项目中，私募投资基金基于安全性考虑，设计分步骤交易，先投资一笔金额，然后当项目公司达到一定条件后进行后续投资。

11.2.2　先决条件

以下为一个比较常见的先决条件条款："①已完成令投资人合理满

意的商务、财务和法律尽职调查；②获得投资人投资委员会的批准；③公司、现有股东和投资人已适当签署并交付了最终投资协议，其格式及内容均符合本意向书中的约定并令投资人满意；④公司无重大不利变化；⑤本次投资符合现行有效的适用法律；⑥已获取所有本次交易必需的董事、股东、第三方或政府部门的所有批准；⑦公司与创始股东、关键管理人员和员工签署了由投资人认可的雇佣、保密、竞业禁止及知识产权保护协议；⑧根据法律尽职调查结果增加的且经创始股东确认的其他交割条件；⑨其他为投资人所要求的惯有的合理的交割条件。"

由此可见，增资协议中的先决条件一般分为三类：第一类，与尽职调查的结果相关联的条件。一般投资人会要求先决条件中应当包含已完成令投资人合理满意的商务、财务和法律尽职调查。此外，如投资人在尽调过程中发现被投企业存在不合规情况，投资人认为该等不合规情况非常严重，需要在交割前解决的，可将该等不合规情况的最终处理目标作为本次交易的先决条件。第二类，已签署投资文件并获得了所有内部及外部的授权。此处建议，投资人可以将"获得投资人投资委员会的批准"加入先决条件，以保证投资人的投资主动权。第三类，一般条款，包括但不限于无重大不利变化；承诺陈述与保证真实、准确和完整；等等。一般在先决条件中，还会要求公司以及各创始股东已向本轮主要投资人出具一份证明书，证明所有先决条件均已满足。此外，投资人还可以根据项目特性和商业要求约定合理的先决条件，比较常见的有要求被投企业提供交割后一定期限内的业务发展计划和预算方案，或者要求被投企业的关键人员（包括创始股东、关键员工及第三方顾问）已经签署了内容和形式符合投资人要求的劳动合同、保密协议、竞业禁止协议、知识产权归属及保护协议。

每个项目的先决条件都不尽相同，签署版交易文件中的先决条件，通常是交易各方根据项目尽调情况、各方谈判地位，经过多轮协商和谈判最终确定的。

以下将列举一个比较常见的先决条件：本次交易的工商登记。从保护投资人的角度考虑，以工商登记作为交割的先决条件，是对投资人最为有利的约定。这种交易模式意味着"先上座后买票"，即当投资人已经成为公司股东之后再支付投资款。但由于在实践中，办理工商变更手续需要半个月至一个月的时间（取决于各地工商部门的实际情况），在公司资金紧缺的情况下，往往等不了这么久。此时，经交易各方协商，可以采用"被投企业向投资人提交已经登记了投资人名称的股东名册及工商受理通知书"的折中方式。这一方式在保障投资人权利的同时，也能帮助公司更快地获得投资款。当然，上述约定是在投资人比较强势的情况下的交易安排，一般在企业早期融资项目（VC项目）中比较常见。当公司处于比较强势的地位时，交易模式更多为"先买票后上座"，即，工商登记不会作为先决条件，而是作为公司的投后义务。双方通常约定，在交割后的一段时间内，公司应向投资人提交工商变更登记及/或备案登记的相关文件、出资证明书及营业执照的复印件。

此外，比较特别的情况是，当涉及以美元进行投资的项目时，由于投资方需要将投资款支付到被投企业的资本金账户，因此，需要先进行工商登记，并在变更外汇登记后，才能进行付款（交割），在这种情况下，需要将工商变更登记、外商投资企业变更备案手续、外汇变更登记的完成作为投资协议的先决条件。

当然，也有投资人基于自身的特殊情况，要求延迟工商登记的，比如当投资人需变更投资主体时，该等投资人就不希望过早成为公司股东，因为在成为公司股东之后再变更主体，需要进行股权转让，将会给投资人造成不必要的税务负担。

11.2.3 交割安排

一般而言，在先决条件全部满足后，公司以及创始股东会向投资人出具一份证明书，证明前述先决条件均已满足。通常，该等证明书也应当作为先决条件。

在先决条件满足后的一定期限内，投资人应当支付投资款，项目公司应向投资人交付交割文件，包括但不限于已签署的交易文件、公司章程、公司董事会和股东会决议、更新的股东名册、出资证明书等。这也是通常所说的基本交割条款。此外，有一些项目会在投资协议中要求，公司应当在收到投资款后的一定期限内，聘请有证券期货从业资质的会计师事务所对投资人缴付的增资价款进行验资，并向投资人提交验资报告的复印件；在增资的工商变更不作为先决条件而作为投后义务的项目中，公司应当在收到投资款后的一定期限内，向投资方提供工商变更文件（包括营业执照、工商档案的复印件等）；由公司向投资方出具一份加盖公司公章的出资证明书。

当先决条件未在一定期限内予以满足的时候，投资人可以选择：①豁免该等未满足的先决条件，但应当在投资人重新规定的期限内完成该项交割条件或者其他补充条件；②延长该等未满足之交割条件的完成时间并相应推迟其对应的交割时间；③或者书面通知公司不再进行本次交割。

11.2.4 交割后承诺

对于部分时间表比较紧张的投资项目，各方可能协商同意将部分不是必须在交割前完成的事项作为交割后承诺，由义务方在交割后规定的时间内完成。

一般而言，交割后承诺不包括上述与完成本次交易相关的变更工商登记、验资等必要手续，而是指在尽职调查中发现的需要公司进行合规整改的事项，例如剥离、重组相关业务或公司，合规缴纳社保、公积金，建立健全内控制度，清理关联交易等。各方会根据不同事项的轻重缓急程度以及对公司未来上市的影响，设定其完成时间，一般为交割后一定时间，最晚不得晚于公司上市申报前。

11.2.5　陈述、保证与披露函

即使经过详细的尽职调查，投资人对于项目公司的了解程度仍然无法与创始人相比。为了减少由信息不对称带来的投资风险，私募投资基金投资人往往会在增资协议中要求项目公司及其创始人共同就项目公司的有关情况作出详细的陈述与保证，包括但不限于有效存续、业务经营、股本结构、对外投资、财务报告、未披露债务、税务、资产、关联方、重大合同、知识产权、诉讼及法律程序、劳动雇员、信息提供等方面。除非项目公司在披露函中对相关事项作出除外披露，否则如果后面发现上述陈述与保证不真实、不准确、不完整，那么投资人可以依据赔偿条款要求获得赔偿。

11.2.6　违约与赔偿

作为私募投资基金保护自己的条款，增资协议中一般会对项目公司和创始人约定比较严格的违约责任与赔偿条款。违约责任与赔偿条款分为一般赔偿条款和特别赔偿条款。一般赔偿条款通常约定项目公司和创始人分别并且连带就其违反其在投资协议项下作出的任何陈述、保证、承诺、约定或义务而使投资人直接或间接遭受、蒙受或发生的或针对投资人或其关联方、董事、合伙人、股东、雇员、代理及代表

（"受偿人士"）提起的（无论是第三方索赔、投资协议各方之间的索赔还是其他索赔）任何损害、损失、权利要求、诉讼、付款要求、判决、和解、税费、利息、费用和开支（包括但不限于合理的律师费）承担赔偿责任。特别赔偿条款则会列出尽职调查中发现的项目公司的不合规事项，由项目公司和创始人承诺对于受偿人士因为该等特别事项遭受的任何损害、损失、权利要求、诉讼、付款要求、判决、和解、税费、利息、费用和开支（包括但不限于合理的律师费）承担赔偿责任。

11.3　股东协议

11.3.1　优先分红权

顾名思义，优先分红权是指投资人享有的优先分红的权利。由于境内私募投资基金的投资标的在上市前分红的情况不多，且大部分私募投资基金主要依靠退出来获得收益，所以约定优先分红权的情形在境内投资项目中不太多见，大多出现在 VC 项目或投资人较为强势的项目中。优先分红率通常不会超过 10%，此外，与优先清算权类似，优先分红的条款中也可以设置两次分配。在两次分配的模式下，通常第一次分配会约定一个优先分红率，一般以年利率的方式体现。此外，在不少项目中，也会在使用优先分红率的同时，约定优先分红额，即设定一个投资人可获得的利润分配的固定最高额，并取其中孰高者。第二次分配是指投资人参与剩余利润分配的权利，即投资人以优先分红率优先获取分红后，如被投企业还有剩余的可分配利润，投资人可以参与剩余利润的分配。第二次分配的比例通常与持股比例保持一致。

11.3.2　优先购买权

优先购买权，即在创始股东或其他股东转让股权时投资方享有的优先购买股权的权利。根据《公司法》的规定，股东向第三方转让股权的，其他股东在同等条件下享有优先购买权；股东之间转让股权的，其他股东不享有优先购买权。也就是说，优先购买权仅仅适用于股东向公司股东以外的其他方转让股权的情形。在投资协议中，投资人一般会要求更宽泛的优先购买权，通常会约定，除投资人以外的其他股东拟出售其直接或间接持有股权的全部或者部分的，无论向其他股东还是第三方转让，投资人均在同等条件下享有优先购买权。

关于有多个投资人时各自可行使优先购买权的比例，一种方式是按照行使优先购买权的各个投资人在项目公司的绝对持股比例行使，另一种方式是按照行使优先购买权的各个投资人在项目公司的相对持股比例行使，后者对于投资人而言更为优待。另外，在第一种方式下就未被行使优先购买权的部分拟转让股权，可以约定转让方可直接进行转让或者需再次受限于已行使优先购买权的投资人的二次优先购买权。

就投资人拟向其非关联方转让股权的，强势的创始股东可能会要求其享有同等的优先购买权，经过谈判协商，可能会约定创始股东对于投资人拟转让的股权享有优先要约权，即创始股东有权对于投资人拟转让的股权优先要约报价，投资人可以选择接受要约或者选择向第三方转让。另外，项目公司通常还会要求投资人拟向其非关联方转让股权时受让方不得为项目公司的竞争对手。

11.3.3　跟售权

跟售权，也被称为共售权，即在创始股东或被投企业其他股东转让股权时，投资人有权一同出售其所持有的股权。存在跟售权条款的主要原因是，投资方需要保证其有充分的退出渠道。虽然在投资项目中，投资方在投资前往往会对被投企业进行尽职调查和财务评估，但很大程度上仍然依赖于对创始团队的信任，跟售权条款能确保将创始股东/其他原始股东的利益与投资人绑定在一起，以实现保护投资人的目的。跟售权的相关约定使得投资人与拟出售股东之间存在一个一致行动的关系，就具体的跟售，存在四种情形，按对投资人的有利程度从高到低排序依次为：①出让人出售多少比例的股权，投资人就有权出售相同比例的股权，在份额不足时投资人优先出售；②出让人出售多少比例的股权，投资人就有权出售相同比例的股权，份额不足时投资人和出让人按比例分配份额；③投资人与出让人分享出让额；④投资人与出让人分享扣除优先购买权部分后的出让额。

11.3.4　优先认购权

优先认购权，与优先购买权类似，它在《公司法》中也有相应的规定：有限公司新增资本时，股东有权优先按照实缴的出资比例认缴出资，但是全体股东约定不按照出资比例优先认缴出资的除外。对于股份公司而言，公司发行新股的，股东大会应当对向原有股东发行新股的种类及数额作出决议。上述规定认可了股东可以约定行使优先认购权。

从具体的条款上来看，一般都是按投资人所持的股权比例行使优先认购权，特殊情况下，也可以设置进一步的超额认购权，即在部分投资人不行使优先认购权的前提下，其他投资人可以进一步认购该等股权份额。

11.3.5　反稀释

反稀释，作为一种用来保护投资人利益的常见条款，其原理是禁止被投企业发生贬值融资，即当被投企业以低于本次投资完成后的被投企业投资后估值进行下一轮融资时，投资人可以要求其持股比例或投资额将以该次新的融资价格及条款为准进行调整。反稀释条款主要分为两种类型：一种是完全棘轮条款。在完全棘轮条款项下，当发生后一轮融资比投资人增资时价格更低的情形时，创始股东或公司将通过支付股权或现金的方式，对投资人进行补偿，直至其持有的股权价格与新一轮融资价格相同，调整公式为：调整后股权数量＝原增资额÷新增资价格；另一种是加权平均条款。在加权平均条款项下，常见的调整公式为：调整后新价格 ＝ 原增资价格×{［新一轮融资前的公司注册资本总额 ＋（后续融资额 ÷ 原增资价格）］÷［新一轮融资前的公司注册资本总额 ＋（后续融资额 ÷ 新增资价格）］}，调整后股权数量＝原增资额÷调整后新价格。对比完全棘轮条款，加权平均条款考虑了融资额的影响，对被投企业和创始股东来说更为有利。

反稀释条款通常要求创始股东与公司作为连带责任义务人承担相应责任，创始股东在面对反稀释条款时，为了保护自身的利益，可以要求按其所持有的股权为限承担反稀释的责任。

另外，反稀释条款的履行方式通常包括股权补偿和现金补偿。股权补偿即通过公司无偿增发新股或者创始股东无偿转让老股的方式进行补偿，以使投资人持股数量达到调整后的股权数量；现金补偿即由创始股东或公司向投资人进行现金补偿，根据调整后需补偿的股权数量计算现金补偿的对价。

11.3.6 强售权

强售权也被称为拖售权，是指当投资人拟出售全部股权或公司的实质性资产时，投资人有权要求其他股东一同出售股权。强售权同样是投资人退出的一种方式，一般而言，只有持股比例比较大或者谈判地位比较强势的投资人才会要求享有强售权。

考虑到强售权本身较为强势，被投企业通常会要求在约定强售权时增加触发条件，比较常见的触发条件包括：①一定比例的股东/董事或创始股东同意。随着私募投资领域的逐步发展和完善，创始股东越发意识到保持公司控制权的必要性，因而越来越多的创始股东会要求在强售权条款的行权条件中加入必须取得创始股东的同意。②转让估值达到一定金额，例如本次投资后公司估值的 3 倍，此时其他股东一同出售股权也会获得较高的回报。③满足一定的时间条件，如本轮融资之后的多少年内可以行使强售权，超出该等时间则不可以行使。时间条件通常会搭配其他的条件一同适用。④出现特定的情形，例如发生回购权事件而投资人的股权未被回购时方可行使强售权。

11.3.7 回购权

回购权是指在回购条件满足时，投资人要求被投企业、创始股东购买其部分或者全部股权的权利。

（1）回购条件。

回购条件通常包括：①被投企业在一定期限内未完成合格首次公开发行或被其他公司收购/兼并。作为回购条件中最为常见的条款之一，其主要是为了保证投资人可以按照计划退出。②业绩承诺无法实现，也就是通常所说的"狭义对赌条款"，也称为"估值调整条款"，即在约定的期限内，如果被投企业的业绩无法达到一定的标准，投资人有权调整公司的估值，具体的补偿方式可以包括股权补偿、现金补偿或两者结合。③被投企业的主营业务发生变更，即因公司的创始股东或管理团队主动变更公司的主营业务，或者因其他原因（如未取得相关的经营性资质）而导致公司主营业务被动变更的情况。④被投企业的控制权发生变更。⑤创始股东或者公司存在投资协议项下的重大违约情况。⑥公司或创始股东违反法律法规或因创始股东出现个人重大诚信问题而对公司经营或上市造成重大不利影响或者导致投资人利益严重受损。⑦发生其他对公司经营或上市造成重大不利影响或者导致投资人利益严重受损的事项。

（2）回购金额。

回购金额一般以投资本金为基础进行计算，计算方式分为以下几种：

①直接约定回购金额。在直接约定回购金额的情况下，回购金额的范围为投资本金的 $100\%\sim200\%$，即，回购金额＝投资本金×（$100\%\sim200\%$）。

②约定年单利或年复利。即，约定一个 $5\%\sim15\%$ 的年单利或者年复利。单利公式为：回购金额＝投资本金×（1＋利率）×N。复利公式为：回购金额＝投资本金×（1＋利率）^{N}。上述两个公式中，N 为投资期间。

③市盈率计算法。市盈率计算法以市盈率（PE）及净利润为基础，具体计算公式为：回购金额＝被投企业最近一期经审计的净利润×市盈率×投资人的投后持股比例。

上述几种计算方式可以根据项目交易背景及交易各方的谈判基础叠加使用，具体做法是同时使用之后取孰高或者孰低值。

此外，从投资人的角度出发，可以考虑加上投资人所持有的股权对应的未分配利润和红利，无论该等红利和利润是否已经宣派。相反，对于公司和创始股东而言，为了保护其利益，可以在上述公式的基础上，减去投资人持股期间已经获得的红利。

（3）回购义务的承担主体。

回购义务的承担主体主要为公司和创始股东（部分投资人也会要求持股平台作为回购义务的承担主体），根据《全国法院民商事审判工作会议纪要》（以下简称《九民纪要》）的规定，投资人与被投企业的股东或者实际控制人对赌，在不存在法定无效情形的前提下，对赌协议有效；就投资人与被投企业之间的对赌，在不存在法定无效情形的前提下，对赌协议有效，但是法院应当审查是否满足《公司法》的规定，如果存在：①股东抽逃出资；②未完成减资程序；或③公司没有利润或者虽有利润但不足以补偿投资人等情形，则法院将驳回投资人的诉讼请求。下面给出两个相关典型案例：

苏州工业园区海富投资有限公司与甘肃世恒有色资源再利用有限公司、香港迪亚有限公司、陆波增资纠纷再审案〔（2012）民提字第11号，以下简称海富案〕作为最高法公报案例，确认了一个大的原则，即在项目中，投资人和原股东对赌是有效的，但是和公司对赌可能会无效。具体为：当投资人与被投企业约定可以取得相对固定的收益，而该收益脱离了被投企业的经营业绩，从而损害了被投企业和被投企业债权人的利益时，该等对赌条款无效。但是投资人与公司原股东之间的对赌约定，系双方的意思自治，应为有效。

在江苏华工创业投资有限公司与扬州锻压机床股份有限公司、潘云虎等请求公司收购股份纠纷再审案〔（2019）苏民再62号，以下简称华工案〕中，江苏省高级人民法院明确："我国《公司法》并不禁止有限责任公司回购本公司股份，有限责任公司回购本公司股份不当然违反我国《公司法》的强制性规定。有限责任公司在履行法定程序后回购本公司股份，亦不会损害公司股东及债权人利益，亦不会构成对公司资本维持原则的违反。"该案的判决结果与《全国法院民商事审判工作会议纪要（最高人民法院民二庭向社会公开征求意见稿）》中对于对赌案件的口径基本一致。由此可见，"投资人不能与被投企业对赌"的壁垒已经逐渐被打破。

从海富案中的"认定与目标公司对赌无效"到华工案中的"承认在满足一定条件下与目标公司对赌有效"，到通过《九民纪要》落实了与目标公司对赌有效的具体规定，我国法律贯彻了资本维持原则和保护债权人合法权益原则。

11.3.8　优先清算权

优先清算权是指当被投企业发生清算事件时，投资人可以按照事先约定的分配方式，优先获得被投企业清算之后剩余财产的一部分或者全部。

清算事件可以分为如下三种类型：①清算，它是指公司发生终止、解散、清算、视为清算或强制清算的事件；②视为清算，它是指公司与其他公司合并或者被收购大部分股权或资产的事件；③强制清算，它是指双方事先约定的严重影响交易文件履行和投资人权利的事件，包括但不限于：实际控制人从公司离职；创始股东触犯法律或严重违反道德操守；等等。

与优先分红权类似，优先清算权也存在二次分配的概念，具体如下：第一次分配时通常有如下两种方式：①约定一定比例的投资额作为优先清算额（通常为50%～160%）；②约定一定的复利或单利，与公司届时的净资产额取孰高。第二次分配是指投资人可以参与公司剩余财产分配的机会，即，投资人取得约定的优先清算额后，如被投企业还有剩余的财产可分配，投资人可以参与剩余财产的分配。第二次分配的比例通常与持股比例保持一致。

11.3.9　知情权与检查权

知情权为中国《公司法》规定的股东法定权利，然而，私募投资基金为了获得被投企业更多的信息，往往会约定更加详细的知情权条款。常规的知情权条款会要求被投企业在规定时间内向投资人提供年度审计报告、季度财务报表和经营季报、月度财务报表以及下一年度财务预算和经营计划等。

检查权通常会约定投资人有权访问被投企业，检查公司的财产、不动产、财务账册及运营记录，并可复印、摘要该等文件，以及与公司的管理人员讨论公司的业务、财务状况，就公司运营方面的事宜访问公司的顾问、雇员、独立会计师及律师等。

11.3.10　公司治理条款

投资人通常会要求在董事会委派董事，当遇到被投企业较为强势的情况时，投资人可能无法享有委派董事的权利，这时可以退而求其次，申请取得一个董事会观察员的席位，以保证对公司重要事项的知情权。

一票否决权（"Veto Right"）在交易文件中也被称为重要事项保护条款，即，对于某些重要事项，如涉及公司资本结构变更、重大资产收购与处置、重要人员聘用与解聘、利润分配、重大关联交易、修改投资人权利、修改章程的事项以及其他大额财务性事项，需经投资人或投资人委派的董事同意，方可作出有效决议。一票否决权的形式主要分为"分散投票"和"合并投票"两种。被投企业在早期融资时，一般会采用分散投票，即各个投资人单独享有一票否决权。随着投资人数量的增加，为了保证董事会及股东会能更有效率地作出统一决策，往往会采用合并投票的模式，常见设置为同一轮投资人合并享有一票否决权。

然而，随着国家加强反垄断执法，投资人在被投企业享有的一票否决权可能会被认为构成对被投企业的控制。如果投资人与被投企业的营业额达到申报标准，则还需要进行经营者集中申报。因此，越来越多的私募投资基金投资人在要求一票否决权时会缩小重大事项的范围，减少对被投企业日常经营的干预，从而降低需要进行经营者集中申报的风险。

11.3.11　创始人全职服务与股权限制

私募投资基金投资人为了锁定创始人为被投企业服务，会要求创始人作出全职服务承诺（至少需服务至公司上市）以及离职后的竞业限制，并且还会要求创始人承诺维持核心团队稳定，促使核心团队与公司签订不少于一定期限的劳动合同及竞业限制协议。

另外，就创始人所持公司股份，一方面需受限于转让限制，即在公司上市前，非经投资人同意不得转让；另一方面还可能被约定为限制性股权，在满足一定的服务期限之后方可兑现。如果在此期限之前离职，其所持公司股份将被无偿或低价收回。

11.3.12　员工股权激励

随着私募投资基金行业的快速发展，各方越来越重视核心员工对于企业发展的重要意义，绝大部分私募投资基金在投资企业后会要求被投企业设立员工激励计划，以将核心员工的利益与被投企业的发展绑定。员工激励计划的形式包括期权、限制性股份、限制性股份单位、虚拟股权等。国内企业通常通过设立员工持股平台的方式实施员工激励计划，境外企业则可以通过员工持股平台、代持、预留股份等方式实施员工激励计划。一般而言，员工激励计划的股份来源可以是公司增发的股份，也可以是创始股东低价或无偿转让的股份。

11.3.13 合格首次公开发行

为了方便私募投资基金投资人退出，股东协议还会约定合格首次公开发行条款，包括合格首次公开发行的标准、实现合格首次公开发行的时间以及为实现合格首次公开发行需进行的整改、重组等。其中，合格首次公开发行的标准一般需明确认可的证券交易所范围、上市市值以及最低募资金额等。

受限于中国《公司法》、证券监管机构的意见以及境外证券上市的规则，前述投资人优先权利一般需要在公司上市前终止。就具体终止的时点，投资人与公司将会进行艰难的谈判。从投资人角度来看，该等优先权利终止的时点越晚越好，最好在公司上市成功后；从公司和创始人角度来看，该等优先权利终止的时点越早越好，最好在公司股份制改制或者申请上市时，且不可恢复。经过市场上各方力量的博弈，目前得到各方接受的条款表述一般为：投资人优先权利在公司上市申报日中止，在上市成功日终止，如果上市失败则该等条款自动恢复效力。

第十二章

人民币私募投资基金的境外投资途径

现阶段，中国境内人民币私募投资基金进行境外投资主要通过以下三种方式：

第一种，境内企业境外直接投资。这种方式主要适用于境内企业在境外开办企业或发起/参与境外固定资产投资等项目。境外直接投资视具体情况需经商务主管部门、发展和改革委员会与外汇管理部门报告/备案/核准/登记。

第二种，合格境内机构投资者（QDII）和人民币合格境内机构投资者（RQDII）制度。QDII/RQDII制度允许具有相应资格的境内金融机构投资境外资本市场，然而，可申请QDII/RQDII资格直接进行境外投资的金融机构非常有限，仅限于商业银行、信托公司、基金管理公司、证券公司、保险机构等。

第三种，合格境内有限合伙人（QDLP）制度。QDLP制度于2013年自上海先行先试，此后国内多个地区陆续开始QDLP试点，包括深圳（2014年，称为QDIE）、天津（2014年）、青岛（2015年）、北京（2020年）、海南（2021年）、江苏（2021年）等。本章主要对上海的QDLP制度进行介绍。

12.1 境外直接投资

境外直接投资是指境内机构通过设立（独资、合资、合作）、并购、参股等方式在境外设立或取得既有企业或项目所有权、控制权或经营管理权等权益的行为。

12.1.1 主管部门与核心法律法规

境内企业进行境外直接投资需经境外直接投资主管部门核准/备案，或向境外直接投资主管部门进行报告。本章所指境外投资主管部门为国家发展和改革委员会（以下简称发改委）、商务部门（商务部和省级商务主管部门）以及外汇管理部门（国家外汇管理局）。发改委负责境外投资项目的核准/备案/报告手续；商务部和省级商务主管部门按照企业境外投资的不同情形，分别实行备案和核准管理，发放企业境外投资证书；外汇管理部门负责境外直接投资的外汇登记、备案与资金进出入监管。

表 12-1 中总结了我国现阶段规范境外直接投资的核心法律法规。

表 12-1　我国现阶段规范境外直接投资的核心法律法规

名称	发布日期	实施日期	制定部门
《国务院关于投资体制改革的决定》	2004-07-16	2004-07-16	国务院
《国务院关于发布政府核准的投资项目目录（2016年本）的通知》	2016-12-12	2016-12-12	国务院
《企业境外投资管理办法》	2017-12-26	2018-03-01	国家发改委
《境外投资管理办法》	2014-09-06	2014-10-06	商务部
《对外投资备案（核准）报告暂行办法》	2018-01-18	2018-01-18	商务部、中国人民银行、国务院国有资产监督管理委员会、中国银行业监督管理委员会、中国证券监督管理委员会、中国保险监督管理委员会、国家外汇管理局

续表

名称	发布日期	实施日期	制定部门
《对外投资备案（核准）报告实施规程》	2019－05－28	2019－07－01	商务部

12.1.2　境外直接投资核准/备案/报告要求

依据相关法律法规，境内企业开展境外直接投资需要办理的手续主要包括发改委的核准/备案/报告手续、商务部门的核准/备案手续以及外汇局的登记/备案手续，具体如下：

（1）国家发改委核准/备案。

根据国家发改委于2017年12月26日颁布的《企业境外投资管理办法》（以下简称《管理办法》），发改委核准/备案要求的适用范围①包括：中华人民共和国境内企业直接或通过其控制的境外企业，以投入资产、权益或提供融资、担保等方式，获得境外所有权、控制权、经营管理权及其他相关权益的投资活动。实行核准管理的范围是投资主体直接或通过其控制的境外企业开展的敏感类项目。核准机关是国家发改委。敏感类项目包括：①涉及敏感国家和地区的项目；②涉及敏感行业的项目。敏感国家和地区包括：①与我国未建交的国家和地区；②发生战争、内乱的国家和地区；③根据我国缔结或参加的国际条约、协定等，需要限制企业对其投资的国家和地区；④其他敏感国家和地区。敏感行业包括：①武器装备的研制、生产、维修；②跨境水资源开发与利用；③新闻传媒；④根据我国法律法规和有关调控政策，需要限制企业境外投资的行业。根据国家发改委2018年1月31日发布的《境外投资敏感行业目录（2018年版）》，目前境外投资的敏感类行业包括：①房地产；②酒店；

---

① 根据《管理办法》，自然人和其他组织在境外实施的投资项目，参照本办法的规定另行制定具体管理办法。

③影城；④娱乐业；⑤体育俱乐部；⑥在境外设立无具体实业项目的股权投资基金或投资平台。

对投资主体开展的非敏感类项目实行备案管理。实行备案管理的项目中，投资主体是中央管理企业（含中央管理的金融企业、国务院或国务院所属机构直接管理的企业，下同）的，备案机关是国家发改委；投资主体是地方企业，且中方投资额在3亿美元及以上的，备案机关是国家发改委；投资主体是地方企业，且中方投资额在3亿美元以下的，备案机关是投资主体注册地的省级政府发展改革部门。

对境内企业通过其控制的境外企业开展（即不涉及境内企业直接投入资产、权益或提供融资、担保的境外再投资）的非敏感大额项目（即中方投资额在3亿美元以上的项目）进行报告管理（无须备案）；非敏感非大额项目（即中方投资额在3亿美元以下的项目）事先无须备案也无须告知（但在项目实施过程中仍需履行《管理办法》项下重大不利情况报告等后续义务）。

（2）商务部门程序。

现阶段，我国依法设立的企业进行的境外投资，是指通过新设、并购及其他方式在境外拥有非金融企业或取得既有非金融企业所有权、控制权、经营管理权及其他权益的行为，需向商务部门申请核准或备案。2014年9月6日，商务部对《境外投资管理办法》进行了修订，规定除企业境外投资涉及敏感国家和地区、敏感行业的由商务部核准外，其他情形由商务部或地方省级商务主管部门备案即可。此处的敏感国家和地区指与中华人民共和国未建交的国家、受联合国制裁的国家。此处的敏感行业指涉及出口中华人民共和国限制出口的产品和技术的行业、影响一国（地区）以上利益的行业。二者的范围与前述发改委的规定略有不同。

12.1.3 境外直接投资外汇事宜

依据相关规定，境内机构可以使用自有外汇资金（包括经常项目外汇账户、外商投资企业资本金账户等账户内的外汇资金）、符合规定的国内外汇贷款、人民币购汇或实物、无形资产及经国家外汇管理局核准的其他外汇资产来源等进行境外直接投资。境内机构境外直接投资所得利润也可留存境外用于其境外直接投资。国家外汇管理局对境内机构境外直接投资的外汇收支、外汇登记实施监督管理。

12.1.4 外汇登记与资金汇出

2015 年 2 月 13 日，国家外汇管理局发布了《国家外汇管理局关于进一步简化和改进直接投资外汇管理政策的通知》，自 2015 年 6 月 1 日起，取消原有的境外直接投资项目下外汇登记核准，改由银行直接审核境外直接投资项下外汇登记。

境内机构向境外汇出前期费用无须外汇局核准，由银行根据外汇部门相关业务系统中的登记信息为境内机构办理境外投资前期费用购汇及对外支付手续。境内机构已汇出境外的前期费用，应列入境内机构境外直接投资总额。外汇指定银行在办理境内机构境外直接投资资金汇出时，应扣减已汇出的前期费用金额。

境内机构应凭境外直接投资外汇登记证等文件，在外汇指定银行办理境外直接投资资金汇出手续。外汇指定银行进行真实性审核后为其办理。外汇指定银行为境内机构办理境外直接投资资金汇出的累计金额，不得超过该境内机构事先已经外汇部门在相关业务系统中登记的境外直接投资外汇资金总额。

12.2 QDII/RQDII 制度

12.2.1 QDII 制度

QDII 制度是一种在资本账户未完全开放的情况下，允许政府所认可的境内金融投资机构到境外资本市场进行投资的制度。现阶段，我国的合格境内机构投资者包括商业银行、基金管理公司、证券公司、保险公司与信托公司。

2006 年 4 月 13 日，中国人民银行发布《中国人民银行公告（2006）第 5 号》（以下简称《5 号公告》），允许符合条件的银行集合境内机构和个人的人民币资金，在一定额度内购汇投资于境外固定收益类产品；允许符合条件的基金管理公司等证券经营机构在一定额度内集合境内机构和个人自有外汇，用于在境外进行的包含股票在内的组合证券投资；允许符合条件的保险机构购汇投资于境外固定收益类产品及货币市场工具。《5 号公告》的发布宣告了 QDII 的正式开闸。

（1）中国证监会管辖：证券类 QDII。

首只试点 QDII 基金华安国际配置基金于 2006 年 8 月获批。之后中国证监会于 2007 年 6 月出台了《合格境内机构投资者境外证券投资管理试行办法》（以下简称《2007 年证券类 QDII 试行办法》）与《中国证券监督管理委员会关于实施〈合格境内机构投资者境外证券投资管理试行办法〉有关问题的通知》（以下简称《2007 年证券类 QDII 通知》），揭开了证券经营机构 QDII（以下简称证券类 QDII）业务监管的序幕。

证券类 QDII 包括取得 QDII 资格的基金管理公司（以下简称基金系 QDII）和取得 QDII 资格的证券公司（以下简称券商系 QDII）。

基金系 QDII 可通过公开发售基金份额募集基金（以下简称 QDII 基金），运用 QDII 基金财产投资于境外证券市场；券商系 QDII 可以通过设立集合资产管理计划（以下简称 QDII 集合计划）等方式募集资金，运用所募集的资金投资于境外证券市场。

QDII 基金、QDII 集合计划首次募集应当满足的要求包括但不限于：①在募集金额方面，QDII 基金募集金额不少于 2 亿元人民币或等值货币，QDII 集合计划募集金额不少于 1 亿元人民币或等值货币；②在投资者人数方面，开放式 QDII 基金份额持有人不少于 200 人，封闭式 QDII 基金份额持有人不少于 1 000 人，QDII 集合计划持有人不少于 2 人。

随着证券类 QDII 业务的发展，中国证监会开始给予证券类 QDII 产品在发行、管理和投资方面更大的灵活度。

早在《2007 年证券类 QDII 试行办法》颁布时，中国证监会就提出取得 QDII 资格的基金管理公司除可通过公开募集 QDII 基金的方式募资外，还可通过向特定对象募集资金或者接受特定对象财产委托投资于境外证券市场；而取得 QDII 资格的证券公司除了可设立 QDII 集合计划外，还可通过办理定向资产管理业务①、专项资产管理业务②，运用所管理的资金投资于境外证券市场。尽管《2007 年证券类 QDII 试行办法》为基金管理公司和证券公司发行前述产品奠定了基调，但该办法并未提供相应的实施细则。

直至两年后，相关操作性指导规范才出台：2009 年 3 月 9 日，中国证监会基金部向交银施罗德基金管理有限公司下发《关于基金

---

① 定向资产管理业务是指证券公司接受单一客户委托管理客户委托资产，进行境外证券投资管理的活动。

② 专项资产管理业务是指证券公司为客户办理特定目的的资产管理业务。专项资产管理业务既可为单一客户设定，也可为多个客户设定。证券公司可以通过设立综合性的集合资产管理计划办理专项资产管理业务。

管理公司开展特定客户境外资产管理业务有关问题的回函》（以下简称《回函》），详细规定了获得 QDII 资格和特定客户资产管理业务资格的基金管理公司开展特定客户境外资产管理业务①的 14 条政策口径，包括开展特定客户境外资产管理业务不需要参照《2007 年证券类 QDII 通知》中有关投资比例限制、交易方式、交易对手资质等内容。

继针对基金系 QDII 的《回函》发布后，券商系 QDII 领域也出台了明确证券公司如何开展"另类投资产品"业务的法律适用意见：2010 年 8 月 16 日，中国证监会制定了《〈合格境内机构投资者境外证券投资管理试行办法〉第四十六条证券公司开展境外证券投资定向资产管理业务的适用意见——证券期货法律适用意见第 6 号》，就证券公司办理定向资产管理业务运用所管理的资金投资于境外证券市场如何参照执行《2007 年证券类 QDII 试行办法》进行了规定。依据该意见，证券公司境外定向资产管理业务亦不受限于《2007 年证券类 QDII 通知》关于投资比例等的规定。

2008 年 9 月 2 日，中国证监会基金部下发的《关于〈合格境内机构投资者境外证券投资管理试行办法〉及〈关于实施《合格境内机构投资者境外证券投资管理试行办法》有关问题〉的口径（第二号）》（以下简称《口径》），一定程度上放松了针对 QDII 基金投资标的和运营的要求。例如，《2007 年证券类 QDII 通知》仅允许 QDII 基金投资结构性产品以及在与中国证监会签署双边监管合作谅解备忘录的国家或地区证券市场挂牌交易的普通股、优先股，《口径》进一步明确了

---

① 特定客户境外资产管理业务是指基金管理公司向特定客户募集资金或接受特定客户资产委托担任资产管理人，由商业银行担任资产托管人，为资产委托人的利益，运用委托财产进行境外证券投资管理的活动，包括：（1）为单一客户办理特定资产管理业务；（2）为特定的多个客户办理特定资产管理业务。

QDII 基金可投资于 OTC 挂牌交易的股票以及非交易所上市的结构性产品。但是，为避免 QDII 基金沦为变相销售境外投资顾问产品的工具，《口径》规定 QDII 基金不得投资于境外投资顾问发行的金融产品和工具。另外，尽管《2007 年证券类 QDII 试行办法》[①] 并未明文强制要求 QDII 委托投资顾问，但 QDII 基金业务启动后，实践中首批 QDII 基金几乎都聘请了境外投资顾问。《口径》则规定基金管理公司可自行决定聘请境外投资顾问或独立进行投资管理，这在一定程度上体现了中国证监会对基金管理公司自身投资管理能力的认可。

2012 年 7 月 2 日，中国证监会发布《关于核准鹏华全球上市私募股权股票型证券投资基金募集的批复》，鹏华全球上市私募股权股票型证券投资基金（以下简称鹏华基金）成为国内第一只投资全球上市私募股权的公募基金。

2013 年 3 月 14 日，中国证监会就修改《2007 年证券类 QDII 试行办法》及《2007 年证券类 QDII 通知》公开征求意见，征求意见稿中对前述规定着重进行了以下修订：

①允许证券公司限额特定资产管理计划[②]投资境外"私募基金"；

②调整证券类 QDII 业务的资格准入条件，降低了 QDII 业务资格的财务指标门槛：

1）对基金管理公司，取消了净资产不少于 2 亿元、经营基金管理业务 2 年以上、资产管理规模不少于 200 亿元的规定；

2）对于证券公司，取消了净资本不低于 8 亿元人民币、经营集合

---

① 《2007 年证券类 QDII 试行办法》第十四条规定：境内机构投资者可以委托符合条件的投资顾问进行境外证券投资。

② 2013 年券商资管规定修订前，限额特定资产管理计划是指符合下列条件的集合资产管理计划：（1）募集资金规模在 50 亿元以下；（2）单个客户参与金额不低于 100 万元；（3）客户数量在 200 人以下，但单笔委托金额在 300 万元以上的客户数量不受限制。经修订的券商资管规定已无关于限额特定资产管理计划的条款。

资产管理计划业务 1 年以上的规定。

尽管该征求意见稿中有部分细节仍需监管部门进一步澄清，例如，私募基金的定义和范围（是否包括私募股权投资基金）尚待确认，但其中明文允许证券类 QDII 投资境外私募基金是继鹏华基金获批后对 QDII 投资标的的进一步松绑和突破。

（2）中国银保监会管辖：银行类 QDII、信托类 QDII 与保险类 QDII。

①银行类 QDII。

《5 号公告》发布后，银行类 QDII 首先起航。中国人民银行、中国银监会、国家外汇管理局于 2006 年 4 月 17 日发布《商业银行开办代客境外理财业务管理暂行办法》（以下简称《2006 年银行类 QDII 暂行办法》），对商业银行代客境外理财业务（以下简称银行类 QDII）的业务准入、投资购汇①、资金流出入管理、信息披露等进行了规定。同年 6 月与 11 月，《2006 年银行类 QDII 暂行办法》的配套规定《关于商业银行开展代客境外理财业务有关问题的通知》（以下简称《2006 年银行类 QDII 通知》）与相关外汇操作规程相继出台，明确了商业银行代客境外理财方式、投资范围与具体外汇操作等事项，商业银行逐步开始试水 QDII 业务。

依据《2006 年银行类 QDII 暂行办法》与《2006 年银行类 QDII 通知》，银行类 QDII 可通过提供理财顾问服务和综合理财服务的方式开展代客境外理财；以综合理财服务的方式开展代客境外理财，可投资于境外固定收益类产品，包括具有固定收益性质的债券、票据和结构性产品，不得直接投资于股票及其结构性产品、商品类衍生产品，以及 BBB 级以下证券。

---

① 目前，中国银保监会负责银行类 QDII 准入管理和业务管理；国家外汇管理局负责银行类 QDII 的外汇额度管理。

翌年，中国银监会发布《中国银监会办公厅关于调整商业银行代客境外理财业务境外投资范围的通知》与《中国银监会办公厅关于进一步调整商业银行代客境外理财业务境外投资有关规定的通知》，将银行类 QDII 产品认购门槛由 30 万元人民币调整为 10 万元人民币，并放松对银行类 QDII 投资标的的限制，允许银行类 QDII 投资于已与中国银监会签订代客境外理财业务监管合作谅解备忘录的境外监管机构监管的境外证券交易所上市的股票，以及获国际公认评级机构 A 级或以上评级的金融机构发行的结构性产品，还规定银行类 QDII 可参与证券借贷交易。

②信托类 QDII。

2007 年 3 月 12 日，中国银监会、国家外汇管理局联合发布《信托公司受托境外理财业务管理暂行办法》（以下简称《2007 年信托类 QDII 暂行办法》），信托公司受托境外理财业务①（以下简称"信托类 QDII"）开启，信托类 QDII 产品包括为单一委托人设立的受托境外理财单一信托产品和对 2 个以上（含 2 个）委托人设立的受托境外理财集合信托计划。

依据《2007 年信托类 QDII 暂行办法》，信托类 QDII 的投资标的主要为银行存款、债券、货币市场产品等固定收益类产品。

其中，受托境外理财集合信托计划可投资的标的包括：

1) 国际公认评级机构最近 3 年对其长期信用评级至少为投资级的外国银行存款；

2) 国际公认评级机构评级至少为投资级的外国政府债券、国际金

---

① 《2007 年信托类 QDII 暂行办法》规定：受托境外理财业务是指境内机构或居民个人将合法所有的资金委托给信托公司设立信托，信托公司以自己的名义按照信托文件约定的方式在境外进行规定的金融产品投资和资产管理的经营活动。投资收益与风险按照法律法规规定和信托文件约定由相关当事人承担。

融组织债券和外国公司债券；

3）中国政府或者企业在境外发行的债券；

4）国际公认评级机构评级至少为投资级的银行票据、大额可转让存单、货币市场基金等货币市场产品；

5）中国银监会规定的其他投资品种或者工具。

除前述投资品种和工具外，受托境外理财单一信托产品还可投资于为规避受托境外理财单一信托产品风险而涉及的金融衍生产品交易的品种或者工具。

2007年7月19日，中国银监会发布《中国银监会办公厅关于调整信托公司受托境外理财业务境外投资范围的通知》（以下简称《调整通知》）。《调整通知》拓宽了信托类QDII的投资范围，明确了信托类QDII可投资公募基金、股票等投资产品、结构性产品。此外，《调整通知》还明确了信托类QDII投资需遵循一定的投资比例要求与限制性条件：第一，在任何时点上，单个受托境外理财信托计划或产品中的股票等投资产品的资金余额不得超过该信托计划或产品所募集资金余额的50％；投资于单只股票等投资产品的资金余额不得超过该信托计划或产品所募集资金余额的5％。第二，在任何时点上，投资于任一国家或地区市场的股票等投资产品的资金余额不得超过该信托计划或产品所募集资金余额的20％。

③保险类QDII。

尽管业内所指的QDII包括证券经营机构、商业银行、信托公司、保险公司与社保基金，但与证券类QDII、银行类QDII和信托类QDII发行各种QDII产品吸收社会资金进行境外投资不同，保险类QDII的资金来源于保险资金。

2007年6月28日，中国保监会、中国人民银行、国家外汇管理局联合颁布《保险资金境外投资管理暂行办法》，其中规定：保险资金境外投资（以下简称保险类 QDII）系中国境内保险公司、保险集团公司等保险机构作为委托人将保险资金①委托给境内保险资产管理公司（境内受托人）与境外专业投资管理机构（境外受托人）进行境外投资。

2012 年 6 月，保险投资改革创新闭门讨论会召开，会上中国保监会推出了 13 项保险投资新政②（被称为保险资金新政"13 条"）征求意见。

2012 年 10 月 12 日，中国保监会正式发布《保险资金境外投资管理暂行办法实施细则》（以下简称《2012 年保险类 QDII 实施细则》），对保险资金境外投资的委托人、境内受托人、境外受托人的资格条件进行补充规定。

《2012 年保险类 QDII 实施细则》的另一个显著突破是对保险资金境外投资范围进行了细化与调整，例如，规定保险资金可投资不动产、境外股权投资基金等。

2020 年 11 月 12 日，中国银保监会发布《中国银保监会关于保险资金财务性股权投资有关事项的通知》，明确规定《2012 年保险类 QDII 实施细则》中关于保险资金直接股权投资行业范围的条款自该通知发布之日起停止执行。

12.2.2 RQDII 制度

RQDII（RMB Qualified Domestic Institutional Investors）系人民

---

① 包括委托人自有外汇资金、用人民币购买的外汇资金及上述资金境外投资形成的资产。
② 即《保险资产配置管理暂行办法（征求意见稿）》《保险资产托管管理暂行办法（征求意见稿）》《关于加强保险资金公平交易防范利益输送的通知（征求意见稿）》《保险资金投资债券暂行办法（征求意见稿）》《关于调整基础设施债权投资计划有关规定的通知（征求意见稿）》《关于保险资金投资股权和不动产有关问题的通知（征求意见稿）》《保险资金境外投资管理暂行办法实施细则（征求意见稿）》《关于拓宽保险资产管理范围的通知（征求意见稿）》《保险机构融资融券管理暂行办法（征求意见稿）》《保险资金参与金融衍生产品交易暂行办法（征求意见稿）》《保险资金参与股指期货交易监管规定（征求意见稿）》《保险资产管理产品暂行办法（征求意见稿）》《保险资金委托投资管理暂行办法（征求意见稿）》。

币合格境内机构投资者，是取得国务院金融监督管理机构许可并以人民币开展境外证券投资的境内金融机构。目前，RQDII由中国人民银行进行管理。我国于 2014 年 11 月 5 日发布《中国人民银行关于人民币合格境内机构投资者境外证券投资有关事项的通知》，2018 年 4 月 20 日发布《中国人民银行办公厅关于进一步明确人民币合格境内机构投资者境外证券投资管理有关事项的通知》，明确了人民币合格境内机构投资者开展境外证券投资活动的基本制度。

12.3　上海 QDLP 制度

2012 年 3 月 22 日，上海市人民政府办公厅颁发《关于本市开展合格境内有限合伙人试点工作若干意见的通知》，并于一个月后颁布其细则《关于本市开展合格境内有限合伙人试点工作的实施办法》，鼓励市场声誉良好、风控机制健全和投资业绩长期稳定的境外私募基金管理人依法设立海外投资基金管理企业，以私募方式向合格境内有限合伙人募集资金，发起设立海外投资基金企业，投资境外二级市场，这种制度被称为合格境内有限合伙人（QDLP）制度。

外商投资海外投资基金管理企业（以下简称 QDLP 基金管理人）是指在上海市依法由外国企业或个人等参与投资设立的，以发起设立海外投资基金企业，以及受托进行投资管理为主要经营业务的企业。

海外投资基金企业（以下简称 QDLP 基金）是指在上海市依法由合格境内有限合伙人参与投资设立的，以运用自有资金进行境外二级市场投资为主要经营业务的企业。

12.3.1　监管部门

依据 QDLP 相关规定，QDLP 的监管机构为上海市人民政府成立的合格境内有限合伙人试点工作联席会议（以下简称联席会议）。联席会议由市人民政府分管领导召集，成员单位包括市金融办、市商务委、市工商局、市发改委、市财政局、市地税局、市政府法制办、上海银保监局、上海证监局、国家外汇管理局上海市分局等。联席会议在国家有关部门的指导下，负责制定和落实各项政策措施，推进 QDLP 相关试点工作，协调解决试点过程中的有关问题。

其中，市金融办承担联席会议的日常工作，为牵头试点工作的业务部门，负责受理试点企业申请并组织评审，同时负责组织协调试点企业日常监管工作；市商务委负责公司制外商投资海外投资基金管理企业设立审批工作；市工商局负责海外投资基金企业和外商投资海外投资基金管理企业注册登记工作；国家外汇管理局上海市分局负责所涉外汇管理事宜；联席会议其他成员单位根据各自职责负责推进上海市合格境内有限合伙人相关试点工作。

12.3.2　QDLP 基金管理人

QDLP 基金管理人的控股投资者或该控股投资者的关联实体应具备下列条件：

①经营投资境外二级市场的私募投资基金投资管理业务，且有良好的投资业绩；

②在境外设立的相关实体须经所在国家或地区监管机构批准从事投资管理业务，具备当地监管机构颁发的许可证件（若适用）；

③有健全的治理结构和完善的内控制度，经营行为规范，最近五年未受到所在国家或地区监管机构的重大处罚，无重大事项正在接受司法部门、监管机构的立案调查。

QDLP 基金管理人的注册资本（或认缴出资）应不低于 200 万美元或等值货币，出资方式限于货币形式。注册资本（或认缴出资）应在营业执照签发之日起 3 个月内到位 20％或以上，余额在营业执照签发之日起 2 年内全部到位。

QDLP 基金管理人在申请设立时，其拟任法定代表人或执行事务合伙人（委派代表）应同时具备下列条件：

①在被投地区有超过 7 年的证券投资或相关经历；

②有 2 年（含 2 年）以上高级管理职务任职经历；

③在最近 5 年内无违规记录或尚在处理的经济纠纷诉讼案件，且个人信用记录良好。

QDLP 基金管理人在上海必须设有至少一名高级管理人员作为常驻人员，且每年至少在本市组织召开一次海外投资基金企业的合伙协议中规定的由高级管理层出席的全体投资者大会。

12.3.3 QDLP 基金

QDLP 基金的设立条件为：认缴出资金额应不低于 1 亿元人民币；对于合格境内有限合伙人，出资方式限于货币形式。以合伙制设立的海外投资基金企业合伙人人数应为 2 人以上 50 人以下，其中单个合格境内有限合伙人认缴出资额应不低于 500 万元人民币；以合伙制设立的 QDLP 基金，其执行事务合伙人应为 QDLP 基金管理人。

QDLP 基金的业务范围为：

①以自有资金进行国内资本境外二级市场投资业务；

②经审批或登记机关许可的其他相关业务。

QDLP 基金的境外投资范围为：

①QDLP 基金可以运用所募集的资金直接投资于境外二级市场或通过境外基金投资于境外二级市场。QDLP 基金管理人应严格按照投资管理协议或合伙协议进行投资，不得随意更改 QDLP 基金的投资策略。

②QDLP 基金不得以合格境外机构投资者（QFII）、外商直接投资以及合格境外有限合伙人（QFLP）等形式在中国境内进行投资。

12.3.4　QDLP 的现状

自 2013 年起，约有 50 家机构（包括英仕曼、美国橡树资本、瑞银全球资产管理等）已经获得了 QDLP 资格。

QDLP 的管理机构除了可以投资境外证券市场外，还可以在中国境内开展私募股权投资业务。如果 QDLP 的管理机构需要在中国境内开展私募股权投资业务，需要进行私募基金管理人登记。

根据上海市金融办 2020 年 12 月的消息，国家外汇管理局批准上海 QDLP 试点新增额度 50 亿美元（总额达到 100 亿美元），大力支持 QDLP 试点业务和外资资产管理行业的发展。

第十三章

境外基金的境内投资途径

现阶段，外国投资者进行境内投资主要通过以下两种法定途径：

第一种：外国投资者境内直接投资。境内直接投资是外国投资者在境内设立企业进行股权投资/并购或项目投资的主要渠道。

第二种：合格境外机构投资者（QFII）/人民币合格境外机构投资者（RQFII）制度。QFII/RQFII制度是现阶段境外机构投资者（中国境外基金管理机构、保险公司、证券公司以及其他资产管理机构）投资中国证券市场的主要渠道之一，该等境外机构投资者进行境内证券投资需取得中国证监会的资格审批。

本章我们将对境内直接投资与QFII/RQFII制度进行介绍。

13.1 境内直接投资

根据国家外汇管理局于2013年5月11日发布的《外国投资者境内直接投资外汇管理规定》，外国投资者境内直接投资（以下简称境内直接投资），是指外国投资者（包括境外机构和个人）通过新设、并购等方式在境内设立外商投资企业或项目（以下简称外商投资），并取得所有权、控制权、经营管理权等权益的行为。

13.1.1 行业准入

2017年6月28日，国家发改委、商务部共同发布《外商投资产业指导目录（2017年修订）》，首次提出了外商投资准入负面清单，将限制类、禁止类等项目加入外商投资准入负面清单，对于负面清单外的外商投资项目，采取备案制管理；对于负面清单内非禁止的外商投资项目，采用许可制管理。

随后，国家发改委、商务部陆续发布《外商投资准入特别管理措施（负面清单）（2018年版）》《外商投资准入特别管理措施（负面清单）（2019年版）》《外商投资准入特别管理措施（负面清单）（2020年版）》，并于2021年12月27日发布了最新的《外商投资准入特别管理措施（负面清单）（2021年版）》（以下简称《2021年外资准入负面清单》），进一步放宽了外资准入限制。根据《2021年外资准入负面清单》，境外投资者不得投资其中禁止外商投资的领域；投资其中的非禁止投资领域，须进行外资准入许可，并符合对股权、人员的相应要求。

另外，国家发改委、商务部也陆续发布了自贸区适用的《自由贸易试验区外商投资准入特别管理措施（负面清单）（2018年版）》《自由贸易试验区外商投资准入特别管理措施（负面清单）（2019年版）》《自由贸易试验区外商投资准入特别管理措施（负面清单）（2020年版）》，并于2021年12月27日发布了最新的《自由贸易试验区外商投资准入特别管理措施（负面清单）（2021年版）》（以下简称《2021年自贸区负面清单》），相较《2021年外资准入负面清单》，《2021年自贸区负面清单》在制造业没有任何外资限制，增值电信业务中信息服务业务（仅含应用商店）、互联网接入服务业务（为上网用户提供互联网接入服务）外资股比可突破50%，在社会调查、市场调查方面有所放宽，并允许外资开展非学制类职业技能培训、学制类职业教育机构业务。

2020年12月31日，国家发改委、商务部共同发布了《海南自由贸易港外商投资准入特别管理措施（负面清单）（2020年版）》（以下简称《2020 年海南负面清单》），类似地，该清单也统一列出了股权要求、高级管理人员要求等外商投资准入方面的特别管理措施，但该清单仅适用于海南岛全岛。相较《2021 年外资准入负面清单》和《2021 年自贸区负面清单》，《2020 年海南负面清单》进一步取消了采矿业外资限制，解除了对在线数据处理与交易处理业务的外资准入限制，对于服务设施及实体注册地在海南自由贸易港的外商投资企业，允许其面向自由贸易港全域和国际开展互联网数据中心、内容分发网络业务，允许境外律师事务所代表机构提供部分涉海南商事非诉法律事务（体现了对海南自由贸易港配套涉外法律服务的支持），取消了对于市场调查仅限于合资的外资准入限制，允许外商设立中方控股（持股比例不低于 67％）且法定代表人为中国国籍的从事社会调查的外商投资企业，允许境外理工农医类高水平大学、职业院校在海南自由贸易港独立办学。

13.1.2　外商投资信息报告制度

2016 年 9 月 3 日，十二届全国人大常委会第二十二次会议表决通过了相关决定，对包括《中华人民共和国外资企业法》在内的四部法律进行了修改，将不涉及国家规定实施准入特别管理措施（负面清单）的外商投资企业的设立和变更，由审批制改为备案管理。

根据《外商投资企业设立及变更备案管理暂行办法（2018 修正）》（已失效），对于外商投资企业的设立及变更，不涉及国家规定实施准入特别管理措施的，适用该办法。国务院商务主管部门负责统筹和指导全国范围内外商投资企业设立及变更的备案管理工作。各省、自治区、直辖市、计划单列市、新疆生产建设兵团、副省级城市的商务主管部门，以及自由贸易试验区、国家级经济技术开发区的相关机构是外商投资企业设立及变更的备案机构，负责本区域内外商投资企业设立及变更的备案管理工作。备案机构通过外商投资综合管理信息系统开展备案工作。

2019 年 3 月 15 日，第十三届全国人民代表大会第二次会议通过《中华人民共和国外商投资法》（以下简称《外商投资法》）。2019 年 12 月 12 日，国务院第 74 次常务会议通过《中华人民共和国外商投资法实施条例》（以下简称《外商投资法实施条例》）。《外商投资法》和《外商投资法实施条例》均自 2020 年 1 月 1 日起施行，二者的出台意味着原有的"三资企业法"（包括《中华人民共和国外资企业法》《中华人民共和国中外合作经营企业法》《中华人民共和国中外合资经营企业法》）正式退出历史舞台。《外商投资法》及其实施条例成为我国进一步扩大对外开放，促进外商投资，保护外商投资合法权益，规范外商投资管理的基础性法律法规。《外商投资法》及《外商投资法实施条例》建立了外商投资信息报告制度以取代原有的"审批＋备案"管理制度。根据《外商投资法》及其实施条例，外国投资者或者外商投资企业应当通过企业登记系统以及企业信用信息公示系统向商务主管部门报送投资信息。外商投资信息报告的内容和范围按照确有必要的原则确定；通过部门信息共享能够获得的投资信息，不得再行要求报送。外国投资者或者外商投资企业报送的投资信息应当真实、准确、完整。

为落实《外商投资法》及《外商投资法实施条例》的有关要求，2019 年 12 月 30 日，商务部、国家市场监督管理总局联合制定了《外商投资信息报告办法》，该办法自 2020 年 1 月 1 日起施行，对外商投资信息报告管理制度作出了细化规定。

根据《外商投资信息报告办法》，外国投资者直接或者间接在中国境内进行投资活动，应由外国投资者或者外商投资企业按照《外商投资信息报告办法》的规定通过提交初始报告、变更报告、注销报告、年度报告等方式向商务主管部门报送投资信息。商务部负责统筹和指

导全国范围内外商投资信息报告工作。县级以上地方人民政府商务主
管部门以及自由贸易试验区、国家级经济技术开发区的相关机构负责
本区域内外商投资信息报告工作。

13.1.3 发改部门核准/备案

根据《外商投资项目核准和备案管理办法》，外商投资项目管理分
为核准和备案两种方式。实行核准制的外商投资项目的核准权限、范
围按照国务院发布的《政府核准的投资项目目录（2016 年本）》执行。
前述核准项目范围以外的外商投资项目由地方政府投资主管部门（地
方发改部门）备案。

13.1.4 并购投资

本章所述外国投资者并购境内企业，系指外国投资者购买境内非
外商投资企业（"境内公司"）股东的股权或认购境内公司增资，使该
境内公司变更设立为外商投资企业（"股权并购"）；或者外国投资者设
立外商投资企业，并通过该企业协议购买境内企业资产且运营该资产；
或者外国投资者协议购买境内企业资产，并以该资产投资设立外商投
资企业运营该资产（"资产并购"）。

外国投资者并购境内企业所适用的法规主要为商务部于 2009 年 6
月 22 日修改后的《关于外国投资者并购境内企业的规定》。尽管《关
于外国投资者并购境内企业的规定》的出台时间较早，我国的外商投
资管理制度在此后经历了数次变革，但《外商投资法》及《外商投资
法实施条例》并未废止《关于外国投资者并购境内企业的规定》。

目前，《关于外国投资者并购境内企业的规定》中的部分规定在实
践中仍然对外国投资者并购境内企业这一交易模式产生着重大影响，

该等规定包括但不限于：

（1）境内公司、企业或自然人以其在境外合法设立或控制的公司名义并购与其有关联关系的境内的公司，应报商务部审批。

（2）外国投资者并购境内企业并取得实际控制权，涉及重点行业、存在影响或可能影响国家经济安全因素或者导致拥有驰名商标或中华老字号的境内企业实际控制权转移的，当事人应就此向商务部进行申报。

13.1.5　其他程序

依据相关法律法规，符合特定条件的外国投资者并购境内企业还可能触发经营者集中申报、并购安全审查等程序，视具体情形而定，本书将不赘述。

13.2　QFII/RQFII 制度

QFII 与 QFII 统称合格境外投资者，系指经中国证监会批准，使用来自境外的资金进行境内证券期货投资的境外机构投资者，包括境外基金管理公司、商业银行、保险公司、证券公司、期货公司、信托公司、政府投资机构、主权基金、养老基金、慈善基金、捐赠基金、国际组织等中国证监会认可的机构。

13.2.1　QFII 发展背景

外资进军中国证券市场可分为四个阶段：

第一阶段为 1996—2002 年。1996 年，境外证券经营机构就获允投资外资股［包括境内上市外资股（B 股）和境外上市外资股］，但不能投资于中国 A 股市场。

第二阶段为 2002—2006 年。为了履行加入 WTO 后开放证券市场的承诺,中国借鉴其他国家与地区 QFII 成功的先例,于 2002 年 11 月出台了《合格境外机构投资者境内证券投资管理暂行办法》(以下简称《QFII 暂行办法》),允许外国投资者投资 A 股,但前提是其需获得合格境外机构投资者资格(以下简称 QFII 资格)。《QFII 暂行办法》的问世意味着 QFII 制度初现雏形。

第三阶段为 2006—2020 年。《QFII 暂行办法》实施后 4 年,《合格境外机构投资者境内证券投资管理办法》(以下简称《QFII 管理办法》)出台,替代了《QFII 暂行办法》并成为 QFII 制度的主要监管规定。《QFII 管理办法》的配套规定《关于实施〈合格境外机构投资者境内证券投资管理办法〉有关问题的通知》(以下简称《2006 年通知》)随之颁布并不断调整、完善,QFII 制度走上正轨。2012 年,《关于实施〈合格境外机构投资者境内证券投资管理办法〉有关问题的规定》(以下简称《2012 年规定》)出台,监管部门进一步放松了对 QFII 的资质要求与投资限制,《2006 年通知》同时失效。2016 年 2月,《合格境外机构投资者境内证券投资外汇管理规定(2016)》出台,放宽了单家 QFII 机构的投资额度上限,将锁定期从 1 年缩短为 3 个月。2018 年 6 月 10 日,国家外汇管理局发布了《合格境外机构投资者境内证券投资外汇管理规定(2018)》,主要进行了以下修订:①取消了 QFII 每月资金汇出不超过上年末境内总资产 20%的限制;②取消了 QFII、RQFII 本金锁定期要求,将现存的 QFII 投资 3 个月锁定期、RQFII 非开放式基金投资 3 个月锁定期全部取消,规定 QFII、RQFII 可根据投资情况汇出本金;③允许 QFII、RQFII 对其境内投资进行外汇套保,以对冲其汇率风险。此外,为贯彻落实党中央、国务院关于推动形成全面开放新格局的重大决策部署,进一步扩大我国金融市场对外开放，经国务院批准，国家外汇管理局于 2019 年 9 月 10 日公开宣布，其决定取消 QFII 和 RQFII 投资额度限制。

第四阶段为 2020 年至今。2020 年 9 月 25 日，中国证监会、中国人民银行、国家外汇管理局联合发布了《合格境外机构投资者和人民币合格境外机构投资者境内证券期货投资管理办法》（以下简称《合格境外机构投资者办法》），中国证监会同时发布了与之配套的《关于实施〈合格境外机构投资者和人民币合格境外机构投资者境内证券期货投资管理办法〉有关问题的规定》（以下简称《合格境外机构投资者办法实施规定》），对原有的 QFII/RQFII 制度进行了重大的调整，包括但不限于：①将原来的 QFII、RQFII 两套制度合二为一，在《合格境外机构投资者办法》和《合格境外机构投资者办法实施规定》自 2020 年 11 月 1 日起施行的同时，废止了《QFII 管理办法》和《人民币合格境外机构投资者境内证券投资试点办法》；②扩大了 QFII、RQFII 的投资范围，允许 QFII、RQFII 投资全国中小企业股份转让系统挂牌证券、私募投资基金、金融期货、商品期货、期权等，允许 QFII、RQFII 参与债券回购、证券交易所融资融券、转融通证券出借交易等。

从 2003 年 5 月瑞士银行成为首家取得 QFII 资格的境外投资机构起至今，QFII 在我国已发展了将近 20 年。到 2012 年时，QFII 总投资额度上限仅从最初的 40 亿美元增加到 300 亿美元。2012 年后，QFII 总投资额度提升明显加快。2012 年 4 月，QFII 总投资额度从 300 亿美元增加到 800 亿美元。2013 年 7 月，中国证监会、中国人民银行和国家外汇管理局决定将 QFII 总投资额度增加到 1 500 亿美元。2019 年 1 月，经国务院批准，QFII 总额度由 1 500 亿美元增加至 3 000 亿美元。根据国家外汇管理局公开的数据，截至 2020 年 5 月 31 日，取得 QFII 资格的境外机构合计 295 家，累计批准额度为 1 165.59 亿元。此后该数据不再更新。

13.2.2 RQFII 发展背景

2011 年 12 月 13 日，在《内地与香港关于建立更紧密经贸关系的安排》补充协议八中，我国作出承诺，深化内地与香港金融服务及产品开发的合作，允许以人民币境外合格机构投资者方式投资境内证券市场。紧接着，内地 RQFII 试点于 2011 年 12 月 16 日启动，中国证监会、中国人民银行与国家外汇管理局联合发布了《基金管理公司、证券公司人民币合格境外机构投资者境内证券投资试点办法》，并出台了相关配套规定，允许境内基金管理公司、证券公司的香港子公司申请成为 RQFII 试点机构并运用在香港募集的人民币资金投资境内证券市场。RQFII 试点机构可投资在证券交易所挂牌交易的股票、债券、权证、证券投资基金和中国证监会、中国人民银行允许的其他金融工具。

依据 2013 年 3 月 1 日发布的《人民币合格境外机构投资者境内证券投资试点办法》及其实施规定，RQFII 主体不再局限于境内基金管理公司、证券公司的香港子公司，还包括境内商业银行、保险公司等机构的香港子公司或注册地及主要经营地在香港地区的金融机构；RQFII 可以投资股指期货。2014 年 3 月 19 日，上海证券交易所发布《上海证券交易所合格境外机构投资者和人民币合格境外机构投资者证券交易实施细则》。2014 年 4 月 25 日，深圳证券交易所发布《深圳证券交易所合格境外机构投资者和人民币合格境外机构投资者证券交易实施细则》。2016 年 8 月 30 日，中国人民银行、国家外汇管理局发布《关于人民币合格境外机构投资者境内证券投资管理有关问题的通知》，对人民币合格境外机构投资者境内证券投资的投资额度、资金账户、资金收付等事项的监督管理进行了较大变革，简化了配额申请流程，缩短了锁定期。

2018 年 6 月 11 日，中国人民银行、国家外汇管理局发布《关于人民币合格境外机构投资者境内证券投资管理有关问题的通知 (2018)》，取消了 RQFII 的 3 个月投资本金锁定期的限制，2016 年 8 月 30 日中国人民银行、国家外汇管理局发布的《关于人民币合格境外机构投资者境内证券投资管理有关问题的通知》同时废止。

2020 年 9 月 25 日发布的《合格境外机构投资者办法》及配套的《合格境外机构投资者办法实施规定》，对 QFII、RQFII 两套制度进行了统一，《人民币合格境外机构投资者境内证券投资试点办法》及其实施规定于 2020 年 11 月 1 日正式退出历史舞台。

根据国家外汇管理局的公开数据，截至 2020 年 5 月 31 日，取得 RQFII 资格的境外机构合计 230 家，累计批准额度为 7 229.92 亿元。

13.2.3 合格投资者资格申请

依据《合格境外机构投资者办法》及《合格境外机构投资者办法实施规定》，合格投资者资格由中国证监会审批。可申请合格投资者资格的主体包括境外基金管理公司、商业银行、保险公司、证券公司、期货公司、信托公司、政府投资机构、主权基金、养老基金、慈善基金、捐赠基金、国际组织等中国证监会认可的机构。

合格投资者资格的申请人应当具备以下条件：

(1) 财务稳健，资信良好，具备证券期货投资经验；

(2) 境内投资业务主要负责人员符合申请人所在境外国家或者地区有关从业资格的要求（如有）；

(3) 治理结构、内部控制和合规管理制度健全有效，按照规定指定督察员负责对申请人境内投资行为的合法合规性进行监督；

(4) 经营行为规范，近 3 年或者自成立以来未受到监管机构的重大处罚；

(5) 不存在对境内资本市场运行产生重大影响的情形。

13.2.4 合格投资者的投资范围

2002 年发布的《QFII 暂行办法》对于合格投资者的投资对象的规定较为保守，主要限定于股票以及固定收益产品（如国债、可转换债券和企业债券）。

2006 年，监管部门放宽了合格投资者的投资范围，除在证券交易所挂牌交易的股票和债券外，证券投资基金以及在证券交易所挂牌交易的权证亦可成为合格投资者的投资对象。同时，合格投资者还可以参与新股发行、可转换债券发行、股票增发和配股的申购。

《2012 年规定》进一步对合格投资者的境内证券投资进行了松绑，规定合格投资者还可以投资在银行间债券市场交易的固定收益产品与股指期货。

《合格境外机构投资者办法》及《合格境外机构投资者办法实施规定》再一次扩大了 QFII、RQFII 的投资范围，依据该等规定，合格投资者可投资于下列金融工具：

(1) 在证券交易所交易或转让的股票、存托凭证、债券、债券回购、资产支持证券；

(2) 在全国中小企业股份转让系统转让的股票等证券；

(3) 中国人民银行允许合格境外投资者投资的在银行间债券市场交易的产品以及债券类、利率类、外汇类衍生品；

(4) 公募证券投资基金；

(5) 在中国金融期货交易所上市交易的金融期货合约；

(6) 中国证监会批准设立的在期货交易场所上市交易的商品期货合约；

(7) 在国务院或中国证监会批准设立的交易场所上市交易的期权；

（8）国家外汇管理局允许合格境外投资者交易的基于套期保值目的的外汇衍生品；

（9）中国证监会允许的其他金融工具。

此外，《合格境外机构投资者办法》及《合格境外机构投资者办法实施规定》还规定：①合格境外投资者可以参与证券交易所和全国股转系统新股发行、债券发行、资产支持证券发行、股票增发和配股的申购，可以参与证券交易所融资融券、转融通证券出借交易；②合格境外投资者可以投资证券期货经营机构以及中国证券投资基金业协会登记的私募基金管理人依法设立的私募投资基金，但相关私募投资基金的最终投资范围应当符合上文第（1）~（9）项列出的投资范围；以及③合格境外投资者可以委托其控制或在同一控制下的境内私募基金管理人提供投资建议服务。

2020 年 10 月 30 日，《上海证券交易所证券交易规则适用指引第 1 号——合格境外机构投资者和人民币合格境外机构投资者》与《深圳证券交易所合格境外机构投资者和人民币合格境外机构投资者证券交易实施细则（2020 年修订）》出台，针对合格境外投资者可投资的上海证券交易所与深圳证券交易所（以下简称交易所）的证券品种进行了细化和明确，规定合格境外投资者可以投资于在交易所交易或者转让的以下证券品种：

（1）股票，包括普通股、优先股和交易所认可的其他股票；

（2）存托凭证；

（3）债券，包括国债、国债预发行、地方政府债、政府支持债券、公司债券、企业债券、可转换公司债券、分离交易可转换公司债券、可交换公司债券、政策性金融债、次级债和交易所认可的其他债券品种；

（4）资产支持证券；

（5）基金，包括各类交易型开放式指数基金（ETF）、封闭式基金、上市开放式基金（LOF）、货币市场基金和交易所认可的其他基金品种；

（6）股票期权；

（7）中国证监会允许的其他证券及其衍生品种。

此外，该等细则还进一步明确了，合格境外投资者可以参与新股发行、债券发行、资产支持证券发行、股票增发和配股的申购，可以参与融资融券交易、转融通证券出借交易以及债券回购交易。

13.3 QFLP 制度

如本书第七章第 7.3 节所介绍的，各地开展了合格境外有限合伙人（QFLP）试点，并以上海地区的 QFLP 试点制度为例进行了介绍，此处不再重复。

第十四章

基金投资项目的退出

14.1　主要退出途径

目前国内私募投资基金投资项目的主要退出途径包括转让退出、回购退出、清算退出等。转让退出是指私募投资基金通过转让被投项目公司股权实现退出，包括 IPO 之前通过私募市场转让退出和被投项目公司成功 IPO 后在锁定期结束后卖出所持股份退出。回购退出是指被投项目公司或其创始股东发生回购事件，私募投资基金通过行使回购权要求公司或者创始股东回购所持股份而退出。清算退出是指被投项目公司发生解散、清算后，分配剩余财产退出。

被投项目公司成功 IPO 后卖出股份退出，一直是国内私募投资基金从投资项目退出的最主要途径，下面介绍被投项目公司境内 IPO 及境外 IPO 相关问题。

14.2　境内 IPO 相关问题

14.2.1　新设科创板与北交所

随着习近平主席在 2018 年 11 月 5 日首届中国国际进口博览会开幕式上宣布在上交所设立科创板，酝酿多年的科创板设立工作进入快车道。2019年1月28日，证监会发布《关于在上海证券交易所设立科创板并试点注册制的实施意见》。2019年3月1日，证监会发布《科创板首次公开发行股票注册管理办法（试行）》和《科创板上市公司持续监管办法（试行）》。2019年3月3日，《上海证券交易所科创板股票发行上市审核问答》正式发布，科创板配套规则进一步明晰。2019年6月13日，科创板正式开板。截至2021年12月31日，科创板已注册生效企业398家，已成功上市企业达到386家，成为私募投资基金投资项目退出的一道靓丽风景线。

习近平主席于2021年9月2日在中国国际服务贸易交易会全球服务贸易峰会致辞中宣布设立北京证券交易所（以下简称北交所），再一次点燃了私募投资基金投资之火。9月3日，证监会起草形成了《北京证券交易所向不特定合格投资者公开发行股票注册管理办法（试行）》《北京证券交易所上市公司证券发行注册管理办法（试行）》《北京证券交易所上市公司持续监管办法（试行）》，同步修订了《证券交易所管理办法》，并配套修订了《非上市公众公司监督管理办法》《非上市公众公司信息披露管理办法》。10月30日，北交所发布《北京证券交易所股票上市规则（试行）》《北京证券交易所向不特定合格投资者公开发行股票并上市审核规则（试行）》《北京证券交易所上市公司证券发行上市审核规则（试行）》等4件基本业务规则与6件配套细则和指引。11月2日，北交所发布交易和会员管理2件基本业务规则及31件细则指引指南，初步建立了北交所的整体规则体系。11月15日北交所揭牌并开市，首批上市10家企业。

北交所主要针对"专精特新"中小创新型企业融资。在上市标准上，北交所比上海证券交易所的科创板和深圳证券交易所的创业板更具包容性，在投资者适当性管理上也做了匹配；并且在信息披露、减持、股权激励等方面的制度建设更适合中小企业。北交所已经在发行上市审核、发行与承销、交易机制、持续监管四大领域有超 20 项的主要制度规划；在融资工具、公司制架构、与新三板基础层和创新层的统筹协调及制度联动、特定对象发行、转板机制、涨跌幅机制、做市商等方面进行了制度创新。

14.2.2　注册制改革

与科创板一并推出的是 IPO 注册制试点。具体说来，上交所设立上市审核中心和上市委员会，对发行人的 IPO 申请进行审核，认为发行人符合发行条件、上市条件和信息披露要求的，将审核意见、发行上市申请文件及相关审核资料报送中国证监会履行注册程序；认为发行人不符合发行条件、上市条件或者信息披露要求的，作出终止发行上市审核的决定。

借鉴科创板运行良好的成功经验，证监会开始推动创业板注册制改革，于 2020 年 6 月 12 日发布了《创业板首次公开发行股票注册管理办法（试行）》等相关制度规则，深圳证券交易所、中国证券登记结算有限责任公司、中国证券业协会等也同时发布了相关配套规则，创业板注册制改革正式落地。

随着注册制的推出和交易所审核流程全公开，整个 IPO 的过程透明可控，被投项目 IPO 的时间也由原来核准制下的 1 年以上缩短为 3～9 个月，为私募投资基金的投资项目退出提供了可预期的渠道。

2021 年 12 月，中央经济工作会议要求抓好要素市场化配置综合改革试点，全面实行股票发行注册制。2022 年 1 月 6 日，证监会主席易会满表示，注册制试点已经达到了预期目标，全面实行注册制的条件已逐步具备。证监会正抓紧制定全市场注册制改革方案，确保这项重大改革平稳落地。这说明，我国资本市场全面实行注册制已进入倒计时。这项政策措施对于中国境内所有企业尤其是中小微企业无疑是一项重大利好，对于私募投资基金的投资项目退出也是一项重大利好。

14.2.3 私募投资基金减持优惠

为了进一步鼓励大众创业、万众创新，鼓励私募投资基金投资早期、小型、高新技术企业，证监会推出了私募投资基金所投资企业上市后，私募投资基金根据其投资时间长短确定其减持股份窗口期的反向挂钩制度。2020年3月6日，证监会修订并发布了《上市公司创业投资基金股东减持股份的特别规定（2020年修订）》（以下简称《特别规定（2020年修订）》），上海证券交易所、深圳证券交易所同步修订了《上海证券交易所上市公司创业投资基金股东减持股份实施细则（2020年修订）》和《深圳证券交易所上市公司创业投资基金股东减持股份实施细则（2020年修订）》（统称《特别规定实施细则（2020年修订）》），上述规定均于2020年3月31日正式实施。

根据《特别规定（2020年修订）》及《特别规定实施细则（2020年修订）》，在基金业协会备案的创业投资基金和股权投资基金，其所投资的符合条件的企业上市后，通过证券交易所集中竞价交易减持其持有的发行人首次公开发行前发行的股份，适用下列比例限制：

①截至发行人首次公开发行上市日，投资期限不满36个月的，在3个月内减持股份的总数不得超过公司股份总数的1%；

②截至发行人首次公开发行上市日，投资期限在36个月以上但不满48个月的，在2个月内减持股份的总数不得超过公司股份总数的1%；

③截至发行人首次公开发行上市日，投资期限在48个月以上但不满60个月的，在1个月内减持股份的总数不得超过公司股份总数

的 1％；

④截至发行人首次公开发行上市日，投资期限在 60 个月以上的，减持股份总数不再受比例限制。

创业投资基金和股权投资基金在其所投资的符合条件的企业上市后，通过大宗交易方式减持其持有的首次公开发行前股份的，适用下列比例限制：

①截至首次公开发行上市日，投资期限不满 36 个月的，在任意连续 90 日内减持股份的总数不得超过公司股份总数的 2％；

②截至首次公开发行上市日，投资期限在 36 个月以上但不满 48 个月的，在任意连续 60 日内减持股份的总数不得超过公司股份总数的 2％；

③截至首次公开发行上市日，投资期限在 48 个月以上但不满 60 个月的，在任意连续 30 日内减持股份的总数不得超过公司股份总数的 2％；

④截至首次公开发行上市日，投资期限在 60 个月以上的，减持股份总数不受比例限制。

投资期限自创业投资基金投资该首次公开发行企业金额累计达到 300 万元之日或者投资金额累计达到该首次公开发行企业总投资额 50％之日开始计算。

符合条件的企业是指满足下列情形之一的企业：

①首次接受投资时，企业成立不满 60 个月；

②首次接受投资时，企业职工人数不超过 500 人，根据会计师事务所审计的年度合并会计报表，年销售额不超过 2 亿元，资产总额不超过 2 亿元；

③截至发行申请材料受理日，企业依据《高新技术企业认定管理办法》已取得高新技术企业证书。

14.3 境外 IPO 相关问题

14.3.1 联交所改革

香港联合交易所（以下简称"联交所"）灵活透明的注册制，一直是境内公司境外 IPO 的主要上市地之一。而其自 2018 年开启的上市制度改革，亦为私募投资基金所投企业上市退出带来了重大利好。

2018 年 4 月 30 日，联交所推出上市制度改革，在上市规则中新增了三个章节，首次允许无收入的生物科技公司及采用不同投票权架构的新经济公司来港上市，这在当时被称为"25 年来之最大变革"。此后，联交所吸引了越来越多的境内科技公司赴港上市。

根据联交所披露的数据，自新规推出以来，截至 2021 年 3 月 31 日，共有 146 家新经济公司于香港上市，总融资额达 6 822 亿港元，占香港新股融资额的 61%。

之后联交所继续锐意改革，在 2021 年 12 月 17 日正式引入 SPA-C① 上市机制（于 2022 年 1 月 1 日生效），容许经验丰富且信誉良好的 SPAC 发起人物色新兴和创新产业公司作为并购目标，扶植一些富有潜力的企业新星茁壮成长、迈向成功。联交所新的改革将进一步提高联交所上市活跃度，巩固其在亚洲甚至全球资本市场的领先地位，也更有利于私募投资基金被投项目公司的上市退出。

---

① SPAC 全称为 Special Purpose Acquisition Company，直译为"特殊目的并购公司"，顾名思义就是 Sponsor（发起人，通常为投资机构）为了收购而提前制造的上市"现金壳"公司，是美国资本市场一种特有的上市公司形式。区别于传统的 IPO 上市或是借壳上市，其创新之处在于先行造壳、募集资金，然后再进行并购，最终使并购对象成为上市公司。其本质特点可以归纳为先有上市公司，再有业务。

14.3.2　中美关系存在不确定性

美国上任总统特朗普自 2018 年开始推行中美全面"脱钩"政策，现任总统拜登延续了特朗普的对华政策，中美关系存在不确定性，表现在资本市场领域就是美国资本市场似乎逐渐对中国企业关上了大门，具体表现有：（1）限制中国企业在美投资及与美国企业合作。2018 年 8 月 13 日，特朗普签署了美国《外国投资风险审查现代化法案》（FIRRMA）；2020 年 1 月，美国财政部进一步扩大了外国投资委员会（CFIUS）的审查权限，显著收紧了对外国企业在美投资的审查。该法案的主要内容包括：一是管辖范围由之前主要审查可能导致外国人控制美国企业的交易，扩大到了对来自"特别关注"国家和涉及关键技术、关键基础设施以及美国公民个人敏感信息的美国企业的"非控制权"投资。二是增加了对美国特定地区房地产投资的管辖权。三是延长了审查时间，提高了对送审材料的要求，显著提升了相关交易成本。四是设立了豁免国和豁免投资者制度。从 2022 年 2 月开始，一国要申请成为"审查豁免国"，必须具备管控外国投资安全风险的可靠程序，并在相关政策上与美国保持一致。① （2）以不符合审计标准等名义，禁止美国企业投资中国特定企业。2020 年 5 月，美国国会抓住瑞幸咖啡涉嫌虚假交易的机会，根据《外国公司问责法案》，禁止三年内未遵守美国审计规则的公司在美国证券交易所上市。2020 年 6 月，美国国防部公布第一批"中国涉军企业"清单，华为、中国移动等 20 家中国企业上榜。2020 年 11 月，特朗普签署行政令，自 2021 年 1 月 11 日起，禁止美国任何实体投资被认定是中国涉军企业公开发行的证券及

---

① 陈宝明，张凡．美国外国投资委员会审查制度改革及其影响．全球科技经济瞭望，2020（4）：2.

其衍生金融产品，且要求美国投资者在 2021 年 11 月 11 日前，完全抛售掉所涉企业的金融产品（该禁止购买涉军中国企业的禁令被拜登政府延期至 2021 年 6 月 11 日执行）。2020 年 12 月，美国财政部宣布，禁止美国实体投资的中国企业，除上述企业清单外，还包括这些中国企业的子公司，并禁止持有这些企业发行的证券基金。2021 年 1 月，箩筐技术、小米等另外九家中国企业被加入该清单目录中。2021 年初，纽约证券交易所几经反复，最终于 1 月 11 日启动对中国移动、中国电信和中国联通三大电信运营商的退市程序。2021 年 1 月，标普道琼斯指数发表声明，将从其指数数据库中剔除包括中国核电有限公司、中国船舶工业股份有限公司等在内的五家中国企业。（3）针对中国企业要求披露更多信息。当地时间 2021 年 12 月 2 日，美国证监会（SEC）宣布通过了《外国公司问责法案》的实施规则，监管政策即将进入实质性执行阶段。这份实施规则要求在美上市的外国公司向 SEC 提交文件，证明该公司不归外国政府拥有或掌控，并要求这些企业遵守美国上市公司会计监督委员会（PCAOB）的审计标准。此外，还要求外国发行人在其年度报告中为自己及其任何合并的外国经营实体提供某些额外的披露信息。该实施规则称，如果外国上市公司连续三年未能提交美国上市公司会计监督委员会所要求的报告，那么允许 SEC 将其从交易所摘牌。另外，SEC 不断就投资中国公司的风险发出警告，特别是关于使用 VIE（Variable Interest Entity，可变利益实体）架构的中国公司，其要求发行人在招股书显著位置披露：①投资者购买的不是一家中国运营公司的股票，而是一家与相关运营公司保持服务协议的空壳公司发行人的股票；②详细的财务信息，包括量化指标，以便投资者了解中国运营公司与发行人之间的财务关系。此外，还要求 SEC 对在中国开展重大业务的公司的申请进行有针对性的额外审查。

诚然，在资本市场高度全球化的今天，各方开诚布公就加强跨境监管合作、保护投资者合法权益等议题加强对话与合作，才是解决问题的正道。美国的上述"脱钩"行为，遭到了中国外交部的强烈反对，客观上也显著提升了中美两国间投资的风险，迫使许多中国拟上市公司，例如 Keep、喜马拉雅、零氪科技等暂停赴美上市计划并重新选择上市地点；一些在美上市的中国公司开启在港二次上市计划，例如阿里巴巴、百度、京东、哔哩哔哩等大型互联网企业已完成在港二次上市；部分上市公司甚至主动退出美国证券市场，例如中国移动、中国电信和中国联通三大电信运营商已完成退市。

当然，在现代国际关系中，"没有永恒的朋友，也没有永恒的敌人"，中美关系的不确定性同时也不断受新的国际时局的影响，但至少目前这种不确定性使中国企业对赴美上市不再趋之如骛，也将在一定程度上影响私募投资基金被投项目以在美国上市的方式退出。

14.3.3 国家安全审查

随着国际局势和中美关系的变化，中国政府对于中国企业赴国外上市带来的国家安全隐患愈加重视，也拟加强与网络安全、数据安全相关的国家安全审查。

我国早在 2016 年 11 月发布的《中华人民共和国网络安全法》第三十五条中就已规定：关键信息基础设施运营者采购网络产品和服务，可能影响国家安全的，应当通过国家网信部门会同国务院有关部门组织的国家安全审查。2022 年 1 月 4 日，国家互联网信息办公室等部门联合修订并发布了《网络安全审查办法》，也对该要求进行了进一步细化，其中明确规定：掌握超过 100 万用户个人信息的网络平台运营者赴国外上市必须向网络安全审查办公室申报网络安全审查。

2021 年 11 月 14 日，国家互联网信息办公室发布《网络数据安全管理条例（征求意见稿）》，其中第十三条规定，处理 100 万人以上个人信息的数据处理者赴国外上市的，数据处理者赴香港上市，影响或者可能影响国家安全的，应按照国家有关规定申报网络安全审查。第七十三条规定，数据处理活动是指数据收集、存储、使用、加工、传输、提供、公开、删除等活动。这包括了数据完整生命周期的所有活动，鉴于该征求意见稿所列明的数据处理活动范围宽泛，且并未限定于特定行业企业，可能导致很多新经济公司需要适用该等规定。然而，由于《网络数据安全管理条例》尚未正式颁布，有关履行网络安全审查义务的具体操作还有待进一步确定。

此外，国家安全审查体系中还包括了 2020 年 12 月发改委和商务部颁布的《外商投资安全审查办法》，其中明确规定了外资安全审查的范围、程序等。我国在促进和保护外商投资各项合法权益的同时，将精准审查影响或者可能影响国家安全的外商投资，有效预防和化解国家安全风险。外资安全审查的范围较广，包括：外商投资军工、军工配套等关系国防安全的领域，以及在军事设施和军工设施周边地域投资；投资关系国家安全的重要农产品、重要能源和资源、重大装备制造、重要基础设施、重要运输服务、重要文化产品与服务、重要信息技术和互联网产品与服务、重要金融服务、关键技术以及其他重要领域，并取得所投资企业的实际控制权。因此，在代表外资并购基金投资可能涉及国内上述相关行业时（无论交易发生在境内还是境外），我们都帮助客户关注外资安全审查，并结合我们的经验、行业实践和市场案例进行判断，如需申报，则会在正式商谈之前与外商投资安全审查工作机制办公室进行必要的沟通和探讨。

14.3.4 境外上市备案新规

2021 年 12 月 24 日，证监会发布《国务院关于境内企业境外发行证券和上市的管理规定（草案征求意见稿）》和《境内企业境外发行证券和上市备案管理办法（征求意见稿）》，向社会公开征求意见。这两份征求意见稿合称为境外上市备案新规，重构了现行的境外上市监管规则体系，如其按照征求意见的主体内容生效，将给境内企业到境外上市带来划时代的影响。

境外上市备案新规要求，境内企业直接和间接到境外上市统一实施备案管理，并且明确了IPO时备案的适用范围、主体、程序以及IPO后重大事项报告等制度；另外，还提出了建立境内企业境外上市监管协调机制，做好境外上市备案管理与安全审查等机制的衔接，完善跨境证券监管合作安排，建立备案信息通报等机制。

境外上市备案新规生效后，将进一步便利境内企业直接到境外上市，现有的H股审核制度将被备案制度替代，这将促使2021年已然爆发的H股上市市场更加火爆。而对于原有红筹架构下的拟上市公司，原不受监管的模式变更为备案模式，虽然增加了合规和发行的成本，但是等于被纳入了国家的监管体系，有利于企业未来的长远发展。

附件一

私募投资基金法律和规范汇编

一、综合规则

1.《中华人民共和国证券投资基金法》

2.《私募投资基金监督管理暂行办法》

3.《证监会关于〈私募投资基金监督管理暂行办法〉相关规定的解释》

4.《私募投资基金管理暂行条例（征求意见稿）》

5.《中国人民银行、中国银行保险监督管理委员会、中国证券监督管理委员会、国家外汇管理局关于规范金融机构资产管理业务的指导意见》

6.《关于加强私募投资基金监管的若干规定》

二、登记备案

1.《私募投资基金管理人登记和基金备案办法（试行）》

2.《关于进一步规范私募基金管理人登记若干事项的公告》

3.《私募基金管理人登记法律意见书指引》

4.《基金业协会负责人就发布〈关于进一步规范私募基金管理人登记若干事项的公告〉答记者问》

5.《基金业协会负责人就落实〈关于进一步规范私募基金管理人登记若干事项的公告〉相关问题答记者问》

6.《私募基金登记备案相关规则要点汇总》

7.《私募基金登记备案相关问题解答（一）（已废止）》

8.《私募基金登记备案相关问题解答（二）（已废止）》

9.《私募基金登记备案相关问题解答（三）（已废止）》

10.《私募基金登记备案相关问题解答（四）》

11.《私募基金登记备案相关问题解答（五）（已废止）》

12.《私募基金登记备案相关问题解答（六）》

13.《私募基金登记备案相关问题解答（七）（已废止）》

14.《私募基金登记备案相关问题解答（八）》

15.《关于进一步规范私募基金管理人登记若干事项的公告》政策解读

16.《关于直投基金备案相关事项的通知（已失效）》

17.《私募基金登记备案相关问题解答（九）》

18.《私募基金登记备案常见问题解答》

19.《私募基金登记备案相关问题解答（十）》

20.《私募基金登记备案相关问题解答（十一）》

21.《证券期货经营机构私募资产管理计划备案管理规范第 1 号——备案核查与自律管理》

22.《证券期货经营机构私募资产管理计划备案管理规范第 2 号——委托第三方机构提供投资建议服务》

23.《证券期货经营机构私募资产管理计划备案管理规范第 3 号——结构化资产管理计划》

24.《私募基金登记备案相关问题解答（十二）》

25.《外商独资和合资私募证券投资基金管理人登记备案填报说明》

26.《关于发布〈证券期货经营机构私募资产管理计划备案管理规范第 4 号〉的通知》

26-1 《证券期货经营机构私募资产管理计划备案管理规范第 4 号——私募资产管理计划投资房地产开发企业、项目》

26-2 《〈证券期货经营机构私募资产管理计划备案管理规范第 4 号〉起草说明》

27.《私募基金登记备案相关问题解答（十三）》

28.《私募基金登记备案相关问题解答（十四）》

29.《私募基金管理人登记须知》

30.《私募投资基金备案须知》

31.《有关私募投资基金"业务类型/基金类型"和"产品类型"的说明》

32.《关于进一步加强私募基金行业自律管理的决定》

33.《关于便利申请办理私募基金管理人登记相关事宜的通知》

33-1 《私募基金管理人登记申请材料清单（非证券类）》

33-2 《私募基金管理人登记申请材料清单（证券类）》

33-3 《私募基金备案材料清单（非证券类）》

33-4 《私募基金备案材料清单（证券类）》

33-5 《私募基金备案材料清单（重大事项变更和清算）》

34.《关于私募基金管理人在异常经营情形下提交专项法律意见书的公告》

35.《私募投资基金命名指引》

36.《关于进一步支持私募基金服务实体经济的若干备案便利措施》

37.《关于加强经营异常机构自律管理相关事项的通知》

37-1 《私募基金管理人财务信息鉴证意见函（模板）》

37-2　《托管人关于超过 12 个月持续无在管私募基金的私募基金管理人相关尽职调查审核要点》

38.《关于疫情期间优化私募基金登记备案相关服务的问答》

39.《关于私募基金管理人登记备案工作相关事宜的通知》

40.《关于发布私募基金备案案例公示的通知》

41.《关于发布私募基金管理人登记案例公示的通知》

42.《中国证券投资基金业协会章程》

43.《中国证券投资基金业协会会员管理办法》

三、募集、转让

1.《私募投资基金募集行为管理办法》

1-1　《私募投资基金投资者风险问卷调查内容与格式指引（个人版）》

1-2　《私募投资基金风险揭示书内容与格式指引》

2.《证券期货投资者适当性管理办法》

3.《基金募集机构投资者适当性管理实施指引（试行）》

4.《私募投资基金合同指引 1 号（契约型私募基金合同内容与格式指引）》

5.《私募投资基金合同指引 2 号（公司章程必备条款指引）》

6.《私募投资基金合同指引 3 号（合伙协议必备条款指引）》

7.《私募股权投资基金项目股权转让业务指引（试行）》

8.《私募投资基金募集与转让业务指引（试行）》

四、基金管理

1.《私募投资基金管理人内部控制指引》

2.《关于建立"失联（异常）"私募机构公示制度的通知》

3.《私募投资基金服务业务管理办法（试行）》

4.《基金中基金估值业务指引（试行）》

5.《证券投资基金投资流通受限股票估值指引（试行）》

6.《私募投资基金非上市股权投资估值指引（试行）》

7.《证券期货经营机构私募资产管理业务运作管理暂行规定》

五、信息披露

1.《私募投资基金信息披露管理办法》

2.《私募投资基金信息披露内容与格式指引1号——适用于私募证券投资基金》

3.《私募投资基金信息披露内容与格式指引2号——适用于私募股权（含创业）投资基金》

4.《私募证券投资基金管理人会员信用信息报告工作规则（试行）》

5.《关于加强私募基金信息披露自律管理相关事项的通知》

6.《关于加强私募基金信息报送自律管理与优化行业服务的通知》

六、从业人员

1.《基金从业资格考试管理办法（试行）》

2.《基金从业人员执业行为自律准则》

3.《关于发布〈基金从业人员管理规则〉及配套规则的公告》

4.《基金从业人员管理规则》

附件二

私募投资基金合伙协议模板

私募投资基金管理人之声明与承诺

本机构作为私募基金管理人，特此保证在合伙企业募集资金前本单位已在中国证券投资基金业协会登记为私募基金管理人，登记编号：【 】。本私募基金管理人在此向投资者进一步声明，中国证券投资基金业协会为私募基金管理人和私募基金办理登记备案不构成对私募基金管理人投资能力、持续合规情况的认可；不作为对基金财产安全的保证。本私募基金管理人保证已在签订本协议前揭示了相关风险；已经了解私募基金投资者的风险偏好、风险认知能力和承受能力。本私募基金管理人承诺按照恪尽职守、诚实信用、谨慎勤勉的原则管理运用基金财产，不对基金活动的盈利性和最低收益作出承诺。

私募基金管理人：【××基金管理公司】（盖章）

日期：2022 年____月____日

私募投资基金投资者之声明与承诺

　　本人/本机构作为私募投资基金投资者，特此声明本人/本机构为符合《私募投资基金监督管理暂行办法》规定的合格投资者，保证本人/本机构财产的来源及用途符合国家有关规定，并且本人/本机构已充分理解本协议条款，了解相关权利义务，了解有关法律法规及所投资基金的风险收益特征，愿意承担相应的投资风险；本人/本机构承诺本人/本机构向私募基金管理人提供的有关投资目的、投资偏好、投资限制、财产收入情况和风险承受能力等基本情况真实、完整、准确、合法，不存在任何重大遗漏或误导。

　　本人/本机构签署本合伙协议即代表本人/本机构作出上述声明与承诺。

目　录

第 1 条　定义和说明 ··· 01

1.1　定义 ··· 01

1.2　说明 ··· 09

第 2 条　合伙企业 ··· 09

2.1　设立 ··· 09

2.2　名称 ··· 10

2.3　主要经营场所 ··· 10

2.4　合伙目的 ··· 11

2.5　经营范围 ··· 11

2.6　期限 ··· 11

第 3 条　合伙人出资 ··· 12

3.1　合伙人的出资 ··· 12

3.2　出资方式 ··· 13

3.3　缴付出资 ··· 13

3.4　出资违约 ··· 15

第 4 条　普通合伙人和有限合伙人 ··································· 19

4.1　合伙人 ··· 19

4.2　普通合伙人 ··· 19

4.3　普通合伙人的无限责任 ····································· 19

4.4　责任的限制 ··· 19

4.5　普通合伙人的财产权利 ····································· 20

4.6 利益冲突和关联交易 ……………………………… 20

4.7 有限合伙人 ……………………………………… 22

4.8 有限合伙人的权利 …………………………… 22

4.9 有限合伙人的有限责任 ……………………… 22

4.10 不得执行合伙企业事务 …………………… 23

4.11 有限合伙人的声明和保证 ………………… 24

4.12 咨询委员会 ………………………………… 27

4.13 有限合伙人的违约责任 …………………… 28

4.14 身份转换 ……………………………………… 29

第5条 合伙事务执行和执行事务合伙人 ………… 29

5.1 合伙事务执行 ………………………………… 29

5.2 执行事务合伙人及其委派代表 ……………… 29

5.3 执行事务合伙人的权力 ……………………… 29

5.4 执行事务合伙人的责任 ……………………… 32

5.5 免责与补偿 …………………………………… 33

5.6 关键人士 ……………………………………… 34

5.7 执行事务合伙人声明 ………………………… 35

第6条 合伙人会议 ………………………………… 35

6.1 年度会议和临时会议 ………………………… 35

6.2 会议召集和召开 ……………………………… 36

第7条 委托管理和管理人 ………………………… 37

7.1 委托管理 ……………………………………… 37

7.2 管理人职责 …………………………………… 37

第8条 托管和托管人、募集结算资金专用账户 …… 38

8.1 托管和托管人 ………………………………… 38

8.2 募集结算资金专用账户 ……………………… 39

第 9 条　入伙、后续募集和合伙权益转让 ·················· 39

　　9.1　入伙 ··· 39

　　9.2　后续募集 ··· 39

　　9.3　有限合伙人权益转让 ······························· 42

　　9.4　普通合伙人权益转让 ······························· 44

第 10 条　除名、减少出资、退伙、继承和强制执行 ·········· 44

　　10.1　普通合伙人除名 ·································· 44

　　10.2　有限合伙人除名 ·································· 46

　　10.3　有限合伙人减少出资、退伙 ······················ 47

　　10.4　普通合伙人退伙 ·································· 49

　　10.5　继承 ··· 50

　　10.6　强制执行 ··· 51

　　10.7　工商变更登记 ···································· 51

第 11 条　投资业务 ··· 52

　　11.1　投资范围及方式 ·································· 52

　　11.2　投资管理 ··· 52

　　11.3　投资限制 ··· 53

　　11.4　过桥融资 ··· 53

　　11.5　闲置现金管理 ···································· 54

　　11.6　举债及担保 ······································ 54

　　11.7　平行投资载体 ···································· 54

　　11.8　联接投资载体 ···································· 55

　　11.9　共同投资 ··· 56

　　11.10　替代投资工具 ··································· 56

　　11.11　前期项目 ·· 57

　　11.12　投资排除 ·· 58

11.13　循环投资 ·· 59

第12条　收益分配与亏损分担 ································ 59

　12.1　资本账户··· 59

　12.2　收益分配与亏损分担 ··· 60

　12.3　非现金资产分配 ·· 63

　12.4　所得税 ·· 64

第13条　费用和支出 ··· 64

　13.1　合伙企业费用··· 64

　13.2　管理费 ·· 66

第14条　会计及信息披露 ·· 68

　14.1　记账··· 68

　14.2　会计年度·· 68

　14.3　审计··· 68

　14.4　信息披露·· 68

　14.5　查阅会计账簿 ··· 70

　14.6　保密信息·· 70

第15条　解散和清算 ··· 70

　15.1　解散··· 70

　15.2　清算··· 71

　15.3　清算清偿顺序 ··· 72

第16条　投资冷静期与协议解除权及其行使效力 ········· 73

　16.1　投资冷静期与协议解除权···································· 73

　16.2　行使协议解除权的效力 ······································ 74

第17条　适用法律和争议解决 ·································· 74

　17.1　适用法律·· 74

　17.2　争议解决·· 74

第 18 条　其他 ·· 75
　　18.1　通知 ··· 75
　　18.2　不可抗力 ··································· 76
　　18.3　全部协议 ··································· 76
　　18.4　协议修订 ··································· 77
　　18.5　可分割性 ··································· 78
　　18.6　保密 ··· 78
　　18.7　签署文本 ··································· 79
　　18.8　协议的生效、终止及效力 ············· 80
　　18.9　遵守反洗钱规定 ························· 80
　附件：合伙人名录 ······························· 82

有限合伙协议

本《【　】有限合伙协议》（"本协议"）由以下各方根据《合伙企业法》及其他适用法律和规范，于 2022 年【　】月【　】日共同签署：

（1）【普通合伙人名称】作为普通合伙人；

（2）本协议*附件*所列的有限合伙人。

第 1 条　定义和说明

1.1　定义

在本协议中，除非上下文另有说明，否则下列术语分别具有本条所指含义：

1.1.1　被投企业　指合伙企业按照本协议的规定直接或间接对其进行投资，并持有其股权、财产份额或其他类型的所有者权益及/或相关权益的法人或非法人实体（包括但不限于公司、合伙企业）。

1.1.2　保密信息　如本协议第 18.6.1 条定义。

1.1.3　保留分配额　如本协议第 3.4.3 条（4）定义。

1.1.4　本协议　指本《【　】合伙协议》及其经适当程序通过的修正案或其被修改后的版本。

1.1.5　不可抗力　如本协议第 18.2.1 条定义。

1.1.6　出资违约合伙人　如本协议第 3.4.1 条定义。

1.1.7　出资违约金　如本协议第 3.4.3 条（1）定义。

1.1.8　存续期限　指合伙企业在主管企业注册登记机关登记的合

— 01 —

伙企业的存续期间，在合伙企业公示的工商信息中以"合伙期限"字样载明。

1.1.9　付款到期日　如本协议第3.3.1条定义。

1.1.10　附属协议　如本协议第18.3条定义。

1.1.11　工作日　指中国法定节假日及公休日以外的日期。

1.1.12　管理费　作为管理人向合伙企业提供投资咨询、投资管理和其他服务的对价，而由合伙企业向管理人及/或其指定方支付的报酬。

1.1.13　管理人　指为合伙企业提供投资咨询及投资管理服务的实体。管理人可以为执行事务合伙人（包括替任执行事务合伙人）或普通合伙人指定的其他实体。如管理人为执行事务合伙人之外的实体，合伙企业、执行事务合伙人将与其签署《委托管理协议》。如管理人由执行事务合伙人担任，则本协议中所称管理人即同时指代执行事务合伙人。

1.1.14　管理团队　指普通合伙人、管理人或其关联方所聘用的负责具体管理合伙企业的人员。

1.1.15　关联方　就特定人士而言，指直接或间接控制该人士、被该人士控制或与该人士共同被控制的人士。为本定义之目的，"控制"（包括用于"控制的""被控制的""共同被控制的"等术语时）指，一方支配另一方主要商业行为或个人活动的权力，这种权力的形成可以是基于股权、投票权以及其他通常认为有支配力或重大影响力的关系。尽管有上述定义，但合伙企业、后续基金、联接投资载体、平行投资载体、共同投资载体及各自的被投企业，不应仅因接受了合伙企业、后续基金、联接投资载体、平行投资载体、共同投资载体的投资而被视为合伙企业、普通合伙人或管理人的关联方。此外，关键人士及普通合伙人、管理人或其关联方的管理层董事、高级管理人员仅在其作为管理层董事或雇员为普通合伙人、管理人或其关联方服务期间被视作普通合伙人和管理人的关联方。

1.1.16　关联关系　指关联方之间的关系。

1.1.17　关联交易　指关联方之间的交易。

1.1.18　关键人士　指【　】，以及根据本协议第5.6.4条产生的任何替任人士。

1.1.19　关键人士事件　如本协议第5.6.1条定义。

1.1.20　过桥融资　如本协议第11.4条定义。

1.1.21　合伙企业　指本协议各方根据《合伙企业法》及其他适用法律和规范以及本协议约定共同设立的【　】（暂定名，以企业注册登记机关最终核准登记的名称为准）。

1.1.22　合伙企业费用　指根据本协议第13.1条的约定，应由合伙企业直接或间接承担的所有费用。

1.1.23　《合伙企业法》　指《中华人民共和国合伙企业法》，由中华人民共和国第十届全国人民代表大会常务委员会第二十三次会议于2006年8月27日修订通过，自2007年6月1日起施行。

1.1.24　合伙企业解散日　指合伙企业的营业执照注销之日。

1.1.25　合伙权益　指合伙人按照《合伙企业法》及其他适用法律和规范的规定、本协议的约定而在合伙企业中享有的权益。就有限合伙人而言，是指基于其对合伙企业的认缴出资额及/或实缴出资额而在合伙企业中享有的财产份额，包括根据本协议的约定获得利润分配、清算财产分配的权益；就普通合伙人而言，除基于普通合伙人的认缴出资额及/或实缴出资额所享有的财产份额外，还包括其因对合伙事务的执行、管理而根据本协议的约定取得绩效收益的权益。

1.1.26　合伙企业设立日　如本协议第2.1.3条定义。

1.1.27　合伙人　如无特殊说明，包括普通合伙人和有限合伙人。

1.1.28 后续基金 如本协议第 4.6.3 条定义。

1.1.29 后续交割日 如本协议第 9.2.2 条定义。

1.1.30 后续募集合伙人 如本协议第 9.2.1 条定义。

1.1.31 后续募集出资额 如本协议第 9.2.1 条定义。

1.1.32 后续投资 指合伙企业根据本协议的约定，（ⅰ）对其已经投资并持有权益的被投企业所进行的新的投资；或（ⅱ）与其已经投资并持有权益的被投企业的业务相关联或互为补充的企业的投资，并且该企业与被投企业处于或将处于共同控制之下。

1.1.33 绩效收益 如本协议第 12.2.3 条定义。

1.1.34 交割日 指合伙企业首次募集和每一次后续募集完成的日期，根据上下文指首次交割日和/或后续交割日。

1.1.35 缴付出资通知 如本协议第 3.3.1 条定义。

1.1.36 境内 指中国境内。

1.1.37 境外 指中国境内以外的国家和地区。

1.1.38 经营期限 如本协议第 2.6.2 条定义。

1.1.39 开办费 指为筹建和设立合伙企业，普通合伙人、管理人及与合伙企业相关的其他实体开展合伙企业的募集活动而实际发生的各项费用和成本，包括但不限于政府审批、登记、备案费用，差旅费，法律、税务、财务或其他专业机构的咨询服务费用以及募资中介费用、顾问费用、承销费用等。

1.1.40 可分配收入 如本协议第 12.2.1 条定义。

1.1.41 快速退出项目 如本协议第 11.13 条定义。

1.1.42 共同投资 如本协议第 11.9.1 条定义。

1.1.43 共同投资载体 如本协议第 11.9.2 条定义。

1.1.44 联接投资载体 如本协议第 11.8.1 条定义。

1.1.45 冷静期 如本协议第 16.1.1 条（1）定义。

1.1.46　临时投资　指执行事务合伙人或管理人通过银行活期存款、国债、中央银行票据、货币市场基金或其他符合法律、法规规定的安全方式对合伙企业账面现金余额所进行的现金管理。

1.1.47　临时投资收入　如本协议第12.2.1条（2）定义。

1.1.48　拟议受让方　如本协议第9.3.2条（2）定义。

1.1.49　赔偿金　如本协议第3.4.3条（2）定义。

1.1.50　普通合伙人　指【普通合伙人名称】，以及按照本协议相关条款约定继任的本合伙企业之普通合伙人。

1.1.51　普通合伙人除名日　如本协议第10.1.2条定义。

1.1.52　其他违约合伙人　如本协议第4.13条定义。

1.1.53　其他现金收入　如本协议第12.2.1条（4）定义。

1.1.54　平行投资载体　如本协议第11.7.1条定义。

1.1.55　欠缴出资额　如本协议第3.4.3条（4）定义。

1.1.56　认缴出资额　指由某一合伙人根据本协议的约定向合伙企业承诺缴付并由执行事务合伙人决定接受的现金出资额度，每一合伙人的认缴出资均在*附件*中列明。

1.1.57　认缴出资余额　指某一合伙人在某个时点已经认缴但尚未实缴出资的认缴出资额。

1.1.58　认缴出资总额　指本协议*附件*所列的各合伙人根据本协议的约定向合伙企业承诺缴付的现金出资额度之总和。

1.1.59　人、人士　指任何自然人、合伙企业、公司、其他法人或非法人组织或实体。

1.1.60　生效日　如本协议第18.8.1条定义。

1.1.61　实缴出资额　指截至某个时点，某一合伙人就其认缴出资额根据本协议的约定实际向合伙企业缴付的出资。为免疑义，实缴出资额不包括合伙人根据本协议规定支付的任何出资违约金、赔偿金或延期补偿金等。

1.1.62　实缴出资总额　指截至某个时点，所有合伙人根据本协议的约定实际向合伙企业缴付的实缴出资额之和。

1.1.63　适用法律和规范　指适用于合伙企业且现行有效的法律、法规、规章、条例及其他规范性文件，包括但不限于《中华人民共和国证券投资基金法》《合伙企业法》《中华人民共和国民法典》《中华人民共和国合伙企业登记管理办法》《私募投资基金监督管理暂行办法》和中国证券投资基金业协会的行业自律规范性文件（如《私募投资基金管理人登记和基金备案办法（试行）》《私募投资基金信息披露管理办法》《私募投资基金募集行为管理办法》）等。

1.1.64　首次交割日　如本协议第 2.6.1 条定义。

1.1.65　首期出资　如本协议第 3.3.2（1）条定义。

1.1.66　守约合伙人　指不存在违反本协议约定情形的合伙人。

1.1.67　受偿人士　如本协议第 5.5.1 条定义。

1.1.68　私募基金备案　如本协议第 2.1.2 条定义。

1.1.69　特殊有限合伙人　指经普通合伙人认定为"特殊有限合伙人"的有限合伙人。普通合伙人认定其为特殊有限合伙人的前提是经普通合伙人善意判断，该有限合伙人（ⅰ）系普通合伙人、管理人、关键人士、管理团队或其各自的关联方或前述各方的雇员；（ⅱ）系为前述任何人士设立的具有员工福利计划、期权计划、奖励计划、投资计划等类似性质的投资载体；或者（ⅲ）由前述一个或多个人士控制的投资载体。合伙企业的特殊有限合伙人将在*附件*中标识。

1.1.70　替代投资工具　如本协议第 11.10.1 条定义。

1.1.71　投资成本　指就任一投资项目而言，由合伙企业用以作为投资本金投入该投资项目及用以承担该投资项目的成本、费用及支出的金额，包括但不限于对该投资项目的评估、收购、持有和处置的费用以及相关中介（如律师、会计师、行业顾问等）费用中未由被投企业承担的部分。

1.1.72　投资成本分摊比例　指对任一合伙人就任一投资项目而言，投资时该合伙人所支付的用于承担该投资项目投资成本的实缴出资占全体合伙人所支付的用于承担该投资项目投资成本的实缴出资之和的比例。任一合伙人就任一投资项目的投资成本分摊比例将不时由执行事务合伙人根据下列因素进行调整以反映各合伙人参与该投资项目的情况：（ⅰ）根据本协议第3.4条追究违约合伙人的违约责任后对各合伙人资本账户的调整；（ⅱ）根据本协议第9.2条进行后续募集后对各合伙人资本账户的调整；（ⅲ）根据各合伙人转让合伙权益、退伙、减资或其他有关合伙权益的变动而对各合伙人的资本账户的调整。

1.1.73　投资决策委员会　指根据本协议第11.2.2条的约定设置的投资决策机构。

1.1.74　投资排除　如本协议第11.12.1条定义。

1.1.75　投资期　如本协议第2.6.3条定义。

1.1.76　投资项目　指合伙企业根据本协议的约定对被投企业所进行的投资。

1.1.77　投资运营收入　如本协议第12.2.1条（2）定义。

1.1.78　投资者　指符合适用法律和规范规定的合伙企业的募集对象，其接收合伙企业的募集推介文件，当有效签署本协议后可作为有限合伙人加入合伙企业。

1.1.79　托管机构　如本协议第8.1条定义。

1.1.80　未使用出资额　如本协议第12.2.1条（3）定义。

1.1.81　违约合伙人　如本协议第4.13条定义。

1.1.82　前期项目　如本协议第11.11条定义。

1.1.83　先前合伙人　指对于任何后续募集合伙人而言，在其之前加入合伙企业的合伙人（以其届时已经认缴的出资额为限，包括增加认缴出资额的现有有限合伙人）。

1.1.84　协议解除权　如本协议第 16.1.1 条（1）定义。

1.1.85　延期补偿金　如本协议第 9.2.3 条定义。

1.1.86　优先回报　如本协议第 12.2.3 条（2）定义。

1.1.87　有限合伙人　指作为有限合伙人认缴合伙企业出资并由执行事务合伙人决定接纳进合伙企业的人士，以及通过受让等其他方式取得合伙权益而作为有限合伙人加入合伙企业的人士。本协议签署时的有限合伙人在本协议*附件*中列明。

1.1.88　有效申请　如本协议第 9.3.2 条定义。

1.1.89　中国　指中华人民共和国，且为本协议之目的不包括香港特别行政区、澳门特别行政区和台湾地区。

1.1.90　主基金参与额　指联接投资载体的每个出资人对联接投资载体的认缴出资额中扣除其分担的联接投资载体自身应承担的费用（如有）后的部分将通过联接投资载体间接投资于合伙企业，该部分认缴出资额为该联接投资载体出资人的"主基金参与额"。

1.1.91　准股权投资　指基于执行事务合伙人独立判断，为合伙企业股权投资之目的，在适用法律和规范允许的范围内，合伙企业向被投资或拟被投企业或其关联方直接或间接提供的过桥融资、预付款、意向金、定金、可转债等形式的投资。

1.1.92　执行事务合伙人　根据《合伙企业法》第二十六条的规定及本协议的约定，受托执行合伙事务的合伙人。

1.1.93　执行事务合伙人委派代表　指执行事务合伙人根据《合伙企业法》第二十六条的规定，向合伙企业委派的代表。

1.1.94　转让方　如本协议第 9.3.2 条定义。

1.1.95　资本账户　如本协议第 12.1 条定义。

1.1.96　资本账户余额　指对某一合伙人而言，在相关时点上按照本协议第 12.1 条调整确认的该合伙人资本账户的金额。

1.1.97　咨询委员会　如本协议第 4.12.1 条定义。

1.1.98　最后交割日　如本协议第 9.2.2 条定义。

1.1.99　重大不利影响　指（ⅰ）严重违反适用法律和规范，极可能对被投企业或其关联方或合伙企业、任何平行投资载体、普通合伙人、管理人或其各自关联方或任何合伙人或其关联方产生财务、税务、运营等方面的实质性的不利影响；（ⅱ）极可能使得被投企业或其关联方或合伙企业、任何平行投资载体、普通合伙人、管理人或其各自关联方或任何合伙人或其关联方受限于原本对其不适用的实质性监管要求，或导致适用于前述实体的监管要求实质性增强。

1.2　说明

1.2.1　本协议各部分的标题仅为索引方便而设，标题不应对本协议及其条款进行任何形式的定义、限制或扩大范围。

1.2.2　本协议中称"以上"或"以下"均包含本数，称"超过"则不包含本数。

1.2.3　本协议中称"持有合伙权益之特定比例（如 50％）的有限合伙人"指在任一时点其认缴出资之和占合伙企业全体合伙人的认缴出资之和为该等特定比例（如 50％）的有限合伙人。

第 2 条　合伙企业

2.1　设立

2.1.1　各合伙人同意根据《合伙企业法》及其他适用法律和规范与本协议约定的条款和条件，共同在中国设立一家有限合伙企业。

2.1.2　各合伙人同意并承诺，为合伙企业依照适用法律和规范在企业登记机关登记注册或变更登记/备案，或依照适用法律和规范办理合伙企业作为私募投资基金应履行的备案（"私募基金备案"）之目的，经执行事务合伙人要求，将签署所需的全部文件，提供所需的全部文件和信息，协助履行所需的全部程序。

2.1.3 合伙企业的营业执照首次签发之日为合伙企业设立日，如营业执照注明了成立日期的，以该日期为准（"合伙企业设立日"）。

2.2 名称

2.2.1 合伙企业的名称为【 】（暂定名，以企业注册登记机关最终核准登记的名称为准）。

2.2.2 根据合伙企业的经营需要，执行事务合伙人可独立决定变更合伙企业的名称，各合伙人应协助配合办理相应的变更登记手续。

2.2.3 "【 】"的商号或标识的所有权属于执行事务合伙人、管理人或其关联方，受限于本协议的规定，合伙企业可在该等商号所有权人的授权范围内使用该等商号。如（ⅰ）合伙企业终止，或（ⅱ）执行事务合伙人根据本协议的约定被除名或退伙，或（ⅲ）执行事务合伙人根据本协议的约定转让其在合伙企业中的全部合伙权益，则除非经该等商号的所有权人的事先书面同意，合伙企业对该等商号的使用权立即自动终止，变更后的合伙企业对该等商号不再享有使用权或任何其他利益。各其他合伙人不因参与合伙企业而对该等商号或标识拥有任何使用权或其他权益。

2.3 主要经营场所

2.3.1 合伙企业的主要经营场所为【 】。

2.3.2 根据合伙企业的经营需要，执行事务合伙人可决定变更合伙企业的主要经营场所；各合伙人应协助配合办理相应的变更登记手续。

2.4　合伙目的

合伙企业的目的是通过直接或间接的股权投资等投资行为或从事与投资相关的活动，实现合伙企业的资本增值，为合伙人创造满意的投资回报。

2.5　经营范围

合伙企业的经营范围为【股权投资、投资管理】（以企业登记机关最终核准登记的经营范围为准）。

2.6　期限

2.6.1　合伙企业首次交割的日期（"首次交割日"）为合伙企业设立后由执行事务合伙人独立指定的首批投资人被接纳成为合伙企业的有限合伙人的日期（以执行事务合伙人向首批有限合伙人发出的首次缴付出资通知中所列明的付款到期日或执行事务合伙人另行合理决定并通知首批有限合伙人的日期为准）。

2.6.2　合伙企业的经营期限为【七（7）】年，自首次交割日起算（"经营期限"，如合伙企业的存续期限与此不一致的，执行事务合伙人可以在适当的时候独立决定变更存续期限使其与经营期限保持一致）。尽管有前述规定，但为实现合伙企业投资项目的有序清算，执行事务合伙人可自主决定延长合伙企业的经营期限【一（1）】年；此后，经执行事务合伙人提出并经咨询委员会同意，执行事务合伙人可再决定延长。合伙企业从全部投资项目退出后，执行事务合伙人有权根据合伙企业的投资运营情况自主决定提前解散合伙企业，各有限合伙人应给予积极配合，完成提前解散相应程序。在合伙企业的经营期限按照本条规定进行延长或者提前终止的情况下，全体合伙人应当协助配合办理相应的变更登记手续。

2.6.3　除非根据本协议规定延长或提前终止，否则合伙企业首次

— 11 —

交割日起的前【五（5）】年为合伙企业的"投资期"。经执行事务合伙人提议并经咨询委员会批准，可延长合伙企业的投资期（为免疑义，投资期延长不导致经营期限延长）。投资期届满至合伙企业的经营期限（包含延长期）届满的期间为"退出期"。

2.6.4　在投资期届满后，除为下列用途，否则执行事务合伙人不应再向任何合伙人发出缴付出资通知，要求其向合伙企业缴付其认缴的出资额（为免疑义，每一有限合伙人的实缴出资额以其认缴出资额为限）：

（1）用于承担合伙企业费用以及合伙企业的债务和义务（包括但不限于管理费）；

（2）对在投资期结束前已经批准的投资项目进行出资，或用于投资期结束时已进行中的合伙企业的潜在投资交易（即根据投资期结束前已签署的投资协议、投资意向书、谅解备忘录、投资关键条款等的约定需要在投资期结束后继续投资的投资交易）；

（3）对经咨询委员会同意的投资项目进行投资；

（4）对现有被投企业进行后续投资；以及

（5）本协议中明确规定允许的其他用途。

第 3 条　合伙人出资

3.1　合伙人的出资

3.1.1　合伙企业的目标认缴出资总额为人民币【　】亿元（￥【　】00 000 000.00），由全体合伙人和/或后续募集合伙人认缴和实际缴纳，并可以根据本协议的约定通过一次或多次交割进行募集。执行事务合伙人有权自主决定增加或减少合伙企业的目标认缴出资总额。合伙企业实际的认缴出资总额以及每一合伙人的认缴出资额均在*附件*中列明。

— 12 —

3.1.2 有限合伙人的最低认缴出资额为人民币【 】，但在不违反适用法律和规范要求的前提下，执行事务合伙人可自主决定促使合伙企业接受更低的有限合伙人认缴出资额。

3.1.3 普通合伙人及特殊有限合伙人合计认缴合伙企业的出资额（包括普通合伙人或其关联方作为联接投资载体及替代投资工具之普通合伙人对联接投资载体及替代投资工具的认缴出资额）在本合伙企业经营期限内的任何时点均应不低于全体合伙人认缴出资总额的【百分之一（1%）】。尽管有前述规定，但如果合伙企业根据本协议的约定进行后续募集，则届时普通合伙人及/或特殊有限合伙人有权决定是否增加其认缴出资额。

3.2 出资方式

除非本协议另有约定或执行事务合伙人另行同意，所有合伙人之出资方式均为人民币现金出资。

3.3 缴付出资

3.3.1 执行事务合伙人将根据合伙企业进行项目投资、支付合伙企业费用或履行其他支付义务等资金需求计划随时向各有限合伙人发出缴付出资通知（"缴付出资通知"），缴付出资通知应列明该有限合伙人该期应缴付出资的金额和缴款的期限（"付款到期日"）等信息。除非执行事务合伙人与相关有限合伙人另有约定，执行事务合伙人一般应提前【十五（15）】日向有限合伙人发出缴付出资通知。

3.3.2 除非执行事务合伙人与有限合伙人另有约定，各有限合伙人原则上应按照如下进度缴付出资：

（1）首次交割日当日或之前，各有限合伙人应按照执行事务合伙人发出的缴款通知要求分别缴付其认缴出资额的【百分之四十（40%）】作为首期出资（"首期出资"）；

（2）首期出资的【百分之七十五（75%）】已被实质使用后，各有限合伙人应按照执行事务合伙人发出的缴款通知要求分别缴付其认缴出资额的【百分之三十（30%）】作为第二期出资；

（3）前两期出资的【百分之七十五（75%）】已被实质使用后，各有限合伙人应按照执行事务合伙人发出的缴款通知要求分别缴付其认缴出资额的【百分之三十（30%）】作为第三期出资。

每一有限合伙人应当按照执行事务合伙人发出的缴付出资通知的规定于付款到期日当日或之前将当期应实际缴付的出资额按时足额缴付至缴付出资通知指定的银行账户。为免疑义，本协议第13.2.1条及其他相关条款约定的管理费支付并不会因认缴出资额的分期缴纳受到任何影响。

3.3.3　除非执行事务合伙人与有限合伙人另有约定，否则首期出资后的后续出资应由合伙人按照如下比例分别缴付：

（1）为项目投资而要求缴付的，应由所有合伙人根据投资成本分摊比例缴付，为后续投资而要求缴付的，应由已参与该项目投资的合伙人根据其各自在该项目投资中的投资成本分摊比例缴付；

（2）为合伙企业支付管理费而要求缴付的，应由合伙人根据其认缴出资额按比例缴付；为合伙企业支付管理费以外的其他合伙企业费用而要求缴付的，如该等合伙企业费用与项目投资直接相关，应由参与该项目投资的合伙人根据其在该项目投资中的投资成本分摊比例缴付；如该等合伙企业费用与项目投资不直接相关，应由所有合伙人根据其认缴出资额按比例缴付。

3.3.4　合伙人缴付首期出资后，从有利于合伙企业的角度考虑，执行事务合伙人可决定缩小合伙企业规模，停止接受部分或全部后续出资。在此种情况下，执行事务合伙人应将缩小合伙企业规模的情况书面通知有限合伙人，有限合伙人应当配合完成相关手续。合伙企业规模的缩小原则上应按照所有合伙人的认缴出资比例进行。

3.3.5　经任一有限合伙人事先书面同意并切实可行，执行事务合伙人可将本协议约定的该有限合伙人应获得的可分配收入直接抵作该有限合伙人对合伙企业的后续出资。执行事务合伙人应在进行上述操作前书面通知该有限合伙人，该有限合伙人应于收到书面通知后［五（5）］个工作日内书面回复是否同意，如该有限合伙人未在上述期限内回复意见，视为该有限合伙人不同意按此操作。该有限合伙人同意按此执行的书面通知送达之日，相关的税后可分配收入应被视为已作为后续出资缴付至合伙企业。

3.3.6　如执行事务合伙人为潜在投资而要求合伙人缴付出资，但相关投资于付款到期日后最终未实际进行，执行事务合伙人有权在可行的情况下尽快将全部或多余的出资按照各合伙人就该投资的投资成本分摊比例返还给各合伙人。如发生返还，就合伙人的资本账户而言，按照前述规定实际返还的出资不视为合伙企业的分配，且合伙人之前为此而进行的出资不视为合伙人实缴出资，该部分仍视为未实缴出资，执行事务合伙人仍有权要求合伙人缴付。

3.3.7　普通合伙人原则上应当与有限合伙人按照同等进度缴纳出资。

3.4　出资违约

3.4.1　对于未能根据本协议的约定按时、足额缴付出资额的有限合伙人，执行事务合伙人有权将其认定为出资违约合伙人（"出资违约合伙人"），出资违约合伙人按照本协议第3.4条的规定承担相应的违约责任。尽管有前述约定，但执行事务合伙人可视情况减免某一出资违约合伙人的违约责任。

3.4.2　首期出资违约。对于首期出资违约的出资违约合伙人，执行事务合伙人可视同该等有限合伙人从未入伙，将该等有限合伙人的认缴出资从合伙企业的认缴出资总额中减去，或减少该有限合伙人的认缴出资额，并依此办理相应的工商登记手续。或者，执行事务合伙人可自主决定在合伙企业办理工商登记手续前给予该等有限合伙人一定的付款宽限期，但除非执行事务合伙人另行减免，否则该等有限合伙人应就其逾期缴付的首期出资比照本协议第 3.4.3 条（1）和（2）的规定计算并向合伙企业支付出资违约金和赔偿金。

3.4.3　出资违约。对于首期出资违约之外的出资违约合伙人，执行事务合伙人有权独立决定采取如下一项或多项措施要求该出资违约合伙人承担违约责任（在采取相关措施前执行事务合伙人有权向其发出催缴通知书，并给予其一定期限的宽限期）：

（1）出资违约金。自该等后续出资付款到期日次日起至该等出资违约合伙人实际缴付该等后续出资之日，就该等逾期缴付的金额应按照每日【万分之五（0.05％）】的比例向合伙企业支付逾期出资违约金（"出资违约金"）。

（2）赔偿金。在出资违约合伙人向合伙企业支付出资违约金未能弥补出资违约合伙人的出资违约行为给合伙企业和/或其他合伙人造成的全部损失的情况下，要求就该等损失向合伙企业和/或其他合伙人进行赔偿（"赔偿金"）。该等应予以赔偿的损失包括但不限于：合伙企业因该等出资违约行为未能按期履行投资义务、支付费用和/或偿还债务而对第三方承担赔偿责任所受到的损失，及合伙企业因向出资违约合伙人追索出资违约金、赔偿金或因此举借债务等而发生的法律服务费、利息支出及其他费用。

（3）减资。减少其全部或部分尚未实缴的认缴出资额，但并不因此免除出资违约合伙人的上述违约及赔偿责任。且除非执行事务合伙人另行同意，该出资违约合伙人在先前投资项目中已经分摊的投资成本不进行调整，出资违约合伙人仅以其剩余可用实缴出资（如有）参

— 16 —

与后续投资项目的成本分摊。但执行事务合伙人仍有权要求出资违约合伙人按照原认缴出资额分摊合伙企业费用。

（4）保留分配额。在收益分配时，全部或部分保留应分配给该等出资违约合伙人的金额（"保留分配额"）用以抵扣该等出资违约合伙人欠缴的认缴出资额（"欠缴出资额"）及其应支付的出资违约金或赔偿金。在该等出资违约合伙人退伙或合伙企业终止时，如保留分配额在支付完该等出资违约合伙人的欠缴出资额和应支付的出资违约金及赔偿金后，仍有余额，则可返还给该等有限合伙人。

（5）无投票权。出资违约合伙人无权参与有限合伙人在本协议或其他有关适用法律和规范下有权作出的任何表决、同意或决定（根据《合伙企业法》及其他适用法律和规范必须由所有合伙人一致同意的事项，则应当视为授权执行事务合伙人代表其行使表决权），代表该等有限合伙人的咨询委员会成员（如有）应自动去职。

（6）转让未实缴的认缴出资额。要求该等有限合伙人以零对价将其全部或部分未实缴的认缴出资额转让给其他有限合伙人或新的有限合伙人。

（7）转让合伙权益。要求该等有限合伙人向执行事务合伙人指定的第三方转让其全部或部分合伙权益。除非该等出资违约合伙人和受让方之间另有规定，转让价格为以下两者中的孰低者（部分转让的情况下则按比例计算）：（ⅰ）该等出资违约合伙人总实缴出资额的【百分之八十（80％）】，或（ⅱ）该等出资违约合伙人资本账户余额的【百分之八十（80％）】。转让时，执行事务合伙人有权要求受让方将受让方应付给该等出资违约合伙人的部分转让价款直接付给合伙企业，以抵扣该等出资违约合伙人应当承担的因其违约而产生的费用、赔偿金和违约金。转让完成后出资违约合伙人即退伙，不再为合伙企业合伙人。

(8) 强制退伙。执行事务合伙人还可以强制该等有限合伙人退伙，退伙时合伙企业应向该等出资违约合伙人返还的财产份额为以下两者中的孰低者或经执行事务合伙人同意的更高金额（并扣除其应当承担的因违约而产生的费用、赔偿金和违约金后，在合伙企业有可用现金时支付给该出资违约合伙人）：（ⅰ）该等出资违约合伙人实缴出资额的【百分之八十（80％）】，或（ⅱ）该等出资违约合伙人资本账户余额的【百分之八十（80％）】。该等出资违约合伙人已经支付或分摊的费用不予返还。如果执行事务合伙人决定强制出资违约合伙人退伙，但因任何原因导致退伙无法操作，则各方均同意在此情形下，在合伙企业向出资违约合伙人返还前述财产份额后，该等出资违约合伙人在合伙企业中的后续分配比例减至零。

3.4.4 尽管有第 3.4.3 条约定，如出资违约合伙人已支付欠缴出资额（如有）并承担相应的违约责任，则经执行事务合伙人确认并同意，可以重新视其为守约合伙人。

3.4.5 为免疑义，出资违约合伙人按照上述第 3.4.2 条和第 3.4.3 条的规定向合伙企业支付的出资违约金、赔偿金（如有）以及其被扣减的资本账户余额和应得分配额，应由合伙企业代收后先抵扣该出资违约合伙人应当承担的因其违约而产生的全部费用、赔偿金和违约金等，仍有余额的，在守约合伙人之间根据其届时对合伙企业的实缴出资额按比例分配，而不应视为该等出资违约合伙人的实缴出资额。

3.4.6 执行事务合伙人除可选择并采取本协议第 3.4.2 条和第 3.4.3 条规定的措施外，还可直接启动仲裁程序向出资违约合伙人进行追索或与出资违约合伙人达成其他和解方案。

3.4.7 就任一有限合伙人的出资违约而导致其未能根据本协议约定按时向合伙企业支付的欠缴出资额，执行事务合伙人可以：（ⅰ）根

— 18 —

据违约行为具体情形发出或修改缴付出资通知，要求守约合伙人根据其投资成本分摊比例增加各自的实缴出资（但以其各自的认缴出资余额和欠缴出资额两者中孰低者为限）；及/或（ⅱ）如欠缴出资额原计划用于投资项目，则向守约合伙人及/或第三人提供针对该投资项目的以该等逾期缴付金额为限的共同投资机会。

第 4 条　普通合伙人和有限合伙人

4.1　合伙人

4.1.1　合伙企业的合伙人由普通合伙人和有限合伙人组成。

4.1.2　执行事务合伙人应在其经营场所置备合伙人名录，登记各合伙人姓名或名称、住所、出资方式、认缴出资额、认缴出资比例、缴付期限等信息及执行事务合伙人认为必要的其他信息。合伙人名录如本协议*附件*所列。执行事务合伙人应根据有限合伙人及其出资情况的变化及时更新本协议*附件*，并及时向企业登记机关办理变更登记。

4.2　普通合伙人

合伙企业接纳【壹（1）】名普通合伙人，具体信息如本协议*附件*所列。

4.3　普通合伙人的无限责任

普通合伙人对于合伙企业的债务承担无限连带责任。

4.4　责任的限制

4.4.1　普通合伙人及其关联方不应被要求向任何有限合伙人返还该有限合伙人已实际向合伙企业缴纳的出资额，亦不对有限合伙人的投资收益保底，所有投资返还及回报均应源自合伙企业自有的可分配收入或其他可用于分配的资产。

4.4.2 普通合伙人、管理人及其管理人员不应对因其作为或不作为所导致的合伙企业的损失负责，除非该等损失由普通合伙人、管理人或其管理人员的故意或重大过失造成。

4.5 普通合伙人的财产权利

普通合伙人对于其认缴和实缴出资额，享有与有限合伙人相同的财产权利以及按照本协议第 12.2.4 条的约定取得收益的权利。

4.6 利益冲突和关联交易

4.6.1 全体合伙人在此同意并认可，尽管合伙企业和普通合伙人、管理人以及他们的股东、合伙人、董事、高级管理人员及关联方之间的交易会在公平、合理的基础上进行，但在业务运营中仍可能与合伙企业的利益产生实际或潜在的冲突。普通合伙人、管理人将善意公正地管理、解决这些利益冲突，并经其决定而将有关的利益冲突提交给咨询委员会批准。合伙企业、普通合伙人和管理人在上述前提下从事的投资管理活动不应被视为从事与合伙企业相竞争的业务或被视为对本协议有任何违反。

4.6.2 所有合伙企业与普通合伙人、管理人、关键人士或其关联方、有限合伙人，或者与上述主体有其他重大利害关系的主体的拟议交易事项应当首先提交给投资决策委员会审议批准。经投资决策委员会批准的该等关联交易，如符合以下情形之一，则在获得投资决策委员会批准后，执行事务合伙人还应召集咨询委员会会议对相关项目投资进行审议，经咨询委员会批准后方可投资。各咨询委员会委员应当在收到普通合伙人的通知后【三（3）】个工作日内按照通知参与会议对该等交易事项进行审议或回复书面意见。

（1）合伙企业对普通合伙人、管理人、关键人士或其关联方、有限合伙人，或者与上述主体有其他重大利害关系的主体受让其持有的被投资企业的权益的，但合伙企业拟投资金额不超过人民币【叁仟万元（￥30 000 000）】且合伙企业并非该等项目投资的唯一投资方或领投方的情况除外；

（2）合伙企业对普通合伙人、管理人、关键人士或其关联方、有限合伙人，或者与上述主体有其他重大利害关系的主体内部孵化的或已投资企业进行投资的，但合伙企业拟投资金额不超过人民币【叁仟万元（￥30 000 000）】且合伙企业并非该等项目投资的唯一投资方或领投方的情况除外；

（3）合伙企业直接或间接向普通合伙人、管理人、关键人士或其关联方、有限合伙人，或者与上述主体有其他重大利害关系的主体转让其持有的被投资企业的权益的，但该等交易金额不超过人民币【叁仟万元（￥30 000 000）】且普通合伙人、管理人、关键人士或其关联方、有限合伙人，或者与上述主体有其他重大利害关系的主体并非该等项目投资的唯一投资方或领投方的情况除外。

4.6.3　除非经咨询委员会事先同意，在最后交割日后，普通合伙人、特殊有限合伙人、关键人士和上述人士之关联方只有在下述两者中较早的时点发生之后，方可成立与合伙企业的投资策略实质性相同的其他人民币封闭型集合投资载体（"后续基金"）：（ⅰ）投资期结束之日；或（ⅱ）合伙企业认缴出资中至少【百分之七十（70％）】（包括为支付基金税费的合理预留）已被实质使用之日。为免疑义，本条不限制：（ⅰ）普通合伙人及其关联方发起设立与本合伙企业投资策略存在实质区别的基金，包括但不限于专项基金、并购基金、外币基金、夹层基金；以及（ⅱ）普通合伙人及其关联方根据本协议约定设立的联接投资载体、平行投资载体、共同投资载体等。

4.6.4　为免疑义，所有合伙人兹此确认，以下情形不属于《合伙企业法》第三十二条中规定的与合伙企业相竞争的业务，以下各项涉及之实体不属于与合伙企业业务相竞争的投资载体：

（1）普通合伙人或其关联方在合伙企业成立之前在境内或境外发起成立或管理其他集合投资载体之行为以及该等集合投资载体之投资活动；

（2）普通合伙人或其关联方设立或管理后续基金、平行投资载体、共同投资载体、联接投资载体之行为及该等集合投资载体之投资活动；

（3）普通合伙人或其关联方设立并管理与合伙企业的投资范围及方式或投资地域实质性不相同的其他集合投资载体之行为及该等集合投资载体的投资活动。

4.7　有限合伙人

合伙企业的有限合伙人如本协议*附件*所列。执行事务合伙人应根据有限合伙人及其出资情况的变化及时更新本协议*附件*，并及时向企业登记机关办理变更登记。

4.8　有限合伙人的权利

有限合伙人有如下权利：

（1）根据相关适用法律和规范及本协议的规定，就相关事项行使表决权；

（2）获取本协议第 14.4.2 条所述的报告；

（3）按照本协议第 12 条参与合伙企业收益分配的权利；

（4）按照本协议第 9.3 条转让其在合伙企业中权益的权利；

（5）按照本协议第 10.1 条决定普通合伙人除名和更换的权利；以及

（6）按照本协议约定的属于有限合伙人的其他权利。

4.9　有限合伙人的有限责任

4.9.1　受限于《合伙企业法》及本协议第 4.10 条的相关约定，

在有限合伙人未参与执行合伙事务的前提下，有限合伙人以其认缴出资额为限对合伙企业债务承担责任。

4.9.2 尽管有本协议的其他约定，但若合伙企业财产不足以履行合伙企业产生的其他任何债务（包括但不限于税费和各种规费、与投资项目相关的费用和债务）或本协议第 5.5 条下的全部或部分免责保证义务，执行事务合伙人可要求每一合伙人向合伙企业返还此前从合伙企业收到的分配用以承担该等债务（基于假设该等债务如在该等合伙人获取相关分配之前发生，该合伙人的分配会被减少的金额），前提是该等义务或债务是基于该等合伙人退出合伙企业之前发生的原因而产生的。但在任何情况下，任何有限合伙人在本协议第 4.9.2 条下承担的返还义务不应超过下述两者中孰高者：（ⅰ）该合伙人基于其实缴出资而从合伙企业取得的累计分配扣除其实缴出资后的净收益额，和（ⅱ）该合伙人的认缴出资额。为免疑义，源于某一投资项目的返还收益义务应当仅由参与该等投资项目的合伙人根据其在该投资项目中的投资成本分摊比例承担，其他债务的返还义务应由全体合伙人根据认缴出资额按比例承担。

4.9.3 为免疑义，为本协议之目的，合伙人在第 4.9.2 条下作出的任何分配返还或任何支付（除本属于实缴出资的部分外）不应被视为实缴出资，而应被视为以可分配收入作出的分配返还。

4.10 不得执行合伙企业事务

4.10.1 有限合伙人不得执行合伙企业事务，不得对外代表合伙企业。但有限合伙人行使其在本协议项下的任何权利时，不应被视为执行合伙企业事务。

4.10.2 有限合伙人不得参与管理或控制合伙企业的投资业务或其他以合伙企业名义进行的活动、交易和业务，或代表合伙企业签署文件，或从事其他对合伙企业形成约束的行为。

4.10.3 本协议上述条款并不限制有限合伙人向合伙企业介绍潜在投资项目。

4.11 有限合伙人的声明和保证

4.11.1 除非就如下某一项向普通合伙人事先披露并获得豁免，有限合伙人在此做出如下声明和保证（未经执行事务合伙人事先书面同意，在合伙企业存续期间，该等情况不应发生变化）：

（1）其应系符合适用法律的合格投资者标准的，且系依据适用法律和规范（ⅰ）在中国境内依法成立并有效存续的实体；（ⅱ）在中国境内依法设立并经相关主管部门进行登记或备案（如需）的非法人制的集合投资载体；或（ⅲ）具有完全民事行为能力的中国籍自然人；

（2）除非已向执行事务合伙人披露并获得认可，其直接或间接的股东、合伙人、最终投资人、最终受益人均为内资实体、内资非法人制集合投资载体或中国籍自然人，投入合伙企业的资本不包含来源于中国境外的资金、银行资金、P2P 资金、信托计划、资产管理计划、契约型基金或任何理财产品；不存在任何境外资金/实体通过任何结构化安排对该等直接或间接的股东、合伙人、最终投资人、最终受益人用作出资的资金拥有控制权或存在任何形式的关联关系；

（3）如其为实体，其签署本协议，投资于合伙企业并按照本协议履行出资承诺不会导致其违反适用法律和规范、其章程性文件或其他内部规定（如适用），或在其他协议项下对其具有法律约束力的任何规定；

（4）如其为实体，其签订本协议已按其内部程序作出有效决议并获得充分授权（如适用），并已将该等决议提供给执行事务合伙人（除非执行事务合伙人豁免该义务），代表其在本协议上签字的人已经得到其的适当授权；

（5）除已向执行事务合伙人披露并为执行事务合伙人所接受的情

形外，其系为自己的利益持有合伙权益，该等权益之上不存在委托、信托或代持关系，且未经执行事务合伙人事先书面同意，在合伙企业存续期间，该等情况不会发生变化；

（6）其已获得管理人及执行事务合伙人向其提供的私募投资基金募集文件，已仔细阅读了该等文件的内容，并已充分获得相关的风险披露内容，其有足够的投资知识和经验充分理解参与合伙企业可能承担的风险并有足够的经济能力承担该等风险；

（7）其系根据自己的独立意志判断决定参与合伙企业，并不依赖于执行事务合伙人或管理团队提供的任何建议或本协议约定之外的任何声明、保证和约定；

（8）其已仔细阅读本协议并理解本协议条款之确切含义，并不存在误解情形；

（9）其缴付至合伙企业的出资来源合法，不存在非法汇集他人资金对合伙企业进行投资的情形；

（10）为合伙企业满足其直接或间接投资的被投企业申请境内或境外上市需要之目的，应执行事务合伙人要求，将提供和披露合伙企业被要求提供或披露的各合伙人相关信息和材料；

（11）如经相关律师事务所出具的法律意见确认，认为其自身、直接或者间接的股东、合伙人、最终投资人、实际控制人和/或最终受益人对合伙企业的直接或者间接投资将对合伙企业的被投企业申请其开展业务必需的资质证照、申请上市/公开发行证券/全国中小企业股份转让系统挂牌、合伙企业认购上市公司非公开发行的股份或参与大宗交易、合伙企业在证券监管部门（包括其授权机构）的备案或合伙企业解散和清算等造成或将造成重大或实质障碍，该等有限合伙人在该被投企业申请其开展业务必需的资质证照、申请上市/公开发行证券/全国中小企业股份转让系统挂牌、合伙企业认购上市公司非公开发行的股份或参与大宗交易或合伙企业申请备案或解散和清算之前的合理时间内或执行事务合伙人建议的合理期限内（最迟不得超过合伙企业或该等被投企业所聘请的中介机构书面要求的时间期限）整改或退出合伙企业，整改方案或退出方式以届时不影响被投企业申请其开展业务必需的资质证照、申请上市/公开发行证券/全国中小企业股份转让系统挂牌、合伙企业认购上市公司非公开发行的股份或参与大宗交易或合伙企业完成备案或解散和清算为前提，具体事宜由相关各方合理协商一致予以确定；

（12）其向合伙企业和执行事务合伙人及管理人提供的有关其主体资格和法律地位、投资者类型等的资料（包括但不限于资格证照、问卷调查等）或信息真实、准确、完整、合法、有效，如该等资料或信息发生变化，其将立即通知执行事务合伙人和管理人；

（13）如其为非法人制的集合投资载体（包括但不限于资产管理计划、合伙企业、契约型基金、信托计划），如其根据适用法律和规范应当备案，则其已经备案并承诺在合伙企业的存续期限内不违反适用法律和规范的规定；如其根据适用法律和规范无须备案，则其承诺按照执行事务合伙人要求的格式，披露截至本协议签署之日其所有名义及权益所有人（"受益人"）清单，其承诺披露清单所载信息在所有方面真实、准确和完整。其所有受益人数量、资金来源、用途符合适用法律和规范的规定，受益人系为自己的利益持有其权益，该等权益之上不存在委托、信托或代持关系，并且在合伙企业的存续期限内该等情况不会发生变化。如执行事务合伙人要求，其将促使其各受益人签署并向执行事务合伙人提供与前述披露清单相似的确认文件及执行事务合伙人依法合理要求的其他文件；以及

（14）其同意，本协议一经其签署便成为对其具有法律约束力的文件，对其具有强制执行力，并且，除非法律或本协议另有规定，其无

权解除、终止本协议，或撤回其认缴的出资额，或撤回其在本协议项下已经赋予他方的任何权力或权利。

4.12　咨询委员会

4.12.1　在首次交割日后，执行事务合伙人应在合理时间内组建由若干有限合伙人代表组成的咨询委员会（"咨询委员会"），咨询委员会的人数和人选由执行事务合伙人确定。执行事务合伙人应委派一名代表作为无投票权的咨询委员会成员和召集人。

4.12.2　咨询委员会成员可以通过提前【三十（30）日】书面通知执行事务合伙人的方式辞职，并在委派其的有限合伙人成为违约合伙人或退伙的情况下自动去职。在此情况下，执行事务合伙人可安排其他代表接替去职委员。

4.12.3　咨询委员会对下列事项有以下权力：

（1）就执行事务合伙人、管理人提交的利益冲突事项进行表决；

（2）就本协议第 11.3.1 条投资限制事项进行表决；

（3）就本协议第 12.3.1 条非现金资产的价值确定事宜进行表决；

（4）就本协议第 5.6.2 条关键人士事件替代方案进行表决；

（5）就本协议第 5.6.3 条（1）投资中止期间的投资事宜进行表决；

（6）就本协议第 5.6.4 条投资期内变更关键人士事宜进行表决；

（7）就本协议第 9.4.1 条普通合伙人向非关联方转让合伙权益事宜进行表决；

（8）就本协议第 9.4.3 条普通合伙人变更事宜进行表决；

（9）提供执行事务合伙人寻求的、与合伙企业投资及其他合伙企业事项有关的其他建议和咨询；以及

（10）对其他本协议约定的应由咨询委员会决议的事项进行审议。

4.12.4　对于咨询委员会所议事项，有表决权的成员一人一票。

4.12.5　咨询委员会会议可以采取现场会议、电话会议或通信表决方式进行。执行事务合伙人应当尽其努力提前（原则上不少于【五（5）】个工作日）将咨询委员会会议时间、地点及议题等通知各个委员。【过半数】有表决权成员参与的会议方为有效会议，除本协议另有约定外，咨询委员会会议通过决议需由与会的有表决权的成员【过半数】通过。

4.12.6　在执行事务合伙人认为必要的情况下，可就合伙企业的投资范围及方式、投资机会及与合伙企业运营相关的其他事项征求咨询委员会的意见和建议，对于该等意见和建议，执行事务合伙人应予以慎重考虑。尽管有前述约定，但有限合伙人委派代表参与咨询委员会不应被视为该等有限合伙人参与合伙企业事务的管理及执行，咨询委员会及其成员也不应以合伙企业之名义开展活动。

4.12.7　各合伙人确认，咨询委员会成员对合伙企业不负有受托义务；该等成员并无义务以固定时间参与咨询委员会事务；该等成员开展与合伙企业有竞争的业务或活动亦不应受到本协议的限制。

4.12.8　咨询委员会成员参与咨询委员会工作不领酬金，但会议相关的费用应由合伙企业承担。

4.13　有限合伙人的违约责任

对于违反本协议第3.3条关于缴付出资的约定以外的其他约定的有限合伙人，执行事务合伙人有权将其认定为其他违约合伙人（"其他违约合伙人"，与出资违约合伙人一起合称"违约合伙人"）。出资违约合伙人应当按照本协议第3.4条及其他相关规定承担违约责任，其他违约合伙人应当为因其违约行为而给合伙企业和其他合伙人造成的全部损失承担赔偿责任，执行事务合伙人有权就违约合伙人的违约行为寻求任何其他法律救济。尽管有前述约定，但执行事务合伙人仍可视情况豁免某一其他违约合伙人的违约责任。

— 28 —

4.14 身份转换

4.14.1 除非适用法律和规范另有规定或本协议另有明确约定，有限合伙人不能转变为普通合伙人，普通合伙人亦不能转变为有限合伙人。

4.14.2 有限合伙人转变为普通合伙人的，对其作为有限合伙人期间合伙企业发生的债务承担无限连带责任；普通合伙人转变为有限合伙人的，对其作为普通合伙人期间合伙企业发生的债务承担无限连带责任。

第5条 合伙事务执行和执行事务合伙人

5.1 合伙事务执行

合伙企业的执行事务合伙人执行合伙事务，其他合伙人不再执行合伙事务。不执行合伙事务的合伙人有权根据本协议的约定监督执行事务合伙人执行合伙事务的情况。

5.2 执行事务合伙人及其委派代表

5.2.1 合伙企业的执行事务合伙人应为合伙企业的普通合伙人。全体合伙人签署本协议即视为在此一致同意委任其为合伙企业的执行事务合伙人。

5.2.2 合伙企业仅可在普通合伙人退伙、被除名及依本协议约定转让其全部合伙权益时更换并接纳新的执行事务合伙人。

5.2.3 执行事务合伙人应委派一名自然人代表作为合伙企业的执行事务合伙人委派代表。执行事务合伙人可更换其委派的执行事务合伙人委派代表，并办理相应的企业变更登记手续。合伙企业应将执行事务合伙人委派代表的委派和变更情况及时通知有限合伙人。

5.3 执行事务合伙人的权力

5.3.1 全体合伙人一致认可，执行事务合伙人享有对合伙企业事务独占及排他的执行权，包括但不限于：

（1）决定、执行合伙企业的投资及其他事务；

（2）以合伙企业的名义，决定合伙企业取得、持有、管理、维持和处置（包括在合伙企业资产上设置抵押、质押）合伙企业的资产，包括但不限于投资性资产、非投资性资产等；

（3）代表合伙企业行使作为被投企业的股东或相关权益人所享有的权利，包括但不限于对相关事项作出决定并行使表决权；

（4）采取为维持合伙企业合法存续、以合伙企业身份开展经营活动所必需或适合的一切行动；

（5）开立、维持和撤销合伙企业的银行账户、证券账户，开具支票和其他付款凭证；

（6）聘用专业人士、中介及顾问机构向合伙企业提供服务；

（7）为合伙企业的投资项目或合伙企业费用决定合理的预留；

（8）聘请管理人或其他管理机构为合伙企业提供投资管理、行政管理、日常运营管理等方面的服务，订立与合伙企业投资管理、行政管理、日常运营管理有关的协议；

（9）为合伙企业的利益提起诉讼、应诉、进行仲裁、与争议对方进行谈判、和解、采取其他法律行动或履行其他法律程序；

（10）采取行动以保障合伙企业的财产安全，减少因合伙企业的业务活动而对合伙企业、合伙人及其财产可能带来的风险；

（11）根据适用法律和规范的规定及税务监管的要求，处理合伙企业的涉税事项；

（12）代表合伙企业对外签署、交付和履行协议或其他有约束力的文件而无须任何合伙人或其他人士的任何进一步行动、批准或表决；以及

（13）为实现合伙企业目的、维护或争取合伙企业合法权益所采取

— 30 —

的必需的、符合适用法律和规范或本协议约定的其他行动。

5.3.2　在第5.3.1条规定的基础上，全体合伙人特此确认，执行事务合伙人可独立决定合伙企业的下列事项：

（1）根据本协议第2.2.2条的约定，变更合伙企业的名称；

（2）按照本协议第2.3.2条的约定，变更合伙企业的主要经营场所；

（3）变更其委派的执行事务合伙人委派代表；

（4）按照本协议第2.6.2条的约定，改变合伙企业的经营期限；

（5）按照本协议的约定，向现有有限合伙人或新的有限合伙人进行后续募集和完成后续交割；

（6）按照本协议的约定，批准有限合伙人转让合伙权益或退出合伙企业；

（7）受限于本协议第18.4条的约定，在不对有限合伙人的经济或法律权利产生实质性不利影响的前提下，对本协议进行修改；

（8）根据合伙人的变动情况修改本协议*附件*；

（9）处置合伙企业在正常经营业务过程中持有的资产及其他财产权利；

（10）在适用法律和规范允许的范围内，决定以合伙企业名义向他方提供与投资项目相关的过桥融资或为被投企业或被投企业所投资的项目提供担保；以及

（11）为合伙企业聘任和解聘托管机构、管理机构或咨询机构（根据情况而定）。

5.3.3　在第5.3.1条规定的基础上，且为合伙企业经营便利之目的，全体合伙人在此授权执行事务合伙人代表其签署、交付和报送下列文件：

（1）本协议的修正案或修订版。在不违反适用法律和规范及相关

— 31 —

监管规定的前提下，对于本协议约定的执行事务合伙人拥有独立决定权之事项的修订，执行事务合伙人可直接代表其他合伙人签署；如因适用法律和规范或相关监管部门等的要求，确需其他合伙人亲自签署的，其他合伙人应予以配合。执行事务合伙人代表签署本协议的修正案或修订版后，应及时书面通知各其他合伙人，并提供修正案或者修订版的副本；

（2）在不违反适用法律和规范及相关监管规定的前提下，对于本协议约定的执行事务合伙人拥有独立决定权之事项而需签署和提交的合伙企业的工商登记注册文件、合伙企业的工商变更登记/备案文件、合伙企业的私募投资基金备案文件等；

（3）当执行事务合伙人担任合伙企业的清算人时，为执行合伙企业解散或清算相关事务而需签署的文件；以及

（4）根据适用法律和规范，为合伙企业合法存续、从事本协议约定的业务经营活动而必需的任何文书、文件或证明，以及其他执行事务合伙人认为与合伙企业业务正常运作有关且不会对有限合伙人权益产生实质性不利影响的所有必要或适当的法律文书。

5.3.4　执行事务合伙人及其委派代表为执行合伙事务所作的全部行为，均对合伙企业具有约束力。

5.3.5　执行事务合伙人可将其在本协议项下的权利或职责全部或部分委托给管理人或其他拥有相应资质的第三方机构行使或履行，但根据适用法律规定必须由合伙企业执行事务合伙人行使或履行的除外，且合伙企业的合伙事务的执行应为执行事务合伙人自身的责任和义务。

5.4　执行事务合伙人的责任

执行事务合伙人应当基于诚信及公平原则为合伙企业谋求利益最大化。如因执行事务合伙人的故意或重大过失，致使合伙企业受到重大经济损失，执行事务合伙人应依法承担赔偿责任。

5.5 免责与补偿

5.5.1 对于执行事务合伙人、管理人及其各关联方及其各自的管理人员、董事、股东、合伙人、成员、经理、雇员、代理或顾问、任何担任或曾经担任投资决策委员会成员的人士以及应执行事务合伙人或管理人要求代表合伙企业行事的任何人士（"受偿人士"）因依照适用法律和规范及本协议参与合伙企业的事务、投资或其他活动或因本协议而遭受或可能遭受的任何索赔、诉讼、仲裁、调查或其他法律程序、行政或监管程序、责任或开支（除非具有适当管辖权的法院或仲裁机构之终局裁定认定，该等索赔、诉讼、仲裁、调查或其他法律程序、行政或监管程序、责任或开支系由该受偿人士的故意或重大过失或对本协议的故意重大违反或欺诈所致），合伙企业应在适用法律和规范允许的最大限度内就受偿人士因此遭受的所有损失、罚款、成本和费用给予赔偿以使其免受任何损害。

5.5.2 在合伙企业按照第5.5.1条付款或按照第4.9.2条要求各合伙人返还任何分配额或进行任何支付之前，执行事务合伙人应当促使合伙企业竭尽其商业上合理的努力从合伙人以外的人士处获得为满足第5.5.1条下之免责保证义务所需要的资金（例如通过任何保险或与被投企业达成补偿安排）。尽管有上述规定，但如果执行事务合伙人认为从该等来源处获取资金在时间上不可行或者有违合伙企业的利益，则执行事务合伙人有权促使合伙企业先行支付该款项。

5.5.3 在符合本协议第5.5条的约定的前提下，执行事务合伙人有权促使合伙企业与每一受偿人士签署单独的补偿协议，以确保本协议第5.5条的执行。本协议各方兹此明确表示，本协议第5.5条或根据本协议第5.5条的约定适当签署的各该单独的补偿协议对合伙企业具有法律执行力，受偿人士有权依赖本协议第5.5条或各该补偿协议，即使其并非本协议的一方。尽管有前述约定，但该等补偿协议不得与本协议第5.5条相冲突。

5.5.4　为免疑义，仅就如下损害赔偿而言，根据本协议第10.1条被更换的普通合伙人及其关联方将继续作为受偿人士而享有本协议第5.5条项下免责与补偿条款之保护：（ⅰ）与在该普通合伙人更换之前进行的投资项目相关的损害赔偿；或（ⅱ）在该普通合伙人更换之前的期间内该普通合伙人及其关联方从事其他任何与合伙企业相关的合法活动中所产生的或与之相关的损害赔偿。未经上述被更换的普通合伙人的事先书面同意，合伙企业届时的普通合伙人及其他合伙人不得依本协议第5.5条作出对该被更换的普通合伙人不利的修改。

5.6　关键人士

5.6.1　【　】为合伙企业的"关键人士"，关键人士在合伙企业的经营期限内应当保证其为合伙企业的运营投入合理的工作时间。在投资期内出现以下任何情形之一即构成"关键人士事件"：（ⅰ）【十二（12）】个月以内连续【九十（90）】日停止为合伙企业、执行事务合伙人、管理人及其关联方服务；（ⅱ）已永久性丧失民事行为能力；或（ⅲ）死亡。发生关键人士事件的，合伙企业的投资期应自动中止。

5.6.2　如发生关键人士事件，执行事务合伙人应立即将该等情况告知有限合伙人，并在其后【九十（90）】日内提出关键人士的替代方案供咨询委员会讨论，替代方案经咨询委员会同意后，投资期应继续并相应延长已中止的期限。如执行事务合伙人未能在上述期限内提出咨询委员会认可的关键人士替代方案，则在上述期限届满后投资期提前终止。

5.6.3　在投资中止期间，执行事务合伙人不得为进行新的项目投资之目的而要求各合伙人缴付出资，但各合伙人的出资可为了下列目的而被要求缴付：

（1）完成投资中止期开始之前已经签署的有约束效力的协议的投

资安排以及经咨询委员会同意的其他投资；

（2）支付合伙费用；

（3）偿还投资中止期开始时仍未清偿的债务；及/或

（4）承担补偿、损失赔偿责任或履行其他法律规定或本协议约定的义务。

5.6.4　投资期内，经咨询委员会同意，执行事务合伙人有权指定一名或多名自然人作为新的关键人士或上述关键人士的替任者。

5.7　执行事务合伙人声明

执行事务合伙人在此声明：

（1）其将秉持诚实信用、勤勉尽责的原则执行合伙事务，并接受其他合伙人的监督，但不保证合伙企业一定盈利，也不保证最低收益，其或其关联方的过往业绩不构成对合伙企业业绩表现的保证；

（2）其已经向各有限合伙人充分披露投资合伙企业可能面临的各种风险，包括但不限于：投资风险、管理风险、法律风险、税务风险等，并已经提示各有限合伙人在其作出投资决策后，合伙企业运营所引致的投资风险应由各合伙人自行承担；以及

（3）本协议任何条款（包括但不限于分配条款）不得被视为对合伙人承诺保底或提供固定回报。本协议及其任何*附件*不构成合伙企业、普通合伙人、管理人及其各自关联方就合伙企业未来经营绩效向有限合伙人作出的任何保证或承诺。

第6条　合伙人会议

6.1　年度会议和临时会议

6.1.1　从合伙企业运营后满【一（1）】个完整会计年度开始，合伙企业每年召开【一（1）】次年度会议（"年度会议"），直至合伙企业持有的所有被投企业的投资本金低于认缴出资总额的【百分之十五

(15％)】。年度会议由执行事务合伙人召集，其内容为沟通信息及执行事务合伙人向有限合伙人进行年度报告。年度会议不应讨论合伙企业潜在投资项目，并且有限合伙人不应通过此会议对合伙企业的管理及其他活动施加控制。

6.1.2　经执行事务合伙人自主决定或经持有超过【百分之五十（50％）】合伙权益的有限合伙人提议，合伙企业可召开临时会议（"临时会议"），针对本协议约定需由合伙人同意的事项进行讨论。临时会议应由执行事务合伙人负责召集。

6.2　会议召集和召开

6.2.1　年度会议和临时会议的会议通知应为书面（包括传真、电子邮件等其他合理的通信方式）形式，且应包含如下内容（如适用）：（ⅰ）会议的时间、地点；（ⅱ）会议议程和相关资料；以及（ⅲ）联系人和联系方式。执行事务合伙人原则上应提前【三（3）】个工作日向各有限合伙人发出会议通知。尽管有前述规定，但合伙人或其代表出席合伙人会议即可视为合伙人放弃任何关于通知期的要求。

6.2.2　年度会议和临时会议均可以由合伙人以现场或电话会议、视频会议中一种或几种方式参加并表决，执行事务合伙人亦可决定不召集现场会议，而以书面形式征求合伙人意见，各合伙人应在收到该等书面文件后在执行事务合伙人合理要求的时间内回复。除非执行事务合伙人另行同意，未以任何方式参加会议或未在约定期限内回复意见的合伙人，视为对会议讨论事项投弃权票并从表决权总数中减去相应份额。

6.2.3　合伙人会议讨论事项，除本协议有明确约定的外，应经普通合伙人和持有超过【百分之五十（50％）】合伙权益的有限合伙人通过方可作出决议。尽管有前述规定，但如果合伙人会议讨论事项与特定合伙人（包括普通合伙人及有限合伙人）存在直接利害关系，则该等合伙人在合伙人会议就该等事宜进行决议时应当回避表决，且其持有的表决权应当自表决权基数中扣减。为免疑义，如普通合伙人依据本条规定回避表决，则经持有相应比例的有限合伙权益的有限合伙人表决同意，合伙人会议即可就该等事宜作出决议。

第 7 条　委托管理和管理人

7.1　委托管理

合伙企业采取受托管理的管理方式，由执行事务合伙人及/或其指定的第三方基金管理机构担任合伙企业的管理人，向合伙企业提供投资管理、行政管理、日常运营管理等方面的服务。本协议签署时执行事务合伙人指定的管理人为【　】（私募基金管理人登记编号：【　】）；在合伙企业的经营期限内，执行事务合伙人可决定更换管理人，但以该等机构已经在中国证券投资基金业协会登记为私募基金管理人且为普通合伙人的关联方为前提。合伙企业及/或普通合伙人将与管理人签署《委托管理协议》（如根据适用法律、规范或任何监管机构要求该等协议的签署需有限合伙人配合，则有限合伙人应给予充分配合），在本协议中规定的原则的基础上，就管理人的职权、管理费的计算和支付方式等事宜进行具体约定。

7.2　管理人职责

7.2.1　管理人应根据适用法律和规范及普通合伙人的不时指示，在遵守适用法律和规范的前提下，履行如下与合伙企业投资和运营管理相关的职责：

（1）为合伙企业资金募集开展募集活动；

（2）负责筛选、核查合伙企业的合格投资者；

（3）按照本协议和《委托管理协议》的约定，管理和运用合伙企业的财产；

（4）本着为合伙企业及其合伙人追求投资回报的原则，积极寻求有投资价值的项目；

（5）对投资项目进行审慎的投资调查和评估（包括聘任专业顾问提供外部咨询服务）；

（6）协助合伙企业进行投资条款的谈判并完成对投资项目的投资；

（7）对合伙企业已投资项目进行跟踪监管；

（8）依照适用法律和规范要求履行向合伙企业投资人的信息披露义务；以及

（9）合伙企业及普通合伙人合理要求的、与合伙企业投资及运营管理相关的其他服务事项。

7.2.2　管理人应依照适用法律和规范的规定办理合伙企业作为私募投资基金应履行的私募基金备案手续，并履行相关的定期信息/重大信息更新等信息报送义务。

7.2.3　全体合伙人同意管理人、份额登记机构（如适用）或其他份额登记义务人（如适用）应当按照中国证券投资基金业协会的规定办理基金份额登记（全体合伙人）数据的备份。

7.2.4　全体合伙人同意管理人或其他信息披露义务人应当按照中国证券投资基金业协会的规定对基金信息披露信息进行备份。

第8条　托管和托管人、募集结算资金专用账户

8.1　托管和托管人

全体合伙人一致同意授权执行事务合伙人为合伙企业选取具有私募投资基金托管资质且声誉良好的托管机构（"托管机构"）对合伙企业的资产进行托管。托管相关的具体安排将由合伙企业及/或普通合伙人与托管机构之间签订《托管协议》进行约定。

8.2　募集结算资金专用账户

8.2.1　执行事务合伙人有权按照适用法律和规范的规定为合伙企业开立私募投资基金募集结算资金专用账户，用于统一归集合伙企业募集结算资金、向合伙人分配收益以及分配合伙企业清算后的剩余财产等。在适用法律和规范允许且现实可行的情况下，合伙企业可不另行开立私募投资基金募集结算资金专用账户，而使用合伙企业自有账户作为私募基金募集结算资金专用账户。

8.2.2　全体合伙人一致同意授权执行事务合伙人委托有相关资质的机构作为合伙企业募集账户的监督机构，对募集账户实施有效监督，并承担保障合伙企业募集结算资金划转安全的连带责任。合伙企业及/或普通合伙人将与该等监督机构签订账户监督协议或其他类似协议，进一步明确募集账户的控制权、责任划分及保障资金划转安全等内容。

第9条　入伙、后续募集和合伙权益转让

9.1　入伙

新有限合伙人入伙，应当经执行事务合伙人同意并根据适用法律和规范以及执行事务合伙人的要求签署相关书面文件，其他合伙人应当予以配合，经执行事务合伙人要求，将签署所需的全部文件，提供所需的全部文件和信息，协助履行所需的全部程序。

9.2　后续募集

9.2.1　全体有限合伙人同意，合伙企业首次交割日后【十二(12)】个月（经考虑合伙企业的目标规模以及潜在投资人的内部决策进度，执行事务合伙人可独立决定延长不超过【六（6）】个月，继续延长需取得咨询委员会的同意）内，执行事务合伙人有权向现有有限合伙人或新的投资者进行一次或数次后续募集并完成后续交割，以

（ⅰ）吸纳更多有限合伙人认缴合伙企业的出资额，或（ⅱ）接受届时既有的有限合伙人增加其对合伙企业的认缴出资额（该等新有限合伙人或增加认缴出资额的既有有限合伙人称为"后续募集合伙人"，该等新有限合伙人认缴或既有有限合伙人追加认缴的出资额称为"后续募集出资额"）。执行事务合伙人还可自主决定以设立平行投资载体之形式进行后续交割。

9.2.2　下列条件全部满足之日，为相应后续募集的完成日（"后续交割日"）：

（1）后续募集合伙人经执行事务合伙人批准入伙；

（2）后续募集合伙人已签署书面文件确认其同意受本协议或其修订版约束；以及

（3）后续募集合伙人按照第9.2.3条约定缴付出资，执行事务合伙人宣布该次后续募集完成（一般为后续募集合伙人的首次缴款到期日）。

合伙企业最后一次交割日为合伙企业的"最后交割日"。

9.2.3　除非执行事务合伙人另行同意，后续募集合伙人应在后续交割日后【十（10）】日内按照假设其亦在首次交割日入伙而累计需实缴的金额向合伙企业缴付出资，且后续募集合伙人应就前述出资向合伙企业缴纳按照如下公式计算的延期补偿金（"延期补偿金"）并根据执行事务合伙人的通知按时进行支付：

$$延期补偿金 = \left[\frac{后续交割日前合伙企业的累计实缴出资额}{} \times \left(该后续募集有限合伙人的后续募集出资额 \div 合伙企业后续交割日时合伙企业的总认缴出资额\right)\right] \times 延期补偿金利率$$

$$\times 计算期间（即首次交割日后相应的付款到期日（含当日）$$

至后续募集有限合伙人实际缴纳首期出资和延期补偿金之日（不含当日），如果合伙人分期出资，则延期补偿金应当分段并计算总和）

— 40 —

延期补偿金利率 ＝【年单利百分之八（8％）】或执行事务合伙人基于
投资项目的价值增值而善意确定的其他利率

执行事务合伙人可为合伙企业之利益决定对前述延期补偿金的全部或部分予以豁免。执行事务合伙人亦可自主决定在未来从拟向该后续募集合伙人分配的现金中扣除其本应支付的延期补偿金。就后续募集合伙人应当支付的延期补偿金，执行事务合伙人可自主决定要求该后续募集合伙人于其首次实缴出资时一并缴纳，也可自主决定在未来从拟向该后续募集合伙人分配的现金中扣除其本应支付的延期补偿金（为免疑义，该部分应当视为已经向后续募集合伙人进行了分配），并按照本协议规定支付给管理人及先前合伙人。

9.2.4　后续募集合伙人还应补缴自合伙企业首次交割日起至后续交割日该后续募集合伙人应当承担的管理费及按照【年单利百分之八（8％）】或执行事务合伙人基于投资项目的价值增值而善意确定的其他利率计算的管理费利息（"管理费利息"），执行事务合伙人可从后续募集合伙人的实缴出资中扣除该后续募集合伙人应当承担的管理费并由合伙企业支付给管理人或其指定方。后续募集合伙人支付的延期补偿金中归属于管理费利息的部分应由合伙企业支付给管理人或其指定方，剩余金额应在先前合伙人之间根据其届时对合伙企业的实缴出资额按比例分配。为免疑义，后续募集合伙人支付的延期补偿金不构成后续募集合伙人的实缴出资，亦不减少其认缴出资余额或增加其资本账户的金额，不视为合伙企业收入。

9.2.5　后续募集合伙人按照本协议第9.2.3条的约定缴付出资和缴纳延期补偿金（如需）后，其在后续交割日前已经投资但尚未退出的各投资项目中分担的投资成本、投资成本分摊比例、收益和亏损分摊及其实缴出资比例均按照假设其在首次交割日即已认缴出资并按期缴付各期实缴出资而确定和调整。如届时存在已退出项目，则后续募集合伙人不参与合伙企业已退出项目的分配，其首期出资亦不计入已退出项目的投资成本。为计算本协议项下的优先回报之目的，就后续交割日前未退出的各投资项目的投资成本和项目分摊费用，应假定后续募集合伙人在首次交割日即已认缴出资并按期缴付了各期出资，并自该等出资的付款到期日起计算优先回报；就其后合伙企业新的投资项目的投资成本和项目分摊费用，其对应的优先回报应当自后续募集合伙人相应实缴出资的付款到期日开始计算；取得延期补偿金分配的先前合伙人，就其为后续募集合伙人垫付的实缴出资部分，延后至该等后续募集合伙人首期出资的相应的付款到期日起算优先回报。

后续交割后，执行事务合伙人应当及时修订本协议*附件*以列出每位后续募集合伙人的信息，并及时对*附件*载明的各合伙人的相关信息、各合伙人的资本账户（包括但不限于实缴出资余额、认缴出资余额、投资成本分摊比例及任何其他项目）等作出相应调整。

9.2.6　后续募集合伙人被接纳为合伙企业的合伙人后，执行事务合伙人应依法办理相应的企业变更登记手续。

9.3　有限合伙人权益转让

9.3.1　未经执行事务合伙人事先书面同意，有限合伙人不得以任何方式转让其在合伙企业的全部或部分合伙权益，也不得将该等合伙权益直接或间接质押、抵押或设定其他任何形式的担保或以其他方式处置给任何第三方。不符合本协议规定之合伙权益转让或处置皆无效，并可能导致执行事务合伙人认定该转让方为违约合伙人并要求其承担违约责任。

9.3.2　拟转让合伙权益的有限合伙人（"转让方"）应至少提前【四十（40）】日向执行事务合伙人提出全部或部分转让其持有的合伙权益的申请并委托执行事务合伙人通知其他有限合伙人，下列条件全部满足时前述申请方为一项"有效申请"：

— 42 —

（1）权益转让不会导致合伙企业违反《合伙企业法》及其他适用法律和规范的规定，或由于转让导致合伙企业的经营活动受到额外的限制，包括但不限于导致合伙企业、普通合伙人、管理人受限于其于本协议签署日并未受到的额外的监管要求，或对其他有限合伙人的权益造成重大不利影响，或造成合伙企业违反对其具有法律约束力的义务或承诺，或影响被投企业在中国境内外资本市场申请挂牌或上市；

（2）拟议中的受让方（"拟议受让方"）为符合适用法律和规范规定的合格投资者；

（3）拟议受让方已向执行事务合伙人提交关于其同意接受本协议约束并将遵守本协议的书面文件、受让方与执行事务合伙人签订的认购册、其承继转让方全部义务的承诺函，以及执行事务合伙人认为适宜要求的其他文件、证件及信息；以及

（4）转让方或拟议受让方已书面承诺，承担该次转让引起的合伙企业及执行事务合伙人所发生的所有费用，且如因转让人或受让人的虚假陈述或保证或者其任何违约行为而导致合伙企业或执行事务合伙人的损失，转让人或受让人应对合伙企业或执行事务合伙人予以赔偿。

如执行事务合伙人认为拟议中的转让符合合伙企业的最大利益，则可决定豁免本协议第 9.3.2 条（3）或（4）的条件，而认可该等合伙权益转让申请为有效申请。

9.3.3　对于合伙权益转让的有效申请，执行事务合伙人可基于其独立自主判断作出同意或不同意的决定。对于执行事务合伙人决定同意转让的，其他有限合伙人特此同意放弃优先购买权（如有），但执行事务合伙人应当在作出该等同意转让的决定之日起的合理时间内通知或要求转让方自行通知其他有限合伙人；对于拟议受让方不是合伙企业之现有合伙人且不是转让方之关联方的，执行事务合伙人或其指定方有优先购买权。本协议第 9.3 条项下的有限合伙人权益转让包括直

接转让合伙权益或经执行事务合伙人同意通过有限合伙人退伙/减资，同时受让方入伙的方式间接转让合伙权益。

9.4 普通合伙人权益转让

9.4.1 除非经咨询委员会同意，普通合伙人不应向任何非关联方全部或部分转让其持有的任何合伙权益。为免疑义，普通合伙人向其关联方转让其持有的任何合伙权益无须经过咨询委员会同意。

9.4.2 如普通合伙人出现破产、解散和清算等法定退伙情形，确需转让其权益，且受让人承诺承担原普通合伙人之全部责任和义务，并已经咨询委员会一致同意接纳新的普通合伙人，则普通合伙人方可进行转让，否则合伙企业进入清算程序。

9.4.3 经咨询委员会同意，普通合伙人可以指定一个或多个人成为普通合伙人的继受人或成为新增的普通合伙人。

9.4.4 在普通合伙人转让其持有的合伙权益时，应同时转让其在本协议项下的责任和义务，但该普通合伙人应对其作为普通合伙人期间合伙企业发生的债务承担无限连带责任。

第 10 条 除名、减少出资、退伙、继承和强制执行

10.1 普通合伙人除名

10.1.1 因普通合伙人的故意或重大过失，致使合伙企业受到重大损失时，合伙企业可按照本协议第 10.1.2 条规定的程序将普通合伙人除名。

10.1.2 普通合伙人除名应经过如下程序：

（1）全体有限合伙人（特殊有限合伙人除外）在本协议约定的仲裁机构一致提起仲裁程序，经仲裁机构终局裁决普通合伙人存在本协议第 10.1.1 条规定的可被除名的情形，或具有管辖权的法院终局判决普通合伙人存在本协议第 10.1.1 条规定的可被除名的情形；

— 44 —

（2）上述裁决作出后【一百二十（120）】日内，经全体有限合伙人（特殊有限合伙人除外）同意，决定将普通合伙人除名；以及

（3）对普通合伙人的除名决定应当书面通知普通合伙人。

在全部完成上述程序后，自书面除名决议到达普通合伙人之日（"普通合伙人除名日"）起，撤销普通合伙人作为执行事务合伙人的委托，其执行事务合伙人的职务立即解除。

10.1.3　普通合伙人除名日之后，普通合伙人应根据适用法律和规范，对合伙企业在普通合伙人除名日之前发生的债务承担无限连带责任。普通合伙人被除名后，除非经普通合伙人另行同意，合伙企业应当更名，变更后的名称中不得包括本协议第 2.2.3 条中所包含的字样。

10.1.4　合伙人在作出将普通合伙人除名之决议的同时，应经全体有限合伙人（特殊有限合伙人除外）同意接纳新的普通合伙人，否则合伙企业进入清算程序。

10.1.5　就普通合伙人被除名或替换前的合伙权益，包括但不限于其在合伙企业的投资收益中基于其对合伙企业的实缴出资应得的份额和绩效收益（但就绩效收益而言，仅限于在普通合伙人除名日前已经进行的投资和合伙企业依据普通合伙人除名日前签署的具有法律约束力的投资协议进行的投资）仍属该普通合伙人所有；同时，全体合伙人一致同意普通合伙人自普通合伙人除名日起，可以选择：

（1）转让。被除名普通合伙人有权选择向新普通合伙人转让其持有的全部合伙权益，转让价格由普通合伙人和新普通合伙人协商确定。

（2）退伙。普通合伙人退伙并与合伙企业进行退伙结算，普通合伙人退伙时应当从合伙企业取回的财产份额或等值现金金额，应等于假设其未被除名且合伙企业以届时被投企业的市场公允价值出售其持有的所有被投企业股权/股份/财产份额，其作为普通合伙人就其绩效

— 45 —

收益和基于其实缴出资的投资收益所应获得的合伙企业的财产份额或等值现金金额。

（3）转变为有限合伙人。普通合伙人亦可以选择就其已经实缴的出资额作为有限合伙人通过入伙加入合伙企业而无须任何合伙人的进一步同意，且可以不再对其除名后的任何投资项目或合伙企业费用缴付出资，普通合伙人的认缴出资额应当减为与其被除名时实缴出资相等的金额；为免疑义，普通合伙人转变为有限合伙人的，其在合伙企业的投资收益中基于其对合伙企业的实缴出资应得的份额转为相应的有限合伙权益。

10.1.6 全体合伙人一致同意，在普通合伙人被除名且根据本协议第10.1.5条约定选择其权益处理方式后，将配合完成相应手续并签署相关协议，并应促使新普通合伙人采取相应措施。

10.1.7 除非执行事务合伙人根据本协议被除名，或根据本协议转让其持有的全部合伙权益，非经执行事务合伙人同意，执行事务合伙人不应以任何形式被更换。

10.2 有限合伙人除名

10.2.1 如因有限合伙人违反本协议（包括但不限于本协议第3.4条和第4.11条）被执行事务合伙人认定为违约合伙人，除根据本协议第3.4条和第4.13条采取相应措施外，经执行事务合伙人认为该违约合伙人可能/已对合伙企业造成重大不利影响的，执行事务合伙人有权要求该违约合伙人转让其持有的合伙权益、重组或退伙，或与该违约合伙人协商以其他方式减轻或消除该等重大不利影响。该违约合伙人应予以配合，如该违约合伙人不予配合，则经全体合伙人（该违约合伙人除外）同意，执行事务合伙人可直接通知该违约合伙人决定将其除名，各有限合伙人应配合签署合伙人会议决议等除名相关文件。

10.2.2 全体合伙人一致同意，因任一有限合伙人的原因所导致的根据本协议第10.2.1条项下的合伙权益转让、退伙、重组或采取任何其他消除或减轻重大不利影响的行动所产生的费用和损失应由该有限合伙人承担，执行事务合伙人有权从根据本协议第10.3.5条应向该有限合伙人分配或退还的金额中将该等费用和损失扣除或要求该有限合伙人另行支付。

10.3 有限合伙人减少出资、退伙

10.3.1 经执行事务合伙人事先书面同意，有限合伙人可依据本协议的约定（包括但不限于本协议第9.3条）转让其持有的合伙权益或通过其他方式减少其对合伙企业的认缴出资额和实缴出资额，除此之外，有限合伙人不得提出提前收回出资额的要求。

10.3.2 除下述情形外，有限合伙人无权退伙或提前收回实缴出资：

（1）依据本协议第9.3条约定，有限合伙人转让其持有的合伙权益从而退出合伙企业；

（2）根据本协议的约定被认定为违约合伙人，按照本协议的约定强制该等违约合伙人退出合伙企业；

（3）根据本协议的约定当然退伙；以及

（4）因适用法律、法规或有管辖权的监管机构的强制性要求而必须退伙，则根据普通合伙人与该有限合伙人另行达成的方式和条件，该有限合伙人可退出合伙企业。

10.3.3 在合伙企业的存续期限内，有限合伙人有下列情形之一的，执行事务合伙人可以认定该有限合伙人当然退伙（视具体情况，给予该有限合伙人全部或部分合伙权益）：

（1）依法被吊销营业执照、责令关闭撤销，或者被宣告破产；

（2）根据本协议第10.6条的规定，因其持有的全部合伙权益被法院强制执行而本合伙企业的合伙人不同意该有限合伙人向其他第三方转让合伙权益；

（3）根据本协议第10.5.2条的规定，自然人有限合伙人死亡或法律上被宣告死亡；

（4）根据本协议第10.2条的规定被除名；或

（5）发生根据《合伙企业法》规定被视为当然退伙的其他情形。

有限合伙人依上述约定当然退伙时，合伙企业不应因此解散。

10.3.4 在有限合伙人根据本协议第10.2条的规定退伙时，对于该有限合伙人拟退出的合伙权益，（1）经执行事务合伙人同意，其他有限合伙人、普通合伙人或第三方可按照其拟退出的合伙权益所对应的资本账户余额或拟受让人和该等有限合伙人协商一致的其他金额受让该等合伙权益；（2）执行事务合伙人亦可通过减少合伙企业认缴出资总额和实缴出资总额使合伙企业向该退伙的有限合伙人进行现金或非现金分配以清算该有限合伙人的合伙权益，分配金额应等于以下两个金额中孰低者：（i）有限合伙人实缴出资额中分摊的由合伙企业用于投资但尚未变现、仍由合伙企业持有的部分的投资成本（不包括截至该日在合伙企业账簿上已被记为无变现价值的部分投资），或（ii）该有限合伙人届时的资本账户余额。

10.3.5 在有限合伙人根据本协议第10.3.3条规定退伙时（但根据本协议第10.2条的规定被除名导致的退伙除外），对于该有限合伙人拟退出的合伙权益，应向该有限合伙人返还的财产份额为以下三项之和：

（1）该有限合伙人的未使用出资额；

（2）该有限合伙人已按照本协议的规定被分配但尚未实际获得支付的收益分配金额；

（3）以下二者中孰低者：（i）有限合伙人实缴出资额中分摊的由

— 48 —

合伙企业用于投资但尚未变现、仍由合伙企业持有的部分的投资成本（不包括截至该日在合伙企业账簿上已被记为无变现价值的部分投资），或（ii）该有限合伙人的该部分实缴出资对应的合伙权益经退伙有限合伙人和普通合伙人均接受的独立第三方评估机构评估确认的价值。

10.3.6 退伙之有限合伙人退伙时享有的财产份额在合伙企业有相应的财产予以支付时按如下先后顺序支付给相关方（如尚未变现，则在变现后适用）：

（1）向合伙企业支付退伙之有限合伙人应付而未付的违约金、赔偿金（如有）；

（2）向执行事务合伙人及其关联方、代理人等支付因其处理该等退伙事宜所发生的费用或开支（包括税金）；

（3）按照上述约定运用后的款项的余额（如有）于执行事务合伙人自行决定的时点支付给该退伙之有限合伙人。

10.3.7 全体合伙人特此确认在根据本协议第 10.3.3 条约定退伙的情形下，在适用法律和规范允许的前提下，执行事务合伙人有权代表合伙企业及有限合伙人与拟退伙或转让的有限合伙人（以及新入伙的有限合伙人，如适用）签署有关退伙、入伙、转让相关的全部协议、文件以及相关的全部工商变更登记文件。

10.4 普通合伙人退伙

10.4.1 普通合伙人在此承诺，除非适用法律和规范或本协议另有规定或经咨询委员会另行同意，在合伙企业按照本协议约定解散或清算之前普通合伙人将始终履行本协议项下的职责，在合伙企业解散或清算之前不会要求退伙，且其自身亦不会采取任何行动主动解散或终止。

10.4.2 普通合伙人发生下列情形之一时，当然退伙：

（1）出现解散、清算、被责令关闭，或者被宣告破产的情形之一；

（2）其持有的全部合伙权益被法院强制执行而咨询委员会未一致同意普通合伙人向其他第三方转让合伙权益；或

（3）发生根据《合伙企业法》规定被视为当然退伙的其他情形。

10.4.3 普通合伙人依上述约定当然退伙时，除非合伙企业立即接纳了新的普通合伙人，否则合伙企业应当解散。如合伙企业立即接纳了新的普通合伙人，则合伙企业应当按照本协议第 10.1.5 条（2）的规定与退伙的普通合伙人进行退伙结算。

10.5 继承

10.5.1 有限合伙人资格的继承

作为有限合伙人的自然人死亡、被依法宣告死亡（"死亡"）时，经执行事务合伙人同意，其经公证的遗嘱中载明的财产份额的唯一继承人或受遗赠人（"继承人"），或法院判决或仲裁机构裁决确定的财产份额唯一继承人可以依法继承该死亡之有限合伙人在本有限合伙企业中的资格，但前提是，继承人需满足本协议第 4.11 条的相关规定并且在执行事务合伙人合理指定的期限内向执行事务合伙人提交书面承诺，承诺其将完全按照本协议约定履行被继承人的相应义务（包括但不限于缴纳后期出资的义务（如有））。为免疑义，合伙企业不承担办理遗嘱公证所发生的任何费用。

10.5.2 视为当然退伙

有下列情形之一的，死亡之有限合伙人视为当然退伙，合伙企业应根据本协议之规定向其继承人退还财产份额所对应之金额：

（1）继承人不愿意成为合伙企业的有限合伙人，则自继承人明确作出该等意思表示之日死亡之有限合伙人视为当然退伙。

（2）该死亡之有限合伙人自死亡之日起【一百八十（180）】日内仍无法确定其所持有的合伙企业财产份额的继承人，则该死亡之有限合伙人自其死亡之日起第【一百八十一（181）】日视为当然退伙。

（3）根据适用法律和规范的规定继承人不能成为有限合伙人或无法满足本协议第 4.11 条的相关规定，则死亡之有限合伙人自死亡之次日视为当然退伙。

退还的财产份额计算依据及退还时点参照本协议第 10.3.4 条之规定处理。退还的财产份额金额应按继承比例支付给死亡之有限合伙人的继承人（以公证的遗嘱、法院或仲裁机构终审判决或裁定的继承比例为准），如继承人或继承比例无法确定，则该等金额应存放于保管账户，待该死亡之有限合伙人的继承人或继承人之间的继承比例确定（以公证的遗嘱、法院或仲裁机构终审判决或裁定为准）后再行支付，存放于保管账户期间发生的相关费用应自该等金额中扣除。如于合伙企业解散之日，该等继承人或继承比例仍未确定，则该等金额将被提存，提存费用应自该等金额中直接扣收。

10.6 强制执行

合伙人在本合伙企业中的合伙权益被人民法院强制执行的，该合伙人应当及时通知全体合伙人，其他合伙人对被强制执行的合伙权益有优先购买权；多个合伙人有购买意向的，根据其认缴出资额按比例行使优先购买权；没有合伙人有购买意向，且未经普通合伙人和持有超过【百分之五十（50%）】合伙权益的有限合伙人同意将该财产份额转让给其他第三方的，则视为该合伙人当然退伙，应当依照本协议第 10.3 条或本协议第 10.4 条的规定为该合伙人办理退伙结算。

10.7 工商变更登记

出现本协议第 10 条规定的情形时，执行事务合伙人在此情形下应在合理时间内向全体合伙人发送书面通知说明变更情况，并更新*附件*留存放置于营业场所供合伙人备查；同时，如有需要，执行事务合伙人应及时对*附件*载明的各合伙人的相关信息、各合伙人的资本账户（包括但不限于实缴出资余额、认缴出资余额、投资成本分摊比例及任何其他项目）等作出相应调整。

第 11 条　投资业务

11.1　投资范围及方式

合伙企业将主要对如下方向的私募股权项目（包括在中国设立或运营的或与中国有重要关联的未上市企业的股权或上市企业非公开发行的股票或类似权益）进行股权或准股权投资：

（1）【　】等领域。

11.2　投资管理

11.2.1　本合伙企业采取受托管理的管理方式，由执行事务合伙人指定的基金管理机构担任合伙企业的基金管理人，向合伙企业提供投资管理、行政管理、日常运营管理等方面的服务。管理人应当根据本协议第 7.1 条的规定选任。

11.2.2　为了提高投资决策的专业化程度和操作质量，执行事务合伙人设投资决策委员会（"投资决策委员会"），其成员由执行事务合伙人委派，负责就合伙企业投资、退出等作出决策。

11.2.3　执行事务合伙人和管理人应在合伙企业完成投资后对被投企业进行持续监控，防范投资风险，并在适宜的时机实现投资退出。

11.2.4　合伙企业投资退出的方式包括但不限于：

（1）合伙企业协助被投企业在中国境内或境外直接或间接首次公开发行上市后出售部分或全部被投企业或其关联上市公司股票而退出；

（2）合伙企业直接出让部分或全部被投企业股权、出资份额或资产实现退出；以及

（3）被投企业解散、清算后，合伙企业就被投企业的财产获得分配。

11.3 投资限制

11.3.1 除非经咨询委员会同意，合伙企业不得在任何单个被投企业中投入超过合伙企业完成最后交割后的认缴出资总额的【百分之二十（20％）】。

11.3.2 合伙企业不得从事在证券交易市场买卖流通股股份等短期套利或投机的交易行为。为免疑义，前述交易行为不包括合伙企业从其所投资项目退出时进行的证券交易、对在全国中小企业股份转让系统及各区域性产权交易所挂牌交易的公司的股权进行投资，以及通过大宗交易或者协议转让等中国法律和相关证券监管机构所允许的方式从非散户手中购买上市公司的股份、认购上市公司定向增发和配售的股份等在正常经营过程中可能发生的证券交易行为。

11.3.3 合伙企业不得直接投资且持有非自用不动产。

11.3.4 合伙企业不得从事适用法律和规范或有管辖权的监管部门禁止合伙企业从事的其他投资行为。

11.4 过桥融资

为便于对被投企业的投资，合伙企业可以向被投企业及其关联方或其他相关人士提供临时融资（"过桥融资"）。该等过桥融资完成后（以投资文件约定的交割日、付款日等表明该项交易完成的日期为准）的【十二（12）】个月内获得返还的可分配收入中不超过过桥融资的本金的部分，经执行事务合伙人自主决定，可留存于合伙企业循环使用或按照本协议第 12.2.5 条分配给合伙人（如分配给合伙人，则合伙人的认缴出资余额应当相应增加同等金额，执行事务合伙人可以就该等金额再发出缴付出资通知并将其用于合伙企业的投资或支付合伙企业费用）；在此【十二（12）】个月期间，合伙企业就该等过桥融资获得的利息和红利收入将被视为短期利息收入计入其他收入而不计入本协议第12.2.4条约定的优先回报和收益分成。为免疑义，超出前述【十二（12）】个月期间的过桥融资将被视为合伙企业的投资项目，并根据本协议第12.2.4条就该等投资项目收入进行分配。

11.5　闲置现金管理

合伙企业的全部闲置现金资产，包括但不限于待投资、待分配及费用备付的现金，应以临时投资方式进行管理。

11.6　举债及担保

在不违反适用法律和规范的前提下，经执行事务合伙人自主决定，合伙企业可以在提取实缴出资之前，为向被投企业提供过桥融资、完成对投资项目的投资等目的而举借债务或为被投企业提供担保。尽管有前述约定，除非经咨询委员会同意，在任一时点，合伙企业的负债（包括提供的担保）总规模不得超过合伙企业认缴出资总额的50％。

11.7　平行投资载体

11.7.1　在最后交割日之前，如经执行事务合伙人判断认为因法律、税务或监管等因素某些投资者不能成为或继续担任合伙企业的有限合伙人或为满足某些投资者的投资要求，执行事务合伙人可以在合伙企业之外设立一个或多个投资载体吸纳该等投资者成为该等投资载体的有限合伙人、股东或类似所有者权益持有人，并促使该等投资载体与合伙企业共同投资于合伙企业的投资项目（该等投资载体称为"平行投资载体"）。

11.7.2　除非适用法律和规范另有限制性规定，在执行事务合伙人决定依据本协议第11.7.1条的规定发起设立任何平行投资载体的情况下，在确定合伙企业与该等平行投资载体的有限合伙人所享有的权利和承担的义务时，在适用法律和规范允许及实践可行范围内，合伙企业与该等平行投资载体应当被视为一个统一的实体，应确保通过合伙企业或平行投资载体投资的有限合伙人所享有的权利和义务在实质上保持一致。任何平行投资载体的组织文件中载明的经济和法律条款应与合伙企业的相应条款实质相同（执行事务合伙人认定为实现该平行投资载体的目的而进行的必要变更除外），并且每一平行投资载体应由执行事务合伙人或其关联方控制或管理。

11.8　联接投资载体

11.8.1　如经执行事务合伙人判断认为因法律、税务或监管等因素某些投资者不能成为或继续担任合伙企业的有限合伙人或为满足某些投资者的要求，执行事务合伙人或其关联方可以发起设立或管理以投资于合伙企业为目的的投资载体（"联接投资载体"）。普通合伙人或其关联方通过联接投资载体间接对合伙企业出资的，就联接投资载体对合伙企业的认缴出资额中由普通合伙人或其关联方出资的部分，在确定联接投资载体就该等部分的认缴出资所享有的合伙权益时，适用联接投资载体相关协议中关于普通合伙人的约定。除非执行事务合伙人另行决定，联接投资载体设立、运营、解散、清算过程中产生的相关费用，作为合伙企业费用由合伙企业承担。

11.8.2　尽管有本协议的其他约定，但对于本协议项下任何需要有限合伙人同意或表决的事项，经执行事务合伙人书面同意，（ⅰ）联接投资载体可以基于通过联接投资载体间接对合伙企业的各投资者的主基金参与额，根据该等投资者的意见作出同意或不同意的书面明示或行使表决权；或（ⅱ）联接投资载体也可以直接授权该等投资者基于该等主基金参与额直接作出同意或不同意的书面明示或行使表决权，如同该等投资者为合伙企业的有限合伙人。

11.8.3　各方理解并同意，通过联接投资载体投资的各投资者，在适用法律和规范允许及实践可行范围内，应被视为直接投资于合伙企业，实际享有本协议项下有限合伙人的各项权利和权益（如委派咨询委员会成员、参加合伙人会议等），但该等权利及权益将由执行事务合伙人根据实际情况确定系由该等投资者通过联接投资载体行使或享有或由该联接投资载体的投资者直接行使或享有，各方对此予以认同并将给予积极配合。

11.9 共同投资

11.9.1 在遵守本协议其他相关约定的前提下，在合伙企业存续期限内，执行事务合伙人可自主决定向有限合伙人及/或其他人士提供与合伙企业一起向被投企业进行投资的机会（"共同投资"）。共同投资金额的大小、有关时机及其他条件均由执行事务合伙人自行决定。如同时出现多个拟与合伙企业共同投资的主体，执行事务合伙人有权自行决策并对共同投资总额进行分配。

11.9.2 经执行事务合伙人独立判断，任何共同投资行为都可以通过专门设立的一个或多个合伙企业或其他实体（"共同投资载体"）进行。共同投资载体由普通合伙人、管理人或其关联方控制或管理。

11.9.3 有限合伙人对于共同投资机会的参与，不论直接或间接，完全属于该等有限合伙人的责任和单独的投资决定，合伙企业、普通合伙人、管理人及其各自的受偿人士均不应承担与之相关的任何风险、责任或费用，且不应被视作向其提供了与之相关的任何投资建议。

11.10 替代投资工具

11.10.1 就任何投资项目而言，如经执行事务合伙人独立判断认为基于法律、监管或被投企业的要求或为便利参与某些类型的投资而需要使用替代实体进行投资或按原投资成本承接本合伙企业所持的一个或多个被投企业权益，则执行事务合伙人可设立该等实体并促使部分或全体合伙人的实缴出资通过一个或多个该等实体进行投资（该等实体被称为"替代投资工具"）。为免疑义，替代投资工具的合伙人限于本合伙企业的合伙人或其指定关联方。经执行事务合伙人独立判断，如某一合伙人参与某一替代投资工具将很可能对该替代投资工具对应的投资项目造成重大合法合规风险或其他重大不利影响，执行事务合伙人可独立决定该合伙人不参与该替代投资工具，即该合伙人不分摊相关投资项目的投资成本及亏损、不参与该投资项目的收益分配。任何替代投资工具的组织文件中载明的经济和法律条款都应与本合伙企业的相应条款实质相同（执行事务合伙人认定为实现该替代投资工具的目的而进行的必要变更除外），并且每一替代投资工具都应由执行事务合伙人、管理人或其关联方控制并管理。

11.10.2　每一替代投资工具都将就有关投资项目与本合伙企业共同投资或代替本合伙企业进行投资。通过替代投资工具对投资项目进行投资的合伙人（或其指定关联方），按照替代投资工具的组织文件约定而向该替代投资工具缴付的实缴出资额应从该合伙人在本合伙企业的认缴出资余额中相应减去。任何合伙人所支付或实际承担的与替代投资工具的管理人相关的管理费或类似款项（如有），应从该合伙人应分摊的本合伙企业的管理费中相应减去。

11.11　前期项目

在首次交割日之前，普通合伙人、管理人、关键人士或其各自的关联方或指定方可以为合伙企业利益先行认购投资项目或作出投资（该等投资项目即"前期项目"），并于首次交割日之后的合理时间内将该等项目转让或通过适当安排让与合伙企业，或由合伙企业作出购买相关被投企业股权的其他安排。合伙企业应就该等前期项目向转让方或普通合伙人指定的其他人士支付该前期项目的投资本金以及其因转让而产生的任何税费。有限合伙人签署本协议，即表明其对前期项目予以认可。

11.12 投资排除

11.12.1 如某一合伙人对于某一投资项目而言，存在下列情形之一，则执行事务合伙人可决定该合伙人不参与该投资项目而适用本协议第11.12条的其他约定（"投资排除"；就该投资项目而言，该合伙人为"被排除合伙人"）：

（1）经执行事务合伙人独立判断，该有限合伙人参与该投资项目将很可能对合伙企业或其关联方、合伙企业现有或未来的项目投资造成重大迟延、产生重大合法合规风险、带来税务负担或其他重大不利影响；或

（2）经执行事务合伙人独立判断或经该有限合伙人提议并经执行事务合伙人认可，该有限合伙人全部或部分参与该投资项目将有可能导致该有限合伙人违反对其具有约束力的适用法规或内部投资政策（前提是该有限合伙人已于签署本协议前将该等内部投资政策提供给执行事务合伙人）的规定。

11.12.2 在本协议第11.12.1条约定的任何投资排除情形下：

（1）对于被排除合伙人未参与的项目投资，其不分摊该项目投资的投资成本，不参与项目收益分配，亦不分担项目亏损；

（2）被排除合伙人的认缴出资额和实缴出资额不因投资排除而减少，执行事务合伙人可基于此调整其参与后续项目投资的投资成本分摊比例（普通合伙人亦可决定排除该合伙人就被排除项目的投资，而不调整其后续参与项目投资的投资成本分摊比例）；

（3）根据本协议的约定受让被排除合伙人转让的合伙权益的继受合伙人，对于该等受让之前的投资而言，应按照向其转让合伙权益的有限合伙人的情况相应地部分或全部被视为被排除合伙人。

11.12.3 如发生投资排除事项，执行事务合伙人有权独立决定：

（1）根据投资排除导致的资金短缺情况发送或修改缴款通知，要

求除被排除合伙人以外的合伙人按其认缴出资比例以认缴出资余额为限增加各自的实缴出资，并相应调整各合伙人的投资成本分摊比例；或

（2）向除被排除合伙人以外的合伙人及/或第三人提供针对该投资项目的以该等资金短缺金额为限的共同投资机会。

11.13 循环投资

合伙企业存续期内可使用可分配收入进行循环投资，但合伙企业对所有被投企业的累计投资额（即作为投资项目本金投入被投企业的金额，不包括用于过桥融资、快速退出项目以及因投资中止、终止、调整、撤回、解除而回收的资金和临时投资收入）不应超过合伙企业的认缴出资总额的【百分之一百二十（120％）】。"快速退出项目"指在投资后的【十二（12）】个月内完成退出的项目（不包括过桥融资）。如合伙企业拟进行循环投资，则视为合伙人的认缴出资余额按照假定循环投资的资金用于对各合伙人进行分配的金额相应增加同等金额，执行事务合伙人可以就该等金额发出通知确认将其用于循环投资，通知发出后，视为该等合伙人已缴付了相应出资。

第 12 条 收益分配与亏损分担

12.1 资本账户

执行事务合伙人应为每一合伙人建立一个虚拟账户（"资本账户"）（为免疑义，该等资本账户仅为合伙企业内部记录和核算各合伙人实缴出资和应得收益的虚拟账户，而非银行账户）。执行事务合伙人应按以下原则不时对各合伙人的资本账户余额进行调整：

（1）各合伙人的资本账户的增项为：

（ⅰ）在本次和最近的一次资本账户调整期间内，该合伙人的新增实缴出资；以及

（ⅱ）在本次和最近的一次资本账户调整期间内，该合伙人应享有

私募股权投资基金法律实务
»»»»»»»▶

的收益。

（2）合伙人的资本账户的减项为：

（ⅰ）在本次和最近的一次资本账户调整期间内，分配给该合伙人的现金或其他证券和资产的价值；以及

（ⅱ）在本次和最近的一次资本账户调整期间内，该合伙人应承担的合伙企业费用和合伙企业的亏损。

各合伙人的资本账户还应根据本协议的其他规定进行进一步调整。

12.2　收益分配与亏损分担

12.2.1　合伙企业的可分配收入（"可分配收入"）指下列收入在扣除为支付相关税费、债务、合伙企业费用和其他义务（包括已经发生的和为将来可能发生的该等税费、债务、合伙企业费用和其他义务进行合理的预留）而言适当的金额后可供分配的部分，而执行事务合伙人可以独立决定继续使用该等款项：

（1）合伙企业从其处置投资项目（包括但不限于处置其在被投企业中的股权或其他权益）中获得的收入（包括自快速退出项目以及过桥融资中获得的收益）、合伙企业从其投资运营活动中获得的分红、股息、利息（"投资运营收入"）；

（2）合伙企业通过临时投资所获得的全部收入（"临时投资收入"）；

（3）执行事务合伙人确定不再进行投资或用于其他目的并可返还给各合伙人的实缴出资额（"未使用出资额"）；以及

（4）合伙企业的违约金收入（为免疑义，不包括根据本协议第4.4条出资违约合伙人支付的出资违约金）及其他归属于合伙企业的现金收入（"其他现金收入"）。

12.2.2　合伙企业的可分配收入，应按下述原则进行分配：

（1）就投资运营收入，原则上应在合伙企业取得该等收入后执行事务合伙人合理决定的时点进行分配，但全体合伙人同意，在合伙企

业累计获得并留存于合伙企业账户内的投资运营收入小于人民币【壹佰万元（￥1 000 000）】时，执行事务合伙人可延迟分配。；

（2）就临时投资收入及其他现金收入，原则上应按年或按执行事务合伙人合理决定的其他时点进行分配；

（3）任一投资项目部分退出（即合伙企业仅对其所持有的该等投资项目的部分而非全部权益进行了处置）的，该投资项目退出的部分应被视为一个单独的投资项目，应根据第12.2.4条的规定对部分退出而得的可分配收入进行分配，并按已退出部分占整体项目的比例计算已退出部分的投资成本，并基于此计算绩效收益；

（4）在合伙企业有足够现金且执行事务合伙人认为必要的情况下，合伙企业可向合伙人进行现金分配，以使其足以支付合伙人（在该等合伙人本身为合伙企业等所得税穿透实体的情况下，其直接或间接的合伙人或股东）就其在合伙企业取得的收入应当缴纳的所得税，该等分配应作为向该等合伙人的预分配，从后续该等合伙人本应收到的收入中等额扣除。

12.2.3　项目收益分配。

在受限于本协议第5.2.2条和第12.3条的前提下，除非本协议另有明确约定，合伙企业的投资运营收入，应当首先在各合伙人之间按照其对该等投资项目的投资成本分摊比例进行初步划分，合伙企业的其他可分配收入应当首先在全体合伙人之间按照实缴出资额比例（或普通合伙人善意认为适当的其他比例）进行初步划分。按此划分归属普通合伙人和特殊有限合伙人的金额，应当实际分配给普通合伙人和特殊有限合伙人，归属每一其他有限合伙人的金额，应当按照下列顺序进行实际分配：

（1）首先，实缴出资额返还。【百分之百（100%）】向该有限合伙人进行分配，直至该有限合伙人根据本协议第12.2.3条（1）累计获得的收益分配总额等于其届时缴付至合伙企业的实缴出资总额。

（2）其次，优先回报分配。如有余额，【百分之百（100%）】向该有限合伙人进行分配，直至其就本协议第12.2.3条（1）累计获得的分配额获得按照单利【百分之八（8%）】/年的内部回报率计算所得的优先回报（"优先回报"）。优先回报的计算期间为该有限合伙人每一期实缴出资额的付款到期日或实际出资日（以孰晚为准）起至该有限合伙人收回该部分实缴出资额之日止。

（3）再次，绩效收益追补。如有余额，【百分之百（100%）】向普通合伙人进行分配，直至按照本协议第12.2.3条（3）向普通合伙人累计分配的金额（"追补金额"）等于有限合伙人根据本协议第12.2.3条（2）累计获得的优先回报及普通合伙人依照本协议第12.2.3条（3）累计分配额之和的【百分之二十（20%）】。

（4）最后，超额收益分配。如有余额，（i）【百分之八十（80%）】分配给该有限合伙人，（ii）【百分之二十（20%）】分配给普通合伙人（普通合伙人根据本协议第12.2.3条（3）和本协议第12.2.3条（4）（ii）所获得的分配称为"绩效收益"）。

普通合伙人可促使合伙企业将其按照本协议的约定可取得的绩效收益金额的部分或全部直接支付给普通合伙人指定的人士。

12.2.4 除非本协议或所有合伙人另有约定，否则临时投资收入和其他现金收入将根据产生该等收入的资金的来源在相应合伙人之间按照其占该等资金的实缴出资比例进行分配（如若不可区分，则按照各合伙人届时对合伙企业的实缴出资额按比例进行分配）。未使用出资额将根据各合伙人届时的实缴出资额中实际未被使用的金额向相应的合伙人进行分配。

12.2.5 根据本协议第3.4条出资违约合伙人支付的出资违约金应根据本协议第3.4.5条的规定进行分配。

12.2.6　后续募集合伙人支付的延期补偿金，应由合伙企业代收后根据本协议第 9.2.4 条约定支付给管理人及在先前合伙人之间根据其届时对合伙企业的实缴出资额按比例分配。

12.2.7　除本协议另有约定外，合伙企业的其他可分配收入应当根据截至分配时点各合伙人对合伙企业的实缴出资额按比例进行分配。

12.2.8　除本协议另有约定外，合伙企业因项目投资产生的亏损在参与该项目投资的所有合伙人之间根据投资成本分摊比例分担，合伙企业的其他亏损和债务由所有合伙人根据认缴出资额按比例分担。

12.2.9　合伙企业解散清算时，经整体核算，任何合伙人获得了超出其按照本协议的约定应当获得的收益分配金额（如计算错误等），均应返还给合伙企业或从其应获得的清算分配金额中予以抵扣。特别地，普通合伙人应将普通合伙人累计收到的绩效收益超过根据本协议第 12.2.3 条规定的分配方式按照合伙企业整体项目投资计算所应分得的绩效收益额的金额返还给合伙企业，并由合伙企业根据各有限合伙人就其所参与的全部项目进行计算，然后相应进行分配；但在任何情况下，普通合伙人退还的金额都应不超过普通合伙人就其绩效收益所取得的累计分配扣除普通合伙人及其直接或间接合伙人或股东就此的相关税项后获得的净分配额。

12.2.10　合伙企业的分配通常以现金进行，但在符合适用法律和规范及本协议约定的情况下，执行事务合伙人亦可以根据本协议第 12.3 条的约定分配可公开交易的有价证券或其他非现金资产的方式来代替现金分配。

12.3　非现金资产分配

12.3.1　受限于本协议第 12.2.10 条的约定，在合伙企业清算完毕之前，执行事务合伙人应尽其合理努力将合伙企业的投资以现金方式变现、在现实可行的情况下避免以非现金方式进行分配；但如无法变现或执行事务合伙人独立判断认为非现金分配更符合全体合伙人的利益，执行事务合伙人可以非现金方式进行分配。（i）如所分配的非现金资产具有公开市场价格，则其价值按照公开市场价格确定；（ii）其他非现金资产的价值将由执行事务合伙人按照市场公允价格合理确定并经咨询委员会同意，如咨询委员会不同意，则由执行事务合伙人选定的具有相关资质的独立第三方评估机构评估确认，相关费用计入合伙企业费用，由合伙企业承担。

12.3.2 执行事务合伙人按照本第 12.3 条向合伙人进行非现金资产分配时，视同对投资项目已经进行处置，根据确定的价值按照第 12.2 条规定的原则和顺序进行分配。

12.3.3 合伙企业进行非现金资产分配时，执行事务合伙人应负责协助各合伙人办理所分配资产的转让登记手续，并协助各合伙人根据相关法律、法规履行受让该等资产所涉及的信息披露义务；接受非现金分配的有限合伙人亦可将其分配到的非现金资产委托执行事务合伙人按其指示进行处分，具体委托事宜由执行事务合伙人和相关的有限合伙人另行协商。

12.4 所得税

合伙人应当根据《合伙企业法》之规定及国家相关税收规定，分别缴纳所得税。本协议项下合伙企业进行成本返还及收益分配的金额均为税前金额，合伙企业将根据国家税收相关的适用法律和规范或税务部门的要求对合伙人的所得税进行代扣代缴（如有），因履行前述代扣代缴义务而产生的费用应纳入合伙企业费用。

第 13 条 费用和支出

13.1 合伙企业费用

13.1.1 合伙企业应承担与合伙企业的设立、管理、投资、运营、终止、解散、清算相关的费用，包括但不限于：

（1）开办费；

（2）所有因寻找、投资、持有、取得、运营、维护、监控、处置投资项目而发生的开支和费用，包括但不限于聘请专业顾问而产生的法律、审计、差旅、咨询、财务和会计费用等常规费用及其他非常规费用（如诉讼费用）；以及与未完成的交易相关的支出，包括但不限于法律和财务尽职调查费用、差旅费、因合伙企业决定不投资该等交易而有义务支付的分手费/解约费等；

（3）合伙企业的审计、财会及制备合伙企业的财务报表、税务报表以及送交合伙人或相关政府部门的其他报告之费用和支出，包括制作、印刷和递送成本；

（4）合伙企业运营过程中产生的会计、法律、税务、评估等专业顾问费用、税务申报和咨询费用、注册/经营场所租赁和维护费等成本；

（5）与普通合伙人及合伙企业所设立的任何委员会或其他类似机构（如有）的履行职务相关之费用和支出，包括但不限于咨询委员会、投资决策委员会、合伙人会议的费用；

（6）政府部门对合伙企业的存续、收益或资产、交易或运作、登记注册、变更登记/备案、合伙企业私募投资基金备案等事宜收取的税费以及任何合伙企业承担的其他政府费用；

（7）本协议第13.2条规定的管理费；

（8）托管费、开立私募投资基金募集结算资金专用账户相关费用；

（9）为合伙企业的利益提起诉讼、应诉、进行仲裁、与争议对方进行谈判、和解、采取其他法律行动或履行其他法律程序而产生的费用；

（10）受偿人士因诉讼、仲裁、政府调查或其他行政或司法程序而产生的税项、政府收费、罚金、赔偿金或和解金；

（11）为确保受偿人士免于因合伙企业事务而被任何第三人索赔而购买的保险相关支出；

（12）合伙企业应国家相关税务规定或税务监管部门的要求，履行为其自然人有限合伙人代扣代缴个人所得税的义务而产生的一般行政性事务费用（为免疑义，本项所称费用不包括合伙企业代扣代缴的税款、罚金、滞纳金（如有））；

（13）合伙企业的解散、清算相关费用；以及

（14）在合伙企业运营中发生的、通常不被归入普通合伙人日常运营费用之内的其他成本和费用。

13.1.2　对于普通合伙人、管理人及/或普通合伙人指定的第三方（包括但不限于其关联方）为合伙企业垫付的开办费或其他合伙企业费用，应由合伙企业及时予以返还。

13.1.3　合伙企业费用由合伙企业支付。除本协议中另有约定（包括但不限于本协议第 13.2 条关于管理费的约定）外，与投资项目相关的费用，在所有参与该投资项目的合伙人之间根据其对该投资项目的投资成本分摊比例进行分摊，其他合伙企业费用在所有合伙人之间根据其各自的认缴出资额比例进行分摊。

13.2　管理费

13.2.1　作为向合伙企业提供的投资运作及运营管理等服务的对价，合伙企业在经营期限内，应向管理人及/或其指定方支付管理费。自首次交割日起至合伙企业解散日，就每一合伙人，除非经执行事务合伙人和/或管理人另行减免，合伙企业应按照下列方式计算并向管理人支付管理费：

（1）投资期内，年度管理费为该合伙人认缴出资额的【百分之二（2%）】。

（2）退出期内（包括投资期内发生关键人士事件而导致投资期中止的期间），年度管理费为该合伙人的实缴出资额所分摊的尚未退出的投资项目的投资成本的【百分之二（2%）】。

为免疑义，计算某一年度的管理费时适用的认缴出资额、投资成本应以相应日历年度的第【一（1）】日的状态为准计算。

在计算和支付管理费之时，应当遵照以下原则：

（1）期限。管理费应以日历年度为基准进行计算。为免疑义，（i）首个管理费年度为首次交割日起至首次交割日所在日历年度的最后一日的期间，（ii）最后一个管理费年度为合伙企业解散日所在的日历年度之首日至合伙企业解散日的期间，（iii）此外合伙企业存续期限内每一个完整的日历年度为一个管理费年度。针对非完整日历年度的管理费年度，管理费应根据该管理费年度包含的实际日数按比例折算（为本条之目的，一年应以365日计算）。

（2）支付。年度管理费应当由合伙企业按照年度预付。除非执行事务合伙人另行决定，首次管理费支付日为首次交割日后【十五（15）】日内，此后的管理费为每年度的第【一（1）】个工作日，但最后一次管理费的支付日为合伙企业解散日之前【十五（15）】日内。

13.2.2　合伙企业无须就普通合伙人及特殊有限合伙人认缴出资额或其分摊的尚未退出投资项目的投资成本向管理人支付管理费，普通合伙人及特殊有限合伙人亦无须参与管理费的分摊。

13.2.3　如合伙企业接纳新的有限合伙人入伙，或现有有限合伙人追加认缴出资额，则执行事务合伙人有权决定对新增的合伙企业认缴出资额（即后续募集出资额）追加自合伙企业首次交割日起的管理费，并促使合伙企业将该等追加的管理费支付给管理人及/或其指定方。

13.2.4　下列费用不由合伙企业承担，可以由管理人在管理费中列支：与管理人日常行政和管理相关的、无法列入合伙企业费用且无法由被投企业或其他人士承担的费用和支出，包括管理团队及其他雇员的人事开支（包括工资、奖金、福利等）、办公场所租金、办公设施费用、物业管理费、水电费、通信费以及其他日常营运费。

13.2.5　在适用法律和规范允许的范围内，应管理人的要求，合伙企业可以通过代管理人支付本协议第13.2.4条所述的相关费用的形式，抵销其本应向管理人支付的管理费。

第14条　会计及信息披露

14.1　记账

执行事务合伙人应当在法定期间内维持符合有关法律规定的、反映合伙企业交易项目的会计账簿，作为向有限合伙人提交财务报表的基础依据。

14.2　会计年度

合伙企业的会计年度与日历年度相同。首个会计年度自合伙企业设立日起到当年的12月31日。

14.3　审计

合伙企业应于运营满【一（1）】个完整会计年度开始，在该完整会计年度结束之后，由独立审计机构对合伙企业的财务报表进行审计并出具年度审计报告。年度审计报告应根据中国通用的财务准则作出，并以中文作为会计语言。

14.4　信息披露

14.4.1　执行事务合伙人、管理人为合伙企业的信息披露义务人，将按照适用法律和规范（包括但不限于《私募投资基金信息披露管理办法》）的相关要求向各有限合伙人履行合伙企业的相关信息披露义务、承担相关信息披露责任。

14.4.2　在合伙企业存续期间，除因合伙企业延迟收到被投企业提交的必要财务报表而造成的合理延迟外，执行事务合伙人或管理人应定期向各有限合伙人披露如下信息或提供如下报告：

（1）从合伙企业首次交割日后开始，于每一个日历年度【九（9）】月底前提供合伙企业上半年度运营报告，内容为该季度未经审计的季度财务报表，并包括合伙企业当季的投资、退出、分配等信息（内容以中国证券投资基金业协会发布的《私募投资基金信息披露内容与格式指引 2 号》为准）；

（2）从合伙企业完整运营满一个会计年度开始，于每一个完整的会计年度结束后次年的【六（6）】月底前向有限合伙人提交年度运营报告，年度运营报告应包含上一年度经审计的年度审计报告以及合伙企业上一年度的经营活动的总结（内容以中国证券投资基金业协会发布的《私募投资基金信息披露内容与格式指引 2 号》为准）；

（3）受限于本协议第 14.6 条的约定，管理人将按照适用法律和规范（包括但不限于中国证券投资基金业协会颁布的《私募投资基金信息披露管理办法》及其不时修订）的要求，向有限合伙人披露合伙企业的相关重大事项，包括但不限于合伙企业名称、主要经营场所、组织形式发生变更的，投资范围和投资策略发生重大变化的，变更管理人或托管人的，管理人的法定代表人、实际控制人发生变更的，涉及合伙企业财产重大诉讼、仲裁等的。

14.4.3　执行事务合伙人或管理人可以通过本协议第 18.1 条约定的方式向有限合伙人进行信息披露。为免疑义，如届时相关法律法规和中国证券投资基金业协会颁布的行业自律规则和其他书面答复或通知对信息披露义务人的信息披露义务有新的或不同的要求，则其将按照届时的规则进行披露。

14.5　查阅会计账簿

有限合伙人可以要求查阅合伙企业的会计账簿。有限合伙人要求查阅会计账簿的，应当提前【十五（15）】日向执行事务合伙人提出书面请求，并说明查阅会计账簿的目的。执行事务合伙人同意查阅的，该有限合伙人可以在正常工作时间内的合理时限内亲自或委托代理人为了与其持有的合伙权益直接相关的正当事项查阅合伙企业的会计账簿，费用由该有限合伙人自行承担，但不得影响合伙企业的正常运营。如执行事务合伙人有合理根据认为有限合伙人查阅会计账簿有不正当的目的，可能损害合伙企业的合法利益的，可以拒绝提供查阅，并在收到有限合伙人书面请求之日起【十五（15）】日内书面答复有限合伙人。有限合伙人在行使本条项下权利时应遵守合伙企业不时制定或更新的保密程序和规定。

14.6　保密信息

对于受合伙企业有效签署的保密协议、适用法律和规范、监管要求限制而不能披露的信息，以及执行事务合伙人根据善意判断认为披露该信息不符合合伙企业最大利益的，执行事务合伙人可不向有限合伙人提供该等信息。

第 15 条　解散和清算

15.1　解散

合伙企业应在下列任何解散事件发生之日起【十五（15）】日内进行清算：

（1）合伙企业经营期限（包括根据本协议的约定缩短或延长的合伙企业的经营期限）届满且不再延长；

（2）根据执行事务合伙人的谨慎判断，本协议约定的合伙目的已经实现（包括但不限于合伙企业已经从所有投资项目退出）或无法实现；

（3）普通合伙人被除名或根据本协议约定退伙且合伙企业没有接纳新普通合伙人；

（4）有限合伙人一方或数方严重违约，致使执行事务合伙人判断合伙企业无法继续经营；

（5）合伙企业被吊销营业执照、责令关闭或者被撤销；

（6）出现《合伙企业法》及其他适用法律和规范及本协议规定的其他解散原因；或

（7）因为任何其他原因全体合伙人一致决定解散合伙企业。

15.2　清算

15.2.1　清算人由执行事务合伙人担任，除非经全体有限合伙人一致决定由执行事务合伙人之外的人士担任。

15.2.2　清算人执行下列事务：

（1）处理合伙企业的资产，分别编制资产负债表和财产清单；

（2）处理与清算有关的合伙企业未了结的业务；

（3）清缴所欠税款；

（4）清理债权、债务；

（5）处理合伙企业清偿全部债务后的剩余财产；以及

（6）代表合伙企业参加诉讼或者仲裁活动。

15.2.3　清算期间，合伙企业存续，但不得开展与清算无关的经营活动。清算人自被确定之日起【十（10）】日内将合伙企业解散事件通知债权人，并于【六十（60）】日内在报纸上公告。

15.2.4　在确定清算人以后，所有合伙企业的资产（包括已经变现和未变现的资产）由清算人负责管理，但如清算人并非执行事务合伙人，则执行事务合伙人有义务帮助清算人对未变现资产进行变现。

15.2.5 清算期原则上不超过【十二（12）】个月，但经清算人合理判断延长清算期符合全体合伙人利益的，可以延长清算期，但清算期最长不得超过【二十四（24）】个月。清算期结束时未能变现的非现金资产按照本协议第12.3条约定的分配原则进行分配。

15.3 清算清偿顺序

15.3.1 合伙企业因到期或终止而进行清算时，合伙财产在支付清算费用后，按下列顺序进行清偿及分配：

（1）支付职工工资、社会保险费用和法定补偿金（如有）；

（2）缴纳所欠税款（如有）；

（3）清偿合伙企业债务；以及

（4）根据本协议第12条约定的分配原则和程序在合伙人之间进行分配。

其中对本协议第15.3.1条（1）和（2）两项必须以现金形式进行清偿，如现金部分不足，则应增加其他资产的变现。对本协议第15.3.1条（3）项可与债权人协商清偿方式。

15.3.2 除非本协议另有约定，合伙企业财产不足以清偿合伙债务的，由普通合伙人向债权人承担连带清偿责任。

15.3.3 清算人应在清算结束后编制清算报告，经全体合伙人签名、盖章后，在【十五（15）】日内向企业登记机关报送该清算报告，申请办理注销登记。

15.3.4 本协议的条款将在清算期间继续保持完全效力，并仅在以下情况下方终止：

（1）清算人已根据本协议第15.3条之约定分配合伙企业的全部资产；以及

（2）合伙企业的清算人已向企业登记机关办理完成了合伙企业的注销登记。

第16条　投资冷静期与协议解除权及其行使效力

16.1　投资冷静期与协议解除权

16.1.1　对于已作为有限合伙人签署本协议的投资者，除非根据适用法律和规范可以豁免适用关于冷静期的规定，否则：

（1）自其及普通合伙人签署本协议并生效之日起【二十四（24）】小时为其投资合伙企业的冷静期（"冷静期"）。在冷静期内，管理人及执行事务合伙人不会以任何方式主动与其联系，且冷静期内该等有限合伙人有权随时以书面通知（仅限于电子邮件方式）管理人及执行事务合伙人的方式就其自身解除本协议（"协议解除权"）；

（2）冷静期届满后，管理人从事募集业务以外的人员可以按照适用法律和规范允许的方式对该投资者进行回访确认，在对投资者进行回访确认的情况下，投资者是否行使协议解除权以其在回访确认中书面确认的结果为准；在未采用回访确认的情况下，投资者是否行使协议解除权以其最终书面确认的结果为准。为免疑义，如投资者在冷静期内自始未要求行使协议解除权，在冷静期届满后即视为投资者未行使协议解除权，投资者的认购自生效日起生效，而无须任何进一步的确认。

16.1.2　关于冷静期及协议解除权的规定对于属于以下类别的投资者不适用：

（1）社会保障基金、企业年金等养老基金，慈善基金等社会公益基金；

（2）依法设立并在中国证券投资基金业协会备案的私募投资基金产品；

（3）受国务院金融监督管理机构监管的金融产品；

（4）投资于所管理的私募投资基金的私募基金管理人及其从业人员；

（5）适用法律和规范规定的其他可不适用冷静期机制的投资者；

（6）管理人根据适用法律和规范的规定基于合理判断认定属于"专业投资机构"的投资者。

16.2　行使协议解除权的效力

16.2.1　如投资者根据本协议第16.1.1条的规定行使协议解除权，自该等投资者最终书面确认行使协议解除权之日起，该等投资者不再继续享有本协议项下作为有限合伙人的任何权利，亦不再继续履行本协议项下作为有限合伙人的义务（但本协议第18.6条规定的保密义务除外），合伙企业将退还该投资者届时已经实际缴付的出资（如有，为免疑义，该等返还金额仅包括其已经实际缴付的出资本金，不包括任何利息或收益），且与投资者认购合伙企业权益相关的其他法律文件（包括但不限于认购协议等）一并解除。为免疑义，如投资者在冷静期内未要求行使协议解除权，在冷静期届满后投资者的认购自生效日起生效，投资者不再享有协议解除权，也无权再根据协议解除权的约定要求解除本协议及与投资者认购合伙企业权益相关的其他法律文件（包括但不限于认购协议等）。

16.2.2　全体合伙人特此确认，特定的投资者根据本协议的规定行使协议解除权解除本协议的效力仅及于其自身，本协议自生效日起对除有效行使协议解除权外的其他所有合伙人具有约束力。

第17条　适用法律和争议解决

17.1　适用法律

本协议的有效性、解释和履行以及争议的解决均适用中国法律。

17.2　争议解决

17.2.1　因本协议引起的及与本协议有关的一切争议，如无法通过友好协商解决，则应提交【　】仲裁委员会，按该会届时有效的仲裁规则在【　】仲裁解决，仲裁语言为中文。仲裁裁决是终局的，对相关各合伙人均有约束力。除非仲裁庭有裁决，仲裁费应由败诉一方负担。败诉方还应补偿胜诉方的律师费等支出。

17.2.2　在仲裁过程中，除各方正在提交仲裁的争议内容外，本协议须继续履行。

第18条　其他

18.1　通知

18.1.1　本协议项下任何通知、要求或信息传达均应采用书面形式，交付或发送至有限合伙人向合伙企业提供的接受送达的地址，即为完成送达。

18.1.2　任何合伙人可随时经提前向执行事务合伙人发出书面通知而变更其接收送达的地址。

18.1.3　除非有证据证明其已提前收到，否则：

（1）如派专人交付，通知于送至本协议第18.1.1条所述的地址之时视为送达；

（2）如通过邮资预付的挂号邮件、航空邮件或正规的快递公司发出，通知于邮寄后的第【五（5）】个工作日视为送达；

（3）如以传真发送，通知于发件人传真机记录传输确认时视为送达；以及

（4）如以电子邮件发送，通知于电子邮件到达对方服务器时视为送达。

18.1.4　如任何有限合伙人或任何咨询委员会成员未在本协议约定的时间期限内答复执行事务合伙人发出的任何通知、要求，或如本协议未明确约定某一事项的通知时限，未在收到通知、要求的【五

（5）】个工作日内答复，则应当视为该有限合伙人或咨询委员会成员对拟议事项投弃权票并从表决权总数中减去相应份额。

18.2 不可抗力

18.2.1 "不可抗力"指在本协议签署后发生的、本协议签署时不能预见的、其发生与后果无法避免或克服的、直接妨碍任何一方全部或部分履约的所有事件。上述事件包括地震、台风、水灾、火灾、战争、瘟疫、重大法律变更或政策调整。一方缺少资金不构成不可抗力事件。

18.2.2 如发生不可抗力事件，影响一方履行其在本协议项下的义务，则受影响方在不可抗力造成的延误期内中止履行，而不视为违约。宣称发生不可抗力的一方应迅速书面通知其他方，并在其后的【十五（15）】日内提供证明不可抗力发生及其持续的充分证据。

18.2.3 如发生不可抗力事件，受影响的有限合伙人应立即与执行事务合伙人协商（如受影响的是执行事务合伙人，执行事务合伙人应立即与其他合伙人协商），以达成公平的解决办法，并且应尽一切合理努力将不可抗力的后果减小到最低限度。

18.3 全部协议

全体合伙人同意，普通合伙人有权与任一有限合伙人就其对合伙企业的投资达成附属协议或安排（"附属协议"），附属协议可能使该等有限合伙人在本协议项下的权利增加或义务减少或仅就该有限合伙人的权利、义务对本协议进行修改或补充，附属协议对普通合伙人及相关有限合伙人具有法律约束力。本协议及任何有限合伙人与普通合伙人达成的附属协议构成相关各方之间的全部协议并取代该等相关方先前达成的所有关于合伙企业设立、运营、管理或资金募集的书面或口头的约定、协议、承诺或备忘录。

18.4 协议修订

18.4.1 对本协议的任何修订都应由普通合伙人和持有超过【百分之五十（50%）】合伙权益的有限合伙人通过，但与下列事项有关的本协议之修订可由执行事务合伙人自行完成并由执行事务合伙人事后及时通知各有限合伙人：

（1）执行事务合伙人认为需要修订以反映合伙企业接纳后续募集合伙人、有限合伙人认缴出资额的变更、有限合伙人的合伙权益转让或有限合伙人的退出；

（2）执行事务合伙人经善意判断认为，为了合伙企业之利益而需要进行修订以满足任何适用法律和规范或具适当管辖权的政府机关、监管机构的规章、指令和意见等；

（3）执行事务合伙人经善意判断认为，为接纳投资者作为后续募集合伙人加入合伙企业之目的，需根据其与该等投资者达成的合意而对本协议进行修订（但前提是，该等修订不得对既存有限合伙人的合伙权益产生重大不利影响）；

（4）对本协议可能存在的笔误、有歧义的条款、不完整或与本协议其他条款不符的条款作出修正和补充（但前提是，该等修正或补充不得对任何有限合伙人的合伙权益产生重大不利影响）；

（5）执行事务合伙人经善意判断认为，就法律、税务、监管、会计或其他影响一位或多位合伙人的类似事项应进行必要的修订（但前提是，该等修订不得对有限合伙人的合伙权益产生任何重大不利影响）；以及

（6）执行事务合伙人按照本协议其他条款明确约定就执行事务合伙人可单方决定之事项的修订。

尽管有上述约定，但对下列事项的修改，应经相关的有限合伙人（不包括违约合伙人）的同意：

（ⅰ）相对其他有限合伙人而言，实质地增加特定有限合伙人或某特定类别的有限合伙人的责任或义务，或减少其权利或保障；

（ⅱ）增加有限合伙人的认缴出资额或以其他方式变更有限合伙人就合伙企业债务或其他义务承担的责任；

（ⅲ）变更本条的规定导致不能实现本协议第 18.4.1 条（ⅰ）和（ⅱ）的目的。

18.4.2　全体有限合伙人进一步同意，在适用法律和规范及相关监管规定允许的范围内，对于本协议约定的执行事务合伙人有权独立决定之事项的修订，以及与合伙企业所有的企业登记、变更登记、备案申请相关的文件，执行事务合伙人可直接代表全体有限合伙人签署；对于与应由全体合伙人表决通过之事项相关的协议内容修订，执行事务合伙人凭相关的合伙人表决证明，即可代表全体有限合伙人签署；以上如因适用法律和规范或政府部门等的要求，确需有限合伙人亲自签署的，各有限合伙人应当予以配合。

18.5　可分割性

如本协议的任何条款因任何原因无效、不可执行或对某一方不可执行，不应影响其他条款的效力及执行力。经各方诚意磋商后，该等无效或不可执行的条款可以被最接近各方原始意图、有效且可执行的条款取代。

18.6　保密

18.6.1　各方同意，本协议所涉及事项、本协议的存在及因协商、签署和执行本协议而了解到的关于合伙企业、普通合伙人、管理人和/或其关联方及其他有限合伙人的信息，以及投资项目或被投企业、任何共同投资载体的商业、法律、财务等信息均为保密信息（"保密信息"）。除非发生如下情形，否则在获得执行事务合伙人及相关方的事先同意之前，任何一方（包括其关联方、雇员、董事等）均不得向任何第三方披露任何保密信息或从中牟利。

（1）非因该有限合伙人或其任何代理人违反本条的约定而使保密信息已为公众知晓或可知晓；

（2）根据适用法律和规范的强制性规定以及监管部门的监管要求必须进行披露；

（3）向负有同等保密义务的法律及其他专业顾问披露。

18.6.2　尽管有前述约定，但为了合伙企业募集资金之便，普通合伙人或管理人应有权在合理范围内向合伙企业的潜在投资者或意向投资者披露保密信息。同时，普通合伙人或管理人可以披露适用法律和规范或监管部门所要求披露的合伙企业或有限合伙人的任何必要信息。应普通合伙人或管理人之要求，各有限合伙人应将所有必要信息及时提供给普通合伙人或管理人。普通合伙人或管理人的该等披露不应被视为普通合伙人或管理人对本条项下的保密义务的违反，但普通合伙人或管理人披露保密信息或有限合伙人的前述必要信息，需要求接收该等信息的第三方承担相应的保密义务。

18.6.3　依据本条约定而披露信息的有限合伙人须在适用法律和规范范围内事先通知执行事务合伙人，以便执行事务合伙人有足够时间采取其认为必要的合理措施。

18.6.4　无论本协议其他条款如何约定，执行事务合伙人都有权在其认为合理的期间内就下列事项不向有限合伙人披露并予以保密：（ⅰ）执行事务合伙人善意认为披露该信息不符合合伙企业或其投资的最大利益的信息，或（ⅱ）适用法律和规范、监管机关要求或与第三方人士（包括但不限于被投企业）的约定要求合伙企业保密的信息。

18.7　签署文本

18.7.1　本协议由合伙企业的合伙人共同签署，一式多份（由执行事务合伙人根据实际情况合理确定）；合伙企业保存多份，合伙人各执【一（1）】份，提交企业登记机关备案【一（1）】份（如需）。全体合伙人一致同意，除非经执行事务合伙人另行同意，执行事务合伙人将仅向各有限合伙人提供一份仅包含普通合伙人与该名有限合伙人签字页原件的本合伙协议纸质版或电子版。其正文内容与合伙协议正本一致，但*附件*将仅列示普通合伙人以及该名有限合伙人的出资情况及基本信息，而不列示其他合伙人的具体信息。

18.7.2　全体合伙人同意，根据相关登记管理机关的要求（如适用），将配合执行事务合伙人签署包含《合伙企业法》所要求的必备条款在内的简版合伙协议。简版合伙协议的任何条款如与本协议有冲突，以本协议为准。

18.7.3　全体合伙人同意，若合伙企业的合伙协议存在多个版本且内容相冲突的，以向中国证券基金业协会提交备案的版本为准。

18.8　协议的生效、终止及效力

18.8.1　本协议于全体合伙人共同有效签署之日（"生效日"）起生效，自合伙企业期限届满清算结束后终止。

18.8.2　合伙企业设立后，经执行事务合伙人认可的人士有效签署本协议、认购册以及执行事务合伙人要求的其他文件（如有），即成为合伙企业的有限合伙人并接受本协议的法律约束。

18.8.3　本协议对于任何一方的法律约束力均及于该方之继承人、继任者、受让人；如该方存在信托或代持的情形，本协议之约束力也应及于该方之受托人或实际权益持有人等。

18.8.4　本协议第4.13条、第5.5条、第17条和第18.6条的规定在本协议终止后及合伙企业解散和清算后将继续有效。

18.9　遵守反洗钱规定

为遵守任何反洗钱或反恐怖主义法律法规、指令或特别措施之目

的，执行事务合伙人及管理人应无须经任何人士（包括任何其他合伙人）同意即有权以自身名义或代表合伙企业根据适用法律及本协议约定采取其认为必要或适当的行动。

［本页以下无正文］

附件：合伙人名录
（本合伙人名录中所使用的货币单位为：人民币万元）

姓名或名称	住所	证件名称及号码	出资方式	认缴出资额	认缴出资比例	缴付时限	承担责任方式
普通合伙人			现金				无限责任
特殊有限合伙人			现金				有限责任
有限合伙人			现金				有限责任
合计：							

附件三

投资意向书

年　月　日

本投资意向书概要说明了【投资方】及/或其关联方（"投资方"）拟对【目标公司】及其直接或间接控制的实体（合称"集团公司"）进行股权投资（"本次交易"）的主要条款和条件。除"适用法律及争议解决""排他期""保密""交易费用和税费"条款对本投资意向书签字各方具有约束力，且在本投资意向书终止后继续有效外，本投资意向书对各方均不构成具有约束力的协议。

本次交易、期权池及股权结构	集团公司本次交易的投后估值为人民币【　】元，其中，投资方拟出资人民币【　】元（"增资款"）认购集团公司在本次交易中新增发的占本次交易交割后在完全摊薄基础上集团公司总股权比例【　】%的注册资本。
创始人	【　】
尽职调查	本投资意向书签署后，集团公司及创始人应尽最大努力配合投资方进行对集团公司业务、财务、法律等方面的尽职调查工作。
本次交易完成的先决条件	本次交易的交割应在以下条件全部满足后进行： （ⅰ）集团公司及创始人的陈述和保证真实、准确、完整且没有误导性陈述； （ⅱ）集团公司业务和基本情况无重大不利变化； （ⅲ）投资方完成业务、财务、法律等方面的尽职调查工作，且尽职调查结果令投资方满意； （ⅳ）本次交易获得投资方内部决策机构/投资委员会的批准；

续表

	（ⅴ）本次交易取得集团公司内部权力机构的批准和第三方的批准（如适用），且现有股东已书面放弃优先购买权、认购权、共售权等类似权利（如适用）； （ⅵ）各方签署正式的交易文件，包括但不限于相关增资协议、合资协议、公司章程及其他公司批准文件； （ⅶ）创始人及关键员工已与集团公司签署了符合投资方要求的劳动合同，保密协议及不竞争协议等； （ⅷ）正式交易文件中规定的其他惯常交割条件。
董事会	本次交易完成后，目标公司董事会由【 】名董事组成，投资方有权向公司委派【 】名董事。
保护性条款	投资方对集团公司在董事会层面的重大事项具有否决权，具体的否决权事项及否决权机制由各方在正式交易文件中进一步商定。
投资方优先权利	投资方享有惯常的投资人优先权利，包括但不限于优先认购权、优先购买权、跟售权、强售权、优先分红权、优先清算权、回购权、反稀释保护权、知情权、检查权等。
最惠国待遇	集团公司知悉投资方在出具本投资意向书时并未开展对集团公司的尽职调查，亦未审阅过任何集团公司前轮融资文件。若集团公司在前轮融资中存在比本次交易对投资方更加优惠的条款和条件，则投资方有权享受该等更优惠条款。
创始人股权转让限制及兑现机制	创始人持有的公司股权应当受限于惯常的转让限制和兑现机制。
创始人服务期限、全职及不竞争	创始人应当与集团公司签订令投资方满意的劳动合同/竞业禁止合同/保密合同，承诺至少在集团公司服务到上市或整体出售后【 】年。创始人承诺将所有的精力和工作时间花在开拓和经营集团公司业务上，而不在其他公司（无论是否与集团公司业务相竞争）任职。同时创始人不得与集团公司的业务竞争或拉拢集团公司员工、客户参与竞争性业务。竞业禁止义务在创始人与集团公司结束雇佣关系或不再在集团公司持股之后（以较晚者为准）的【 】年后终止。
适用法律及争议解决	本投资意向书应受中国法律管辖。任何因本投资意向书产生的或与本投资意向书有关的争议均应提交至【 】仲裁委员会，按照该仲裁委员会届时有效的仲裁规则进行仲裁。仲裁裁决是终局性的，对双方均有约束力。

续表

排他期	自本投资意向书签署之日起【　】天内，未经投资方提前书面同意，集团公司以及集团公司的股东、董事及其他关联方不得直接或间接与任何第三方就本次交易相关事宜进行沟通、讨论或协商，或签署任何书面文件。
保密	未经另一方事先书面同意，任何一方不得向任何第三方披露或与任何第三方讨论本投资意向书条款或本次交易，但向该方的董事、高管、股东和顾问作出的必要披露除外，条件是该等人员就上述披露内容负有保密义务。
交易费用和税费	各方将各自承担因本项目而产生的交易费用和根据适用法律而应承担的税费。若本次交易完成交割，集团公司将承担投资方因本次交易而产生的交易费用（包括但不限于律师和会计师事务所费用）。

图书在版编目（CIP）数据

私募股权投资基金法律实务/徐沫主编 . -- 北京：
中国人民大学出版社，2022.6
ISBN 978-7-300-30418-2

Ⅰ.①私… Ⅱ.①徐… Ⅲ.①股权－投资基金－证券
投资基金法－研究－中国 Ⅳ.①D922.287.4

中国版本图书馆 CIP 数据核字（2022）第 038380 号

私募股权投资基金法律实务

主　编　徐　沫
副主编　杨文龙
参　编　何梦瑶　卢　苑
Simu Guquan Touzi Jijin Falü Shiwu

出版发行	中国人民大学出版社			
社　　址	北京中关村大街 31 号		**邮政编码**	100080
电　　话	010-62511242（总编室）		010-62511770（质管部）	
	010-82501766（邮购部）		010-62514148（门市部）	
	010-62515195（发行公司）		010-62515275（盗版举报）	
网　　址	http://www.crup.com.cn			
经　　销	新华书店			
印　　刷	涿州市星河印刷有限公司			
规　　格	155 mm×230 mm　16 开本		**版　　次**	2022 年 6 月第 1 版
印　　张	20.25 插页 3		**印　　次**	2022 年 6 月第 1 次印刷
字　　数	243 000		**定　　价**	89.00 元